オランダの サッカー選手 育成プログラム

年齢別・ポジション別指導法と練習プログラム

オランダサッカー協会［編著］　田嶋幸三［監修］

COACHEN VAN
JEUGDVOETBALLERS

ジュニア／ユース編

大修館書店

COACHEN VAN JEUGDVOETBALLERS
Bert van Lingen

COPYRIGHT©KNVB 2000
Author：Bert van Lingen
Contributions by：Vera Pauw
Author of goalkeeping section：Frans Hoek
Special thanks to：Rinus Michels, Advisory Board KNVB Academy
Photographs by：Jan de Koning／KNVB. NL
Translation：KNVB, executed by Japan Holland Soccer Promotion

by arrangement through The Sakai Agency
TAISHUKAN PUBLISHING COMPANY 2003

はじめに

ベルト・ファン・リンゲン。1998年7月1日までオランダサッカー協会ユース代表監督を務める。

　オランダ代表チームと仕事をするということは、とりもなおさず長期にわたる発達過程を経てきているトップタレントとかかわりをもつことを意味します。多くのトップ選手は、6〜7歳でサッカーを始めています。

　ユースのタレントばかりでなく、サッカーを楽しむすべての子どもたちの発達過程には、保護者やボランティア、クラブ関係者たちが大きく貢献しています。

　オランダではサッカーは非常に人気のあるスポーツで、多くの人々が何らかの形でサッカーにかかわり、具体的には、選手、指導者、監督・コーチなどとして各自の役割を果たし、活躍しています。だからこそ、小国であるオランダが、世界のサッカー大国と常に肩を並べることができるのでしょう。

　将来のオランダ代表選手を育てている多くの関係者のために、この本が面白くて役に立つものであってほしいと思います。指導者、監督・コーチが子どもたちのサッカー発達過程の中で果たす役割は、オランダ代表のトップ選手たちと仕事をする場合と同じように、数々の難しい側面もあると思いますが、本書に記した内容をよくご理解いただき、うまく実践に生かされることを願っております。

Bert van Lingen

本書の発行にあたって

　1985年以来、KNVB（オランダサッカー協会）のテクニカルスタッフは、当時のテクニカルディレクター、リヌス・ミヘルス氏の指導のもと、各クラブのユース育成に取り組み始めました。その中で、パス、ドリブル、シュート、ランニング、ジャンプトレーニングなど、テクニカル面での個々の技能が、それまで別個にトレーニングされていたことがわかり、ストリートサッカーの価値ある要素を学習過程に組み込むことにしました。これは子どもたちがプレーの意図を見つけることを通して学んでいくことを目指しています。

　具体的には、4対4のミニゲームやそのバリエーションを用います。これは全員がボールに触って、サッカーにおけるさまざまな状況に対処するだけでなく、ゴールの機会も多いという、実にエキサイティングな練習方法です。このミニゲームには、ストリートサッカーを魅力あるものにしていた要素、つまり、サッカーを構成する重要な要素がすべて含まれているのです。

　コーチは、「実際のサッカーの状況からサッカーを学ぶ」というビジョンを受け入れ、トレーニング指導をします。そこでは常にプレーの意図が明らかにされなければなりません。コーチはプレーを中断し、アドバイスを与え質問をして、その答えを選手自身によって導き出させ、例を示し、実際にやらせてみる、もしくは自分でやってみるのです。ですから、トレーニングは「サッカー独自の」形式が中心となります。なぜなら選手たちは、あらゆる状況への対処法を自分のものにしない限り、試合で使えるようにはならないからです。

　このような形式やコーチングは、常にグループの年齢、技能、やる気に適ったものでなければならず、ユースサッカーでは学習過程のどの段階にも、コーチングの目標が設定されています（第4章）。

　選手たちがゲームのルール内で最大限の貢献をするには、フィールド内での役割や機能について明確に記述することが不可欠です。低年齢の選手には、それほど厳密にする必要はありませんが、年齢が上がるにつれ、一つの役割におけるよりきめ細やかな側面が求められることになります（第12章）。注目される構成要素は、いわゆるTIC、テクニック（T：技術）、洞察力（I：インサイト）、コミュニケーション（C）の分析から導き出しています（第1・4・5章）。体力測定のようなテストから結論を導き出すことは、サッカーのパフォーマンスを評価するうえで無意味だと思われるかもしれません。サッカーの主たる目的は「勝つ」ことであり、誰が一番長く、あるいは一生懸命走ったか、ということではありません。このように、サッカー選手のコンディショニングも、別の観点から見ることが求められます（第11章）。

　ユースのトレーニングやコーチングは、簡単なものから難しいものへと進んでいきます。コーチは、方法論的な段階を踏まえながら、計画性や学習過程が子どもたちに一目でわかるように、トレーニングを進めていく必要があり、この規則をサッカーの「教授法」と呼んでいます（付録）。また、キーパーの役を特別なものと考えないようにしました。キーパーもまたほかの選手と同様、チームの一部だからです。この考え方はさまざまな形で注目を集めることでしょう。このほか、第13章には、サッカー組織におけるユースの位置づけを示しました。

　本書に示したアイデアは、どのクラブでも応用できるはずです。ユースコーディネーターの設置は、ユースサッカーを大きく発展させるに違いありません。

　現在、KNVBにはおよそ3000のサッカー組織が加盟していますが、ユースサッカーの指導を実施するにあたっては、各地域でKNVBのコーチ20名を専任で任命しました。彼らはテクニカル面における専門知識をもち、ユース計画の展開、選手のスカウト・セレクションにあたるほか、4対4のミニゲームの普及、組織内でのさまざまな講座のサポート、KNVBと各クラブ間の良好な関係の構築などに努めています。

　本書はコーチ養成講座用の教材です。各章ごとに内容を完結させ、必要な箇所からお読みいただいてもわかるようにしています。また、最新の発展や経験はできるだけ取り入れるよう心がけたつもりです。

　本書がユースサッカーコーチの皆さまのさらなる発達に貢献することができることを期待しております。心から成功をお祈り申し上げます。

監修者のことば

（財）前日本サッカー協会技術委員長（現在、常務理事）
田嶋幸三

　オランダは、人口約1600万人の小さな国にもかかわらず、ＦＩＦＡの世界ランキングでは常に上位に入り、多くのすばらしい選手たちを輩出している国です。すばらしい選手たちが出てくるのは決して偶然ではありません。国として、長期的な視野のもとに綿密な指導計画を立て、これを実行していかなければ、クリエイティブな選手は生まれ得ないからです。

　ざっと名前をあげただけでも、クライファート（バルセロナ）、ファン・ニステルロイ（マンチェスターユナイテッド）、ベルカンプ（アーセナル）、ダービッツ（ユベントス）、シードル（ＡＣミラン）、ファンデルサール（フルハム）、デブール兄弟など、その多くがヨーロッパのビッグクラブでプレーしています。また、すでに引退した選手の中にも、ルート・フリット、ファンバステン、ライカール、クーマンなど、世界中のサッカーファンを感動させた選手たちが数多くいます。

　この本には、オランダサッカー協会が長期間にわたり計画し、実行してきた選手育成の内容とその強さの秘密が書かれています。一貫したポリシー、そしてコンセプトのもとに展開された内容は、これまで日本のサッカー界でも数多く取り入れ、参考としてきました。ぜひ、多くの日本の指導者に読んでいただき、実際の指導現場に生かしてほしいと思っています。

　もちろん、オランダとは異なる生活習慣や教育制度、人々の考えかたなどがある日本で、同じように実行しようとしても難しい面があるかもしれません。また、疑問に思われる内容もあるでしょう。しかし、世界各国の代表チームはワールドカップという大きな目標に向かい、常に世界を相手に戦っています。オランダが実践してきた世界基準の「若年層の指導のあり方」に触れることは、日本のサッカーにとっても大きなプラスになると信じてやみません。

COACHEN VAN JEUGDVOETBALLERS

CONTENTS

はじめに 3／本書の発行にあたって 4／監修者のことば 5

第1章　サッカーとは何か ─────────────────────── 9

第2章　ユースプレーヤーの特徴 ──────────────────── 11
　ユース（青少年）選手の大まかな特徴 ················· 11
　女子選手の特徴 ································· 13

第3章　いかにしてプレーさせるか ─────────────────── 15
　サッカーを学ぶための条件 ························· 15
　いくつかの注意点 ······························· 17

第4章　ジュニア／ユースの指導 ──────────────────── 19
　コーチとは何か ································· 19
　どのように、コーチすることを学ぶか ················· 22
　コーチすることの5つの段階 ······················· 23
　コーチのモデル ································· 25
　試合前後のコーチ ······························· 26
　さまざまな発達段階におけるコーチング ··············· 30
　　○仕上げ／年齢別の育成・コーチングの目標 ········· 35

第5章　ゲームを読む目を育てる ──────────────────── 43
　コーチが目を向けるべきこと ······················· 43
　サッカーにおける知識とインサイト ··················· 43
　ビルドアップから攻撃へ ··························· 46
　攻撃からボールを奪われて守備へ ··················· 47

第6章　トレーニング・プログラム ─────────────────── 49
　ザイストのビジョンの基本コンセプト ················· 49
　サッカーをすることによってサッカーを学ぶ ············ 50
　サッカー選手のパフォーマンスを向上させるには ········ 52
　サッカーの問題点の形式化 ························· 55

コーチングの実践における目的 …………………………… 56
　　ユースサッカートレーニングの実際 ………………………… 58
　　ウォーミングアップとクーリングダウン ………………………… 61
　　基本的なゲーム、試合、そして練習形式 ……………………… 63
　　いくつかの実例A～J ……………………………………… 67
　　○サッカーの問題点をもとにしたシニアクラスのトレーニング実例1～7 ……… 92
　　サッカーにおける問題点、その他の例 ……………………… 99

第7章　テクニック ―――――――――――――――――― 101
　　テクニカルな技能を学ぶ際の方法論的な順序 ………………… 103
　　コーチにとっての全般的な手段 …………………………… 103
　　「前段階」での基本テクニック ……………………………… 106
　　街めぐりごっこの実際 ……………………………………… 107
　　基本テクニックと宿題 ……………………………………… 110
　　クーバー方式 ……………………………………………… 111
　　サッカーテニス …………………………………………… 113

第8章　基本としての4対4 ――――――――――――――― 115
　　4対4はサッカーそのものである …………………………… 115
　　コーチング ………………………………………………… 115
　　4対4ではないもの ………………………………………… 117
　　なぜ正しい4対4なのか …………………………………… 119
　　4対4のルール ……………………………………………… 120
　　コーチによる特別ルールの適用 …………………………… 122
　　4対4の内容 ………………………………………………… 124
　　4対4の構成要素 …………………………………………… 127
　　○4対4のバリエーションの詳解 …………………………… 134

第9章　発展型としての7対7 ―――――――――――――― 149
　　サッカーにおける任務と機能を学ぶことに関しての目標 ……… 152

第10章　ゴールキーパーのトレーニング ――――――――― 157
　　ゴールキーピングとキーパートレーニングについてのビジョン …… 158
　　1対1の状況 ………………………………………………… 162
　　キーパーへのバックパス …………………………………… 166
　　フィードパス ……………………………………………… 169

第11章　コンディショニング ― 173
- ザイストのビジョンとコンディショニングトレーニング …………………… 173
- 理論を使う ………………………… 174
- 試合を読む ………………………… 175
- サッカーにおけるコンディショニングトレーニングの実践 ……………… 175
- 年少のユースにおけるコンディショニングトレーニングの実践 ………… 178
- 年長のユースにおけるコンディショニングトレーニングの実践 ………… 179
- 実践例１・２ ……………………… 182

第12章　イレブンのポジションと機能 ― 185
- イレブンのプレーの仕方 ………………………… 185
- チーム全体 ………………………… 188
- ラインごとの任務 ………………………… 189
- ポジションごとの個人の任務 ………………………… 191
- リベロの任務の詳解 ………………………… 193

第13章　ジュニア／ユースの位置づけ ― 195
- ユースサッカーの柱 ………………………… 195
- ユースメンバーの勧誘 ………………………… 199
- ユースコーディネーター ………………………… 200
- フェアプレーの判断 ………………………… 202
- 組織内でのセレクション ………………………… 204
- よいスカウトとは ………………………… 206
- セレクションの活動 ………………………… 208
- 男女混合サッカー ………………………… 210
- 議論 ………………………… 212

付　録　ジュニア／ユースの教授法と方法論 ― 215
- なぜ教授法なのか ………………………… 215
- 最初の状況：コーチはどこから始めるか ………………………… 217
- 目標：コーチは何を達成したいのか ………………………… 219
- 実際：コーチはどのようにトレーニングするか ………………………… 223
- 評価：トレーニングは役に立ったか ………………………… 228
- 方法論 ………………………… 230

CHAPTER 1
第1章　サッカーとは何か

「サッカー」は「ゲーム」です。「ゲーム」のポイントは、そのルールのもとでは、さまざまな選択ができるということです。そこにはある種の自由があり、また創造性も含まれています。「サッカーをする」ことには、こういったことが最大限に生かされるのです。

サッカーは、とても複合的な「ゲーム」です。第一に、11人対11人、合計22人もの選手がフィールドにいるからです。どのような状況においても、無限の可能性があります。その22人すべてが状況に応じた判断をしており、ボールキープしている選手は、さらにその状況に対処しつつ次なる判断をしています。

第二に、「サッカーをするとき」、ボールは常に自由に動きます。

そのため、サッカーという「ゲーム」は常に変化する状況を生み出します。ゴールキーパーがボールを手にしたとき、またはキーパーからパスが前に出るとき以外は、プレーはどんどん続いていきます。ボールが止まっている状態は「スタンダード・シチュエーション」といわれ、これはゲームの流れが止まり、リスタートする瞬間を指します。このとき（セットプレーでのフリーキック、コーナーキック、スローイン、キーパーのゴールキック）だけはリハーサルをすることができます。

たとえば、バスケットボールでは、手でボールを持ってよいことになっているので、いかなるパスもランニングアクションもリハーサルすることができます。サッカーで正しい判断をするためには、「いくつかの定石」に基く状況を熟知していなければなりません。選手たちは、味方がボールキープしている場合、相手がボールキープしている場合、そしてボールキープが移った（攻守交代した）場合でも、フィールド内でのさまざまな位置取りについての意味を理解していなければなりません。これらすべては、試合の状況、リーグ戦（トーナメント）での状況、相手のプレッシャー等に関係してきます。

「サッカーをする」のは勝つためです。勝つためには、相手チームより1点でも多く得点しなければなりません。得点するためにはボールをキープしなければならず、ボールをキープするためには相手チームからボールを奪わなければなりません。

ボールキープしている際、チームは攻撃するためのシステムを構成します。逆に、相手チームがボールを持ったならば、得点を阻止しなければなりません。つまり、相手チームのシステムの構成を崩したり、攻撃を防御したりするといったことですが、これが「ゲーム」の構造分析です。

「サッカーをするには TIC が前提となる」

サッカーという「ゲーム」が構成される要素、もしくは「ゲーム」の目的（つまり試合に勝つこと）に達しうるための手段は、ＴＩＣの原則にまとめられます。「サッカーをするにはＴＩＣが前提となる」ともいえるのです。ゲームが構成されるこれらの要素とは、

テクニック（技術：Technique）：ゲームをプレーするために必要な技能です。どんなに小さな子どもであろうと、どんなにプレーの程度が低かろうと、選手には元来、一定の技術・技能が備わっています。

インサイト（洞察力：Insight）：ゲームにおいて、インサイトは、どういったアクションをとるべきか、あるいはとるべきでないかを理解するために必要なものです。特に、経験とプレーのインテリジェンスにかかわってきます。

コミュニケーション（Communication）：ゲームが行われている間、すべての負荷とコミュニケーションをとらなくてはなりません。それらはゲームにかかわ

COACHEN VAN JEUGDVOETBALLERS

るあらゆるもので、当然のことながら、味方の選手や相手チームの選手と（言葉を使って、あるいは言葉を使わずに）、そればかりでなく、ボールと（スピード、重さ、入れられた空気量によってボールがかたいか、やわらかいか等々について）、フィールドと（平らであるか・でこぼこであるか、乾いているか・どろどろになっているかについて）、観衆と（いらいらしているか・応援してくれているかについて）、主審・線審と、そしてコーチとのコミュニケーションまで含まれます。

　ＴＩＣはゲームをするための、そしてゲームを左右するすべての手段を含んでいます。
　さらに、ゲームを複雑にするもう一つの要素は、すべての「プレー」という構成要素が常に変化し、動いているということです。すべては流れの中で変化します。すなわち、新たな方向性や判断が常にどんどん要求されていくのです。
　ここで、「見る」ということがキーワードになります。この言葉が、以下の各章で基点となるでしょう。「サッカーをするにはＴＩＣが前提となる」というのは、今や常識です。ＴＩＣが伸びれば伸びるほど、サッカーの能力も上がっていくのです。より上を目指す選手は、「サッカーでのＴＩＣ」をクローズアップして見ていかなければなりません。

　ある一つのゲームにとって、テクニックが重要なことは言うまでもありませんが、ほかの要素もまた発展していくうえで必要となるでしょう。
　たとえば、フィールドホッケーをしようという子どもにとって、目的にかなうようにゲームをプレーするためには、技術・技能が限定的な要素となります。ほかのスポーツの場合には、インサイトとコミュニケーションがなくてはならない要素となります。高いレベルでゲームをプレーすればするほど、ゲームの勝敗はインサイトとコミュニケーションによって決まってくるでしょう。ですから、チームが機能するため（チームビルディングのため）にはＴＩＣが必要なのです。
　サッカーをしている多くの人は、遊んでいるのです。楽しみ、そしてリラックスしています。そのようにサッカーをしているとき、特に目的はなく、あえていえば「自分自身のため」ということになるでしょうか。「サッカーをするのは楽しい」、それがサッカーをする理由です。勝つためにサッカーをするとしても、そういった選手は自らのサッカーパフォーマンスを向上させるために投資することはありません。それはあまり重要ではないからです。

　サッカーは、もちろんスポーツでもあります。スポーツでは、パフォーマンスの向上が求められますので、ここに、サッカーをすることに「勝つ」という目的ができることになります。勝つためにはあらゆる負荷を乗り越えなければなりません。ゲームをできるだけうまくプレーするのに必要なＴＩＣすべての技能は、さらに向上されなければなりません。スポーツとしてサッカーをする場合は、体系的・計画的な、サッカーパフォーマンスの向上を目指したサッカートレーニングが必要になるのです。
　さらに、サッカーは、競技スポーツでもあります。
　競技スポーツの特徴は、対戦相手のチームに勝ったり負けたりして、それが大会での成績（１部リーグに上がったり、２部リーグに下がったりということ）に直結してくるということです。競技スポーツではより長期にわたって行われます。
　競技スポーツの一部に、トップスポーツがあります。欧州カップやワールドカップにおける一連の予選や本戦は、いわゆるトップスポーツの範疇に属するものです。しかし、どこからがトップスポーツであるかという境界線を引くのは非常に難しいことです。
　誰もがそれぞれにサッカーをすることの意味を考えています。ある人にとっては、何よりもレクリエーション（手段としてのスポーツ）であり、また別の人にとっては、サッカーは人生のある時期における目的なのです。サッカーを職業にしている人もいます。
　サッカーをする人すべてに共通することは、「実践して楽しんでいる」ということです。どのような場合でも、無限の可能性に飽きることのないゲームなのです。

第2章　ユースプレーヤーの特徴

　人は一人ひとり異なっています。それはすべての大人、子ども、そして青少年のユースサッカー選手にもあてはまります。ある人たちは頑固で、別のある人たちは気さくです。ある子どもたちは疑い深く、別のある子どもたちは心に包み隠すことがない子どもです。

　互いにうまくやっていけるかどうかは、経験がものをいいます。ですから、それについてのマニュアルや誰もが有益と感じる解答が述べられている本などないのです。このことは、コーチを続けていくうえで、少しばかり問題を含むことになります。しかも当然のことながら、それは青少年を指導する人だけに限られた問題ではないのです。

　青少年に目を向けてみれば、誰もがすぐに、ある行動パターンはその子どもの年齢に特有なものであるかもしれないということに気づくでしょう。「あるかもしれない」というのは、それがすべての場合にあてはまるとは限らないからです。ある子どもでは、ある特徴がきわだってあらわれているのに、別のケースではまったく、あるいはほとんどあらわれないということがあります。あるいは、そういった特徴が、ある子どもではかなり遅い時期に、別の子どもでは早い時期に顕著になったりします。

　オランダサッカー協会(KNVB)では、青少年のユース選手を6つの年齢別カテゴリーに分けています。それは、F、E、Dのジュニアクラスと、C、B、Aのシニアクラスです。

ユース（青少年）選手の大まかな特徴

6～8歳：Fクラス

　物覚えは早いのですが、一つのことに長く集中できません。両親の期待に応えるようなサッカーをするにはあまりにも気まぐれです。また、自己中心的で「一緒にする」という感情に乏しいといえます。

　この最年少のクラスでは、ほとんどの子はボールに向かっていきます。例外は、ゴールキーパーと、長く続いた反復練習で後ろに残るように言われた坊やたちで、サッカーというにはほど遠いものです。ボールを蹴るとき、半分しか、もしくはまったく当たらないこともままあります。ボールは走って蹴っている一群の前にあり、頑張っている選手たちがごちゃごちゃとボールのあとを追っている状況です。

小さな子どもたちにとって、ボールは大きな負荷の一つです

　そういった少年少女たちが少し長くクラブにいると、チームプレーの初期の形態が目に見えてきます。ボールの取り扱いは狙いどおりになりつつありますが、レシーブ、ドリブル、ドライブ（相手選手とあわずにドリブルすること）からボールを前に出す、ゴールへのシュートができるのは限られています。

8〜10歳：Eクラス

かなりの部分でチームと呼べる部分が多くなってきます。誰がサッカーをうまくやっているかそうでないかが見えてきます。一つの同じ練習を少し長い時間行うことを考えてもよいでしょう。

ボールの取り扱いもよくなりつつあります。基本的な技能を身につけるには理想的な年齢なので、技能の練習についてはそれ以下の年齢のときよりもはるかに意識し、目的をもって行います。コンビネーションの形態のチームプレーを行うことで、味方のカバーとフリーになることをよく理解するようになります。

10〜12歳：Dクラス

自分を他人と比べる傾向があらわれます。チーム全体としてゴールを目指していくようになり、自らの動きをコントロールして、自らのパフォーマンスに磨きをかけることに意識が向くようになります。

Dクラスでは、11対11でプレーするようになります。技術・技能の基本的な学習を終え、ゲームにおけるインサイトを伸ばすようにします。

試合では、大きいフィールド、ルール（特にオフサイド）、システム（4-3-3）でのプレー、そして特に味方がボールを持ったとき、相手がボールを持ったときの基本原則に慣れ親しまなければなりません。

12〜14歳：Cクラス

判断能力が成長して自分の意見をもつまでに発達してきます。自己顕示欲が高まり、他人と比較することが多くなってきます。この年齢は成長期に入り、それはほかならぬ思春期の始まりでもあります。平均的には、女子のほうが男子より早く思春期に入り、その結果、比較的短い期間で体重がかなり重くなります。また、このCクラスでは、チーム内でのポジション分けに関して、慎重に要求することも可能になります。

年少クラスで上達してきたこのクラスの選手は、おもにフリーになることと連係プレーに携わることができます。ヘディングの競り合いはより真剣になり、眼を閉じてヘディングすることが少なくなってきます。ここでも、ディフェンス面の向上が見受けられます。また、数人の選手が一人の相手に携わることが少なくなり、あるポジションを与えられて、それを理解するようになってきます。

14〜16歳：Bクラス

男子は身長が伸び続けているので、その結果、手足

クラス	ジュニアクラス			シニアクラス		
	Fクラス	Eクラス	Dクラス	Cクラス	Bクラス	Aクラス
年齢	6　　　7　　　8	9　　　10	11　　　12	13　　　14	15　　　16	17　　　18
おおまかな目的	プレーに慣れる ボールを操る ボールが最重要の負荷 どの選手もできるだけ多くボールに触れるようなゲーム形式	少人数のチームや基本形式でのプレーによる学習（指導） サッカーの基本形式という状況の中で、特に技術・技能を発達させる プレーにおけるインサイトやプレーでのコミュニケーションとともに、なお技術・技能を主眼とする		実際の試合の要素をシミュレーションで学ぶ	トレーニングで試合のパフォーマンスをシミュレーションして学ぶ	トレーニングと試合で最高のパフォーマンスにいたる
	ポイント：技術面での熟達、発達			ポイント：インサイト面での熟達、発達		

をコントロールしにくくなります。女子は一般に成長期が終わっています。無関心、気まぐれ、むらっ気といった思春期の特徴が、女子と同様に男子にもあらわれてきます。それでも、男子にとっては勝つことが、それまでにもまして重要になりますが、女子は勝つことに対してそれほどでもないようです。時として、コーチのあまりに熱心すぎる態度が、彼らを自分の殻に閉じこもらせてしまうこともあります。

Bシニアでは、真の競技スポーツのために訓練すべきことがたくさんあります。チームのためにあまり有益とはいえないアクションをあえてやりがちですし、時には、あまりにも遅すぎるスライディングや、自分自身をよく見せようとしてアウトサイドキックを多用したりといった傾向も見られます。

一方で、プレーのテンポは速くなり、カバーは少なくなります。プレスを受けながらプレーすることも学ばなければなりませんが、なかなかうまくいきません。個人的なプレーについては、チームのためにより有効に活用できることを学ぶべきです。ここでも学ぶべきことはたくさんあります。

16～18歳：Aクラス

このクラスの選手は、精神的にも、肉体的にもバランスがとれるようになる過程にあります。体格がっちりしてきて、事態を実際的に考える点が特徴的です。たいていは、この年齢期に、パフォーマンスとしてのスポーツと、娯楽のためのスポーツのどちらかを選択することになります。

また、狭いスペースでプレーするような難しい局面にもうまく対処できるようになります。Aクラスでは十分に学んだとはいえなくても、まだまだ熟達していきます。Bクラスで顕著であった不安定な要素は、よりコントロールされた様相を呈してきますし、選手同士でも一緒にプレーすることに注意が払われ、より確かな自律性が備わってきます。

以上、述べてきたことは、ユース指導者やコーチが、選手に期待してよいこととそうでないことを判断するために、さまざまな年齢期の典型的な特徴について十分な知識をもつべきだということです。

女子選手の特徴

12歳までは、女子も男子も同じように肉体的・心理的な発達をしていきます。

男子と同じようにサッカーをすることを経験していきますから、F、E、Dの少年クラスで示された年齢別特徴は、女子にもそのままあてはまります。

女の子も男の子と同様にサッカーを楽しみます

以上の理由で、14歳まで、場合によっては16歳までは、女子が男子と一緒にサッカーをすることに何の問題もありません。

我々は、あるチーム、もしくは女子個人が男女混合の競技会に参加するとき、それを「男女混合のサッカー」と呼んでいます。

男女混合のサッカーをしたということは、非常にポ

ジティブな経験です。特に、6歳からサッカーを始めた女子については、サッカーの発達において、男子のそれと何の違いもありません。

年齢が上がってからサッカーのようなボール競技を始めた子どもたちは、同じ年齢の子どもと比べて、ボール技能について遅れています。男子はたいていボールで遊んで育てられますから。

年齢が上がってからクラブにきた女子は、男子に比べて遅れています。この年齢になってサッカーを始める女子の場合、ボールをコントロールした経験がなかったりしますが、同じ年齢の男子の場合、一般にボールで何をすべきか、すでにわかっているのです。

したがって、女子により注意を払い、男子にはプレーでのイニシアチブをとらせます。女子の競技会での最大の問題点は、6歳の女子が、15歳のチームとサッカーをしているということです。というのは、たいていのクラブでは女子チームを一つしかもっていないからです。プレーにおける技能のレベル、野心、経験は、年齢間で大いに差がありますから、オランダサッカー協会が管轄するほとんどの地域では、年少クラスの男女を一緒にプレーさせるようにしています。

思春期

13歳からは男女の差がはっきりし、女子は男子より少し早く思春期に入ります。ある女子は、自分が従わなければならないルールを定める大人に反抗する場合でも、無関心を装っています。彼女自身は何がしたいのか、何をするべきなのか、一番よくわかっています。

クラブの指導者は、ルールをつくるとき、彼女たちを巻き込んで、どうやって活動していくか、道具のケアの仕方などを指導します。というのは、女子というのはサッカーをすることを自ら選択したことに責任を感じるからです。13歳からの女子チームの女子は、一緒に目的に達するということをとても強調します。

そういった女子は「一番」になりたいと思うのではなく、一緒にやることが個人でやることよりも大事なのです。

パフォーマンス、喜びも一緒に

そういった女子は「一番」になりたいと思うのではなく、一緒にやることが個人でやることよりも大事なのです。

女子チームで素質のある選手は、あまり特別扱いされたくないと感じています。その結果、パフォーマンスが落ちるか、ほかのスポーツに代わることになってしまいます。

その女子が、バランスをとれるようになって（17-18歳）、自分がチームの中で遅れていると感じたとき、特別な位置をとろうとすることもあります。

男女混合のサッカーで女子との差異は顕著です。そういった女子たちは、チームの男子とは違って、サッカーを本質的なものと感じないようです。13章（p.210参照）でさらに詳しく、男女混合のサッカーについて触れます。

CHAPTER 3

第3章　いかにしてプレーさせるか

　サッカーを学ぶことを、段階を踏んで言葉にあらわすのは大変難しいことです。というのは、とりわけ、サッカーというのは「実践がすべてである」といっても過言ではないからです。サッカーを学ぶことは、サッカーを実践することにほかなりません。サッカーに費やす時間は、子どもたちのサッカーが発達していくうえで非常に大切なことなのです。

　サッカーをしない時期があるということは、サッカーを学ぶこと、サッカーの学習過程にとって最大の敵といってもよいでしょう。同時にほかのスポーツをしたり、コンピュータゲームをしたり、またテレビを見たりといったことをしていると、サッカーを学ぶうえで、実りのない結果になってしまうのが常です。

現代的なシャツを着たストリートサッカー

　昔、ストリートサッカーの時代には、何時間もサッカーをしたものです。子どもたちは、穴、縁石、木々があるような場所でサッカーをしながら、少人数のチームとのさまざまな練習パターンを考えました。そうした中でゲームを習得していったのです。

　子どもたちは、いろいろな環境でサッカーをすることによって創造性を発展させました。サイドライン代わりの溝やフィールドに立っている木々や、ボールが入ってしまったら戻ってこない近所の人の庭に対処するため、いつもフレキシブルでなければなりませんでした。このように、テクニックの習得は、常にゲームにおけるインサイトの発展と対になっていて、時にはそれが「サッカーのインテリジェンス」と呼ばれたのです。

　しかしながら今日では、サッカーをするのは、主として週に1〜2時間以内となり、しかもそれはサッカークラブで、コーチが考えている形の中で、形式的に学ばれるようになりました。

　オランダサッカー協会（KNVB）のテクニカルスタッフは、リヌス・ミヘルス氏の指導のもと、こうした現状について調査し、これまでの経験を生かしつつ次のことについて提言しました。

　「週に数時間の練習であっても、子どもたちがいかにサッカーを学ぶことができるかということです。これ以上、サッカーをする時間が減ってしまってはなりません。さもなければ、このスポーツの将来は不確かなものになってしまいます。

　さらに、肯定的に言うならば、高品質のサッカーの活動（トレーニングや試合）が提供されなければならないことです。短期間により多くを学べるようにすれば、サッカーを学ぶ時間が少なくなったことを補うことは可能です」

サッカーを学ぶための条件

　多くのことを実現するためには、子どもたちがどのように発達するかということ、それぞれの年齢期ごとに目的を変更する必要があることを理解しなければなりません。

さらに、サッカーというゲームの単純な事柄について、いかに学びやすくし、考えをめぐらせるかということが重要になります。

言い換えると、現在、サッカーをするというのはどういうことか、スポーツの役割としてどのような特性を知っているか、どのような要素を区別すべきかということになります。

プレーを分析する基礎として理解しておくべきことは、ユースサッカーの学習過程（子どもたちがサッカーをすることを学んでいく道のり）の時期ごとに、重点が置かれるところが異なってくるということです。

つまり、どの年齢のときに、あるいは発達のどの時期に、サッカーをすることのどの局面が問題とされるのかということです。

さて、子どもたちは最初に何を習い、どの段階でサッカーをすることを習うべきなのでしょうか。

監督は注意を向けていますか？

短期間により多くのことを学ぶためには（練習をできるだけ効果的にするためには）、11対11というサッカーの競技について、その特質・特徴をできるだけ保てるように単純化しなければなりません。

- 両チームとも得点できる（何が目的か、チームがボールを持ったとき何をすべきか、相手チームがボールを持ったとき何をすべきか）。
- 2チームが互いに向かい合ってサッカーをする（ゴールラインにゴールがあり、フィールドを横切るような形でない）。
- フィールドが線で区切られている（フィールドの構造が明らかである）。これは、その構造（競技を行う中でのプレーの方向やルール）を維持するためである。

元来の単純な基本形式は（ミニゲーム形式、あるいは試合形式と呼ぶ）、トレーニングの内容をモデル化したもので、今日のユースサッカーの学習過程において大変重要なものです。

しかしながら、サッカーをする時間が少なくなっている現状を鑑みれば、これとて十分ではありません。この形式における指導（コーチング）の質こそが、学習および発達の過程にとって重要になります。

ユースコーチは、選手がサッカー元来の形式に慣れ親しむような、正しい方法で指導することによって、選手を導くことができます。自らの専門技術や技能を示すことが必要です。

〈コーチに求められる条件〉

A サッカーの状況が読める。
B サッカーの負荷に対処できる（難易度を調節できる、体系的に段階を設定できる）。
C どこに問題があるか明らかにできる。
D 正しい例を提示し、それを見せることができる。
E 学習環境をつくる、パフォーマンスをしようという雰囲気づくりができる。

コーチは単純なサッカーの状況、つまり基本形式を活用して、選手育成の指導にあたるのです。

いくつかの注意点

- 現状において、どのクラブでもサッカーのインサイトと経験を必要とするたくさんの人々がいますから、サッカーの素養がないと難しくなります。さらに、子どもたちに対する指導を学習するためには、一つの方向性をもったユースサッカー指導者の養成が不可欠です。

- 子どもたちがサッカーをする時間内は、ずっと子どもたちがゲーム・試合形式を体験するように練習を組むべきです。そうした中で、本来の性格、質、欠点があらわれてきます。

- 基本形式、単純なサッカーでの状況（プレー・試合形式）は、子どもたちがサッカーのプレーに触れる最善の手段です。
  この場合、コーチは、正しく体系的な段階（難易度の設定）を踏めるように、臨機応変に、負荷に対処できるようにしなければなりません。

  「サッカーをすることを学ぶ」と考える中で最も重要な目的は、これらの形式と指導を通じて、子どもたちのサッカー能力を素早く発達させることにあります。

- 以前のストリートサッカーの形式ではなく、サッカー独自の要素ができるだけ多く含まれ、新たに考案され発展した形式を採用します。そこには、以前のストリートサッカーから存するサッカーに必要な要素（サッカーそのもの、無限の繰り返し、最高の経験）が含まれています。ここから熟達度、発達段階（実年齢のそれとは少し異なります）を考慮に入れ子どもたちにプレーさせて、子どもたちが見せるものをコーチとしてまとめあげるのです。これがいわゆるコーチです。

ユースの選手に、サッカーの問題点をどのように説明するのでしょうか？

COACHEN VAN JEUGDVOETBALLERS

ともかくも、これが最適な学習状況を得ていく中で最も難しいことです。

- 週に一度の試合は、子どもたちがトレーニングで学んだかどうか、そして何を学んだかを披露する場です。試合というテストでそれがわかるのです。また、試合そのものはサッカーの発達における重要なツールでもあります。経験と同様、週に一度の試合は学習の契機となります。サッカーの発達時期によっては、ここにも重点を置くことができます。

重要なのは、コーチが試合をどのように使うかです。うまくいけば、試合は子どもたちの学習および経験に反映します（4対4、7対7）。

「身体をボールと相手の間に入れろ！」

第4章 ジュニア／ユースの指導

■コーチとは何か

　この質問に答えるように言われても、多くの人は口をつぐんでしまうでしょう。それほど難しい問いかけです。しかし、ここでは、暫定的に次のように答えておきましょう。「コーチとはサッカーもしくはサッカー選手に影響を与えることです」

何を見て、何をメモしているのでしょうか？

■コーチは「見る」ことから

　コーチは「見る」ことから始まります。よく「見る」ためには、試合中、私たちの気をそらすような、プレーに直接関係のないことには没頭しないことが必要不可欠です。最終的に試合の結果を決める因果関係に注目するべきです。よく「見る」ということは、よく状況を把握し、それを頭にインプットすることです。

　一般的に、コーチとは、ある意味において個人的な事柄です。幼い子どもたちに対して、ときおり汚い言葉が発せられます。サッカーをしている年少クラスEの子どもたちは、指導者の口から発せられる叫び声を理解しなければなりません。それは、たとえば次のようなものです。「太郎、後ろにいろ」「次郎、もっと早くパスしなきゃだめだ」など。子どもたちが言われていることを本当に理解しているかどうか、どんなに疑問に思ったとしても、コーチは言わなければならないでしょう。指導者が口をつぐむと結果が出ないのかどうかは、疑問の残るところです。

　実は、この年齢（Eジュニア）でコーチがアドバイスとして言うべきことは、次のようなことです。「トム、頭の後ろからスローインするんだ」
　コーチというのは、少年少女にどのようにサッカーの試合をするのかを教えることです。
　「靴紐をしっかり結びなさい、リーちゃん。そうじゃないと転んじゃうよ」。このようなアドバイスは、A－1クラスのイレブンのベンチに座っているコーチのアドバイス、たとえば、「スピードのあるフォワードは、相手チームの足の遅いリベロを抜いて前線に行くのだ」というのとは別の意味合いがあります。コーチは、年齢に応じて、選手各自のサッカーの上達に積極的に貢献するようにします。

　コーチは、サッカーにおいて、感情と距離をとることが必要なのでしょうか。答えは「イエス」ですが、「言うは易し行うは難し」です。コーチは、観客とは違った見方をすることが必要です。

コーチはまた、あるクラブの熱狂的なファンとも異なった見方をすることが求められます。そういったファンがクラブと一心同体となり、大声で叫び、騒ぎ立て、クラブチームのプレーを賞賛したりブーイングをするのは、決して特別なことではありません。しかし、コーチはそういったこととは距離をとるべきでしょう。

■コーチには感情はないのか

もちろん、コーチにも感情はあります。しかし、ユースサッカー選手のコーチをするならば、その日の試合だけではなく、さらにその先までも考えることになります。言うまでもなく、あるサッカークラブのコーチは、そのクラブのユースで育成された選手を、他のクラブより、より多く1軍に入れることができます。

レベルが同等程度の2つのユースチームがあるとして、一方では将来たくさんの選手が1軍に入るのに、他方では、ほとんど、あるいはまったく入らないということがあります。それは、ユースコーチがどのような仕事をやってきたかにかかわっています。

コーチが試合に勝ちたいと思うのは当然のことです。しかし、選手の両親や観衆とは違って、その日の試合に勝つことより、その試合を将来につなげることのほうが、コーチにとってはずっと大切なことなのです。

よいコーチは、明らかな目的に向かって努力することを試合と置き換えて、選手に説明します。選手たちにとっては勝つことが目的になりますが、コーチは、選手がうまく上達していくための手段として試合を使います。ですから、コーチにはずっと先を見据えた別の目的があるといってよいでしょう。

試合の中で、コーチはよい結果を出すために必要な手段を採用します。その手段は、あるときには試合に勝つことに貢献しますが、また別のときには、選手個人のサッカーが上達することに貢献するものとなります。

コーチの思い入れが強すぎて一つのプレーに没頭してしまった結果、「見る」ことや判断することがおろそかになってはいけません。ですからコーチには、サポーター、レフェリー、クラブのフロントなどとは違った役割があります。

観衆は、いわば受け身でサッカーを見て、楽しみ、一喜一憂しますが、コーチには、サッカーをアクティブに見ることが求められます。

コーチは、観衆が見過ごしてしまうようなことを見るのです。ふつうの観客は、試合を結果で判断しますが、コーチはとりわけ原因に注目します。たとえば、右ウィングが、彼をマークしていたディフェンダーを抜いて、ゴールラインまできたとします。そして、前線に上がってきたセンターフォワードにパスを出したとしましょう。観衆は、その結果だけに目を向けて、パスがフォワードにうまく合わなかったことに対して、悲喜こもごもな感情でいろいろなことを言いますが、両チームのコーチは、「どのように、何が、なぜ」と、その状況について考えます。

不利な状況に追い込まれたチームのコーチは、どうして左バックがそんなに容易に抜かれてしまったのか自問します。

その左バックが相手の右ウィンガーをあまりに近くにこさせてしまったのか。ボールをインターセプトしようと注意深く反応するのに、姿勢が不十分だったのか。

コーチが注目を集める

左バックが相手選手のフェイントに、あまりにも容易にだまされたのか。リベロはどこにいたのか。どうして二重のマークがなかったのか。そして、どうしてセンターフォワードがゴールキーパーの前でフリーになれたのか と。

　得点しそこなったチームのコーチは、彼のチームの右ウィンガーがそんなに奥まで行かなければならなかったのかどうかを自問します。ひょっとしたら、右ウィンガーはゴールラインまで行くべきではなく、もっと早くサイドに展開したほうがよかったのではないかと。

　ひょっとしたら、右ウィンガーは、十分に時間があったので、ゴールラインで待つべきだったのか。ひょっとしたら、前線に上がってきたセンターフォワードは、ハングリーすぎて右ウィンガーからのパスに合わせられず通り過ぎてしまったのか。センターフォワードが、決定的な場面でディフェンダーに押されてボールの前に出てしまったのか。

　以上の状況は、両チームのコーチが数秒の間に頭の中で考えることです。サッカーの試合では、ごく当たり前のこととして、このような状況が生まれます。コーチは、こうした状況のもと、「見る」ことができ、選手とチームのパフォーマンスを判断でき、積極的に影響を与えることができるようにあらゆることを試みます。

　トレーニングの間は、そのような状況を今一度、入念に調べることができます。時にはいくつか注意するだけで、選手が次の試合ですぐに結果が出せるようにもっていくことができるかもしれません。

　おそらくは、コーチというのは、チームの中でずっと先のことまで考えなければならない唯一の人物かもしれません。現時点での試合だけを考えるのではなく、次のトレーニングや試合に期待して待つべきです。
　ただし、現時点でうまくできていないことは、そのあとすぐに、スムーズにできるように修正しなければなりません。また、忘れがちなことですが、そうして獲得したことを、さらにもう一度強調して確認しなければなりません。

　ユースサッカーでよく見受けられるのは、コーチがある特定の選手の発達よりもチームの結果を優先させるということです。ディフェンスを強化するために、ベストの選手をリベロで使うといった例が、まさにこれです。時には、そのような選手に「前に出てはいけ

練習の前に、まず、大まかに何をするのか明らかにしましょう

ない」と強く釘をさすこともありえます。しかし、選手は前に出たがっているのです。

　明らかなのは、選手のサッカーの楽しみを奪い、相手がボールキープしているときだけ、単独もしくは何人かでプレーするようにおさえられて、発達がとまってしまうということです。素質のあるサッカー選手の多くは、コーチの意のもとで戦術的にプレーすることを強いられ、サッカーをやめてしまっています。

　特にユースサッカーでは、学習の過程において、フォワードがディフェンダーの経験をすることが最上の学習であることは明らかです。それは、そのフォワードをコンバートするためではなく、その選手がサッカー選手（フォワード）として、より完全なものになってもらうための学習です。

　原則として、幼い年齢のクラスでは、勝敗はそれほど大切ではないので、コーチはさまざまなポジションをやらせることを試みるべきです。

　コーチは、そのことで感謝されるでしょう。ある選手にとっては、ほかのポジションでもプレーしてよいということが一つの励みになって、サッカーをすすんでやるようになるかもしれません。

　また、驚くようなことも起こります。フランク・ドゥ・ブールは、フォワードとしてサッカーを始めましたが、ディフェンダーとしてオランダ代表選手に選ばれています。ポジションを変わることで、選手たちに勝敗にはこだわらないという印象を植えつけてはいけません。あまりにいろいろと手を出しすぎて、わけがわからなくなってしまったコーチは、自分のしていることが選手の発達に大きくかかわっていることをよく自覚すべきです。多くのユースサッカー選手が、「勝つことはとても重要だ」と考えているということも忘れないでください。インスピレーションのあるコーチが熱心で楽観的であるならば、考え方の面ではかり知れない価値があります。

どのように、コーチすることを学ぶか

次のトレーニングをどうしようか？

　みんながみんなコーチすることに携わらなければならないならば、それは世界で一番意味のあるものとなるでしょう。しかし、当のコーチがその仕事をするに値しないことがしばしばあります。

　「その仕事をするように言われた」、あるいは、「ちょっとその仕事をしたことがある」というだけかもしれません。あるいはまた、かつて高いレベルでサッカーをしたことがあるという人もいます。そういった人にとっては、青少年をトレーニングして彼らの試合の指揮をとるということは、とても簡単なことでしょう。

　しかし、それはほとんど成功していません。それなのに、有名なサッカー選手がマスコミを通じてしばしば言っていることは、「現在の青少年はやる気に欠け、骨がない」ということです。

見る、聞く、そして、何よりも、やってみる

教育や青少年を取り巻く環境に関していえば、その有名なサッカー選手の育ってきた時代と比べて、現代は何も変わっていません。

コーチすることは経験とかかわっています。さまざまな分野での経験です。それを実践することによって習得できるようになるのです。あるコーチは、ある状況を数年前にはよく判断できなかったと自ら理解しています。しかし、現在、判断できるようになったのは、それ以来経験を積み上げてきた結果だと考えています。

コーチは自分自身に対して、批判的でなければなりません。自分自身を鏡として本当の自分を映し、他人に対してと同じように批判的な判断をしなければなりません。彼はうまくやったのか。選手たちはどういう反応をしたのか。彼が注意をしたとき彼の目に映った反応はあったのか、ないのか。そういったとき、ほかにはどうすればよいのか。

コーチが上達していくことは、選手が上達していくことと同じなのです。

コーチが例を示します

さらに、そのことは、コーチ自身が身をもって体験している楽しみと関係しています。サッカー選手によい結果を約束しているコーチは、そこに喜びを感じているのです。

コーチすることの5つの段階

1.サッカーの知識とインサイト

まずコーチは、プレーがどのように組み込まれているか知るべきでしょう。自分のチームがボールキープしている場合、相手チームがボールキープしている場合、何をすべきか、選手をいろいろなポジションに置くための必須条件は何か、などです。

2.サッカーを読むこと

何が起こっているか見てください。フィールドで聞こえる話や叫び声に耳を傾けてください。私たちは、見ることと聞くこと（=「見る」）をユースコーチの基本条件と名づけたいと思います。無我夢中で見たもの聞いたものに集中している人は、そうでない人よりたくさんのことを発見できます。それには緊張が必要です。そのようなコーチは、没頭している仕事について、試合やトレーニングの最中、終わったあとと、分けて考えなければなりません。ちょっと例を挙げてみましょう。

「さて、お茶の準備ができた。もうすぐ休憩だな――ステファンはウォーミングアップに参加するかな――カルロスの左足は大丈夫かな。大丈夫だったらみんなが喜ぶだろう――ピートはリベロとしてうまくやっていたな。本当は予定していなかったんだが、それでもうまくいったな。とにかく彼に目を向けておこう――シモンは眠そうだったな。夜更かししていたんだな――ペドロはヘディングの競り合いで目をつぶっていたな――ジャックはしっかりと靴紐を結ばなければ――水筒が横になっていたぞ。気をつけなければ――エドウィンは線審を嫌がっていたな――モーリスか。ついに1対1の競り合いに勝っていたな――もう1人のモーリスか。フリーになるのはまだまだだな――フリッツのコーナー。その前に誰かがニアポストに行くよう

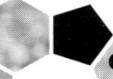
COACHEN VAN JEUGDVOETBALLERS

に徹底しなければ――レオンのロングパスは届かない
な――おいおい、マークが下手だな。中盤でのディフェンスに参加していないな――今日はフォワードの足が止まっていたな――などなど」

　自分でこのようなリストを作ってみることをすすめます。きっとすばらしい練習になるでしょう。そのリストによって、自分が考えていた以上に、より多くの問題が発見されます。そして、もっと別の必要な事柄に注意すべきだったことに気づくでしょう。コーチに、ある一定の基準や構造などないのです。

3. 目標
　リストのうちのいくつかの点は、試合や練習が終わったあと、もはや重要ではありませんが、その他のいくつかは、そのときはそのままにしておいても、次回の練習を進めるうえで多少なりとも活用できるものです。コーチは、どのような方法で問題が解決できるようになるのか自問しなければなりません。

　コーチが自ら与えるその解答を「コーチによる目標」と呼びます。もしくは、チームまたは選手たちの欠点を取り除くための、あるいは、特性をさらに伸ばすための解決を指します。

4. 優先順位をつける
　コーチが経験を積めば積むほど、それだけ多くの問題に直面することになります。経験が豊かであればあるほど、目標をしっかり定めることができるようになります。

　練習時間は、たいていの場合限られています。ですから、コーチはすべての目標を即座に同時進行で改善していくことはできません。時には、まずある問題を解決しなければならず、そのあと別の問題が出てくるということもあるでしょう。

　ですから、Dクラスのチームのコーチは、まず自分自身のために、いくつかの仕事に順序をつけなくてはなりません。二重のマーク、互いの位置のテイクオー

問題を自覚したかな？

バー、あるいはミッドフィルダーのポジショニングについて説明するためには、まず選手たちに、たとえば、4-3-3のフォーメーションの中で各自がどこを担当するのかを明らかにしなければなりません。ある問題を解決すると、直ちに次の問題が浮かび上がってきますが、それはチームが進歩しているという証拠です。

　ユースコーチは、どの目標を最優先にするか考えなければなりません。これは、コーチだけでなく選手やチーム全体、もちろん選手個人にも言えることです。コーチが決めるのは、どの問題に直ちに取り組むべきか、そしてどの問題をあと回しにするかということです。

　優先順位をつけず、すべてを一遍に（その半分でも）やろうとしているコーチは、若いサッカー選手が経験するような方法に対応することができません。実践においても、そうしたコーチは、優先順位をつけているコーチより成果をあげていません。

　コーチにとって幸いなことに、年齢別におおざっぱな目標設定がされています。ある年齢では、特にこれをしなければならず、また、別の年齢ではこれ、といった内容のものです。コーチはそれに従っていけばよいのです。

5. プランを練る

 以上のことから、計画的に練習を進めることが必要不可欠であることがおわかりいただけたと思います。コーチが、シーズンの始まる前に年間計画を立てることに異論はないでしょう。計画を立てることによって、シーズンが終わったあと、何が達成できたのか、どうしてそこまで考えたのかについて、コーチは読まなければなりません。

次にどうなるのかをあらかじめ知っておく

 コーチは、ある状況においては、選手は自宅で自主トレーニングをすることを知ったうえで、シーズン開始後、チームをサッカーのどのレベルにもっていきたいのかをよく決めておかなければなりません。これがコーチのプランにあらわれますし、このプランによってなすべきことの優先順位がつけられます。

 コーチの個人的な都合によって、プランが少し短い期間で組まれることもあるでしょう。たとえば、4カ月あるいは1カ月のチームになるかもしれません。

 オランダサッカー協会では、段階的なプランとして一般に通用するモデルをまとめてみました。実際には、大変複合的なもので、すべてを紙面に尽くすことはできません。実際に使うとなれば、単純化することも必要でしょう。次に挙げるモデルは、全体の仕事を把握するために用いると有効です。

コーチのモデル

 ユースサッカー選手のトレーニングとコーチが、わけもわからずにやっているのではないということが明らかになったことと思います。コーチは、練習の中で何よりも選手のためになることを決めなければなりません。

 トレーニングのプランと準備は、コーチの基本的な仕事です。練習が終わったあとも、どのようにトレーニングが進められたか、どのような結果が認められたかについて考えなければなりません。これを「評価」と呼びます。ファン・ヘルダー氏の教育学習モデルは、サッカーコーチの仕事に適用してもきっとうまくいくでしょう。

〈ファン・ヘルダー氏は、次のキー・クエスチョンから議論を始めています〉

1. どこから始めるか（初期状況）

2. どうしたいか（目標）

3. どのようにトレーニングをするか（方法・手段）

4. どういう結果をトレーニングで得たか（評価）

コーチングとトレーニングのモデル

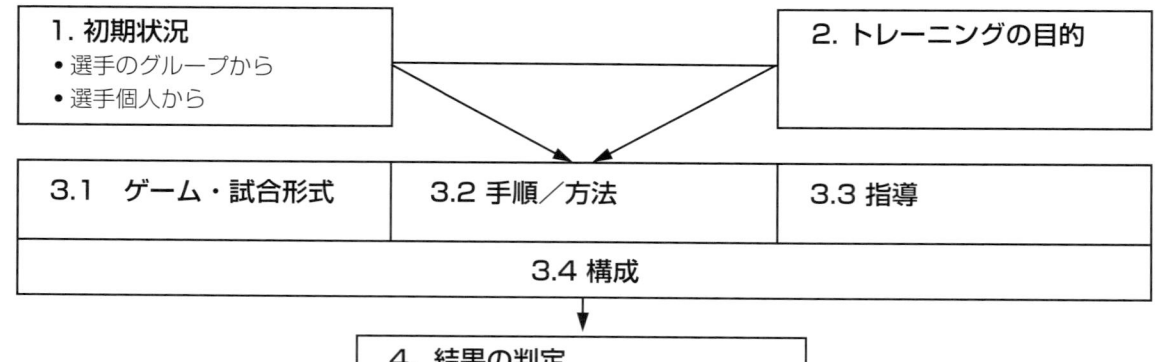

付録の「ジュニア／ユースの教授法と方法論」（p.215参照）でこのモデルについて詳しく説明しています。

試合前後のコーチ

コーチの内容は、青少年に関連するさまざまなビジョンに基づいています。オランダサッカー協会のビジョンは、子どもを中心に考えています。それはつまり、選手が自律的に成長していく条件を作り上げているということです。試合前後のコーチングについては、以下のとおりです。

■試合前

年少クラス

- ボールと一緒に始めさせ進ませるというように、自由にさせて活気づけ、はめを外させる（例：上の年齢のクラスでは当たり前にやっていることではあるが、ウォーミングアップ前のランニングの方法）。

- ロッカールームでの着替えや自立性を指導する（子どもたちが望む限り、両親はロッカールームにいる）。

- 試合を念頭に置いた注意をする。「相手がボールを持ったら、みんなでできるだけ素早くボールを取り返すんだよ。ただボールを待っていたり、後ろで突

子どもたちが自分で靴紐を結べない場合、切れた靴紐を自分で取り替えることができるだろうか？

っ立ってちゃだめだよ」

年長クラス（たとえば14-16歳）
- 前の試合の例を抜き出してみる。たとえば、「共同作業をたくさんするようにしよう。相手がたくさんいたり、スペースが狭い状況で個人プレーをしてしまって、ボールをとられることが何度もあったからね」

- 試合の最中、やらなければならない任務について話し合いをする。

- 自分でウォーミングアップができるようにする（修正やアクセントを示す）。

■試合の最中

年少クラス
- 以前にもあった状況（トレーニング・試合・ミーティングなど）と関係があり、子どもたちも知っているはずのことを簡単に注意する。

  例：「ボールを持ってゴールに行け」「ボールに行って奪え」

年長クラス（たとえば14-16歳）
- 試合でのパフォーマンスに関連する注意をする。明らかに個人、あるいは全体に影響を与えられるような注意をする。そのことにより結果に向かって努力することができる。

- 例：「妨害するばかりでなく、誰もその状況に参加できないように相手にプレスをかけ続けて、ボールを奪い返してしまえ」
  または、「常にハイテンポでプレーするなよ。たくさんのボールを失ってしまうことになるからな。まず、ラインでボールをしっかりキープして、ゆっくりとビルドアップにもっていくんだ」

  例：すべての注意は、選手を励まし、自分で問題を見つけて言葉で表現できるように指導する。

■試合後

年少クラス
- 短く「試合」の感想をまとめ、論評する。「本当によくやったね。たくさんボール持ったからね。来週はゴールを上げることを目標にしよう。今回は1点だけだったからね。トレーニングでも、そのこと

「うまくボールをとったな」（コーチのほめ言葉）

に注意してやろう」

- 「みんなシャワーを浴びたかな。靴の泥を落として、ロッカールームを汚さないようにね」

年長クラス（たとえば14-16歳）
- 試合の中での問題点や、よかった点をみんなにわかりやすく整理して注意する。歯に衣着せず、言うことを恐れてはいけない。しかし、まず選手に互いの機能について話をさせる。

- かつて、トレーニングで問題とされたり、ミーティングで話された事柄と関連づけるようにする。

- 個人のプレーを強調する。たとえば、いつも間違った方向にパスしている、ヘディングの競り合いでタイミングがずれている、互いにコーチングしていないなど。しかし、よい点についても述べる。たとえ

ば、一生懸命頑張っていた、ショートコーナーがうまくいった、フリーキックがよかった、レフェリーに対する態度がよかった、など。

■ 選手交代

- 最年少のクラスでは、いつも同じ子どもが交代要員にならないように気をつけます。相手チームのコーチや指導者と相談して、全員をプレーさせるようにします（たとえば9対9）。

- 試合結果が重要になるならば（勝敗が問題になるならば）、選手交代が必要です。これは11歳、12歳、つまりDクラス、Cクラスの子どもたちが経験する世界において非常に重要な事柄になります。

- 年齢のもっと上のクラス（シニアクラスBやA）では、試合結果の重要性を明らかにするようにします。つまり、これは決定的な瞬間においては、最強のイレブンがプレーすることを意味します。

- これに関連して、ゲームを改善するためには、シニアクラスBやAの試合での選手交代は意味がないといけません。試合後、選手交代の意味を説明し、それが効果的であったかどうかチェックします（ここ一番の交代）。

- 結果に向かって努力する際、どのような方法で行うのか（トレーニング、コーチング、ミーティングを通じて）、みんなに明らかになっていなければなりません。明らかにすることで、選手たちはよく理解できるようになります。

- 結果にあまり注意を払っていないチームや選手たち、

最年少のクラスでもサッカーをさせよう

クラスでは、選手交代については順番制という約束になります。

■リーダーシップ

- 最年少のクラスでは、自分の経験できる世界以上のことを学ばせるために、一番おしゃべりな子どもにリーダー役をやらせてもよいかもしれません。

- ジュニアクラスでは、リーダーを通じてグループとしての仕事をいくつかやらせるようにします。これはある意味において、コーチの延長としての仕事であるといってよいかもしれません。

- 試合の結果が意味をもってくるようになると（ジュニアクラスC以上）、リーダーシップがその結果によい影響を与えて、みんながその恩恵に浴します。

- この件で、選手が「したくもないのにしなければならない」と嫌になるようではいけません。みんなと一緒にレベルアップしていけるという基点となる選手を探します。

- 多くの場合、リーダーはグループの中で自然に生まれてくるものです。よくそのグループを観察してみてください。

■試合のスターティングラインナップ

- スターティングラインナップは、現時点での選手の特性を最大限に生かすことを考えに考えた結果でなければなりません。

- 個人の特性を伸ばすという観点からベストの選手を選び出し、その選手たちが自分のポジションにおいて（負荷をかけられて）、常に一生懸命頑張るようにしなければなりません。それに適応できるような刺激を与えなければなりません。たとえば、ゲームを支配するB選抜のリベロを、Aシニアのミッドフィルダーで使ってみる、などです。

- フォーメーションは、青少年がサッカーをするビジョンに基づいていなければなりません（選択をして明らかにする／関係者、フロント、選手、指導者に詳しく説明する）。

- フォーメーション、スターティングラインナップは、最年長のクラスで相手に合わせて変更しますが、ユースサッカーのビジョンにとって害にならないようにします（これは、クラブのスタイル、意見、大人のクラスのコーチがもっているビジョンに関係してきます）。

- ベストの選手は、よりうまくなれるようなポジションでプレーさせます。ある大会での試合の重要性に左右されず、個人の技術・技能の発達を最優先にするべきです。

結局、個人が上達することが大事なのです

さまざまな発達段階におけるコーチング

　コーチすることは学ぶための手段です。さまざまな練習と同様、サッカーにおけるコーチもまた技術・技能を発達させ、その技能を練習や試合の中で使うことを学ぶための重要な手段となります。この目標に喜びを見出し、ゲームを支配し、当然のことながら勝つことにつなげていきます。

コーチすることは、学ぶための手段です

　これについては、基本となる黄金律があります。テクニックを学ぶのではなくゲームを学ぶのです。まず、プレーする喜びが中心にあって、そのまわりにプレーの上達、ゲーム・試合形式の熟達があるのです。

　この黄金律にはたくさんの負荷があります。さらに、多くの、そして習得に時間がかかる技術・技能、たとえば内側に切り込む動きやターン、フェイント、ボールコントロール、パスなどがあります。サッカーに必要な技術・技能はトリックとして発達した場合が多く、ゲームとは関係がなくなり、一番シンプルなゲームの形式とも無縁になってしまいました。

　そういった練習をしているコーチには、「陸の水泳」という効果しかもたらされません。そこには、一番大事な要素が欠けているのです。サッカーの場合で考えてみると、その「水」にあたるのは、ゲームという要素です。選手は、どの方向性、形式、スタイルを技術のアクションに使うのか、いったいなぜその技術を使うのか。これは、つまりそのプレーにどんな意味があるのかということです。

■プレーの熟達

　子どもたちは、以前、ストリート、浜辺、室内でプレーに熟達したものでした。そのプレーはいつもゲームの形式をとっており、はっきりとした意味がありました。「勝つため」です。勝つためにテクニックを使い、プレーのインサイトを培ってきました。それは、コーチが「そうしなさい」と言ったからではなかったのです。

　現在、子どもたちは、ストリートであまりサッカーをしなくなりました。ですから、もっと短い時間でサッカーを学ばなければならなくなったのです。子どもたちにはコーチの助けが必要です。コーチは、子どもたちがシンプルなプレー形式でサッカーができるように、特別な教育を受けてきています。コーチは基本形式（4対4、1対1、5対2、ゴールがあって得点できるラインサッカーやポジショニング）や、発達の最終段階でプレーに熟達するための、さまざまでより複雑なゲーム・試合形式に通じていなければなりません。

　こうした方法は、最も自然で効率的です。

　ゲーム・試合形式を適切に行うことでよい雰囲気ができ、子どもたちはやる気を起こし、一生懸命プレーします。このような理由から、どの選手も老若男女を問わず、トレーニングにおいては、ミニゲーム形式でプレーしたいものです。たとえうまくなるとしても、面白くもないトレーニングは、もはや時代遅れなのです。

> ベストの結果を期待するためには、トレーニングもサッカーの祭りになるべきである

　当然のことながら、ゲームでプレーするためには、どの子どももある種の基本的な技能が必要です。しかし、それ以上のことは必要ありません。基本的な技能を練習していくことは、目標が明らかであるゲームでの技能の獲得につながっていきます。

たとえば、単にパスの練習をするのではなく、目的をもった練習が必要になります。この段階でも、「子どもたちは勝つためにパスを使う」という認識が重要です。

■コーチの役割

以前に「トライアンドエラー」(やってみて、ミスから学ぶ)で時間をかけてやってきたことは、効果的なコーチによって補塡するとよいでしょう。それは時間の節約にもなります。

コーチはさまざまな状況で選手に目標をもたせます。
- 大会
- 親善試合
- トレーニングでの練習試合
- トレーニングでのゲーム・試合形式
- トレーニングでの練習形式

コーチは、さらに「できるだけ長く、体勢をキープするんだ」と言いました

■コーチングポイント

子どもたちがたどっていく発達段階を見れば、その段階ごとに、コーチングポイントを細かく分ける必要があることは明らかでしょう。試合におけるコーチングは、ほぼ12歳以降から問題になってきます。週に一度、試合をやっていくことは、子どもたちの指導にとっては確かによいことですが、幼い子どもがサッカーを学ぶ中では、複雑な試合というものを相対化しなければなりません。5-8歳の子どもにとって、フィールド半分の広さで行う7対7の試合は、全体を把握できる状況にはありません。選手の数が多すぎ、フィールドが広すぎるのです。このクラスでは7対7ではなくて、4対4がすすめられます。

子どもの年齢が上がるにつれて、「前方」「スピード」といった抽象的な言葉を使ってもよいと思います。それによって「先を読む力」が発達していくことになります。これは、ほぼ12歳ぐらいから始めます。幼い子どもには、あることが起こったとき、その場ですぐに指導しなければなりません。休憩の最中、先ほどのことを説明してもあまり意味がありません。コーチはいろいろな方法で、ビジュアルに示すのがよいでしょう。たとえば、技術・技能でのミスをちょっと見せて、その正しい方法をやってみせます。

年少クラスの年齢では、ある面では機械的な技能を学ぶには影響されやすい年齢であること、また、ある面では子どものもつ「その場限り」の考え方に基づいて、コーチングの際にはテクニックの習得に重点を置くようにします。ジュニアクラスの年齢では、インサイトとコミュニケーションに重点を置きます。

コーチングポイントはプレーの熟達により4段階に分けることができます。

前段階 (5-7歳)

前段階での目標はいたってシンプルで、「ボールを操る」ということに尽きます。この段階では、さまざまなサッカーでのプレーをゲームとしてトレーニングします。しかし、どうやってもよいというわけではありません。「すべての子どもにボールを1個ずつ与える」という考え方は、あまりにシンプルすぎます。

よく言われるように、サッカーを初歩の段階にまでシンプルにする場合、それは負荷をなくすのではなく、少なくすることなのです。どのようなプレーでも、子どもたちに次のことが明らかになっていなければなりません。

- プレーの意味は何か（どこでするのか。どうやってポイントをあげることができるのか）。

- このプレーでどうなるのか（常にここからそこへであり、それだけが目的であったり、すべてを同時にするというのではない）。

- どの子どももボールコンタクトを多くするようにする。

- 動きを固定しすぎない（子どもたちは操り人形ではない）、できるだけ解決し、または技術・技能を使わせるようにする。

- 2対2、3対3、4対4にする。それより多い数の形式は、この年齢では意味がない。

かつて発達した「街めぐりごっこ」（P.107参照）がこの年齢でのよい適用例となります。これによって、コーチはプレーの形式をよりクリエイティブにし、そのアイデアを形にすることができるでしょう。

第1段階：基本的なプレーの熟達

目標は2種類あります。
1. 基本的なプレーから、実際のサッカーにできるだけ適応できるように、技術的な基本技能を発達させる。
2. 子どもが、プレーする喜びと経験できる環境の中で、プレーしながらサッカーの要素、プレーを難しくする要素（プレーの負荷、プレーの構成要素）に慣れ親しむ。たとえば、スペース的なインサイト（サイド・前方・高さ）、ハンドリングのスピード（時間的な要素）、味方選手、相手選手、プレス、ポジショニングなどである。

特にテクニックとインサイトとの発達が連係すること（実際のサッカーでの負荷と直面すること）がプラスになり、プレーが熟達していきます。

この基本形式の説明は、第6章（p.63参照）で行います。

試合でのコーチングは、次の発達の第2段階、第3段階で特に問題とされるようになります。実践においては、さまざまな段階で相互に関連していますが、理論的には、選手の発達において、試合がどのような意味をもつのか説明しましょう。

第2段階：試合（11対11）に熟達する（12-16歳）

この段階での目標は、まず、第1段階からのコーチの目標を完成させることにあります。つまり、コーチはサッカーでの負荷、難しくする要素を上げていきます。素質のある選手は上の年齢のクラスに入れることも可能です。

第2に、この段階でチームの仕事の自覚、ラインやポジションごとの仕事が上達しなければなりません。コーチは、トレーニングの中で、大人数または少人数の試合形式を使うとよいでしょう。

この段階で選手のサッカーの発達を助けるためには、チームの中での任務や機能についてよく知っていることが重要です。これについては、第12章（P.185参照）で説明します。

第3段階：大会に熟達する（16-18歳）

この段階では、選手の能力を高めることが目標となります。チームとしてのクオリティーが目に見えるようになり、チームは計画的に目標に向かって努力します。チーム内でのすべてのクオリティーを総合して、チームとしての組織を最大限に生かせるようにします。

パフォーマンスにもっていくことが問題とされるようになります。チャンピオンになるためには、今何をしなければならないのか、ここでは精神面がある役割を果たすことになります。選手たちは、自分ですべてをやるのではなく、他人にまかせなければならないことも多々あるということを理解しなくてはなりません。

多くの選手が1人か2人の実力者の影に隠れてしまうことになりますが、それはポジションごとの役割が第一にあるからです。自由にできるかどうかは、フィールドでの選手の任務と機能によって決まってくるのです。これが、「大人のサッカー」へ発達するための最後の条件となります。

この段階では、コーチの重大な任務があります。それは、チームが、味方がボールキープしているとき、あるいは相手がボールキープしているとき、つまり、ディフェンスのときでもビルドアップのときでも攻撃のときでも機能的に一つにまとまるということです。相手からもたらされる負荷のもとでも、すべてがうまく機能し、試合の状況や常に変わるプレッシャー（緊張）にフレキシブルに対応しなければなりません。

つまり、いつも機能的に一つにまとまることを目指すのです。試合で勝つこと、つまり、得点をあげ、相手の得点を防ぎ、ゴールのチャンスをつくり、相手のチャンスの邪魔をするのです。これは非常に複雑なものになります。

サッカーの任務と機能を学ぶことに関連する目標
ボールキープしている場合と相手がボールキープしている場合のフィールドのポジショニング

4対4
- ポジションに関連した任務と機能

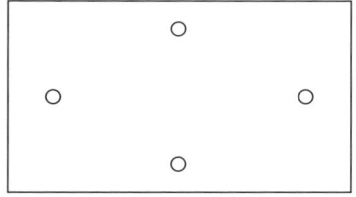

7対7
- ポジションとラインに関連した任務と機能

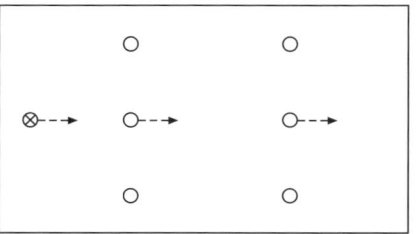

11対11
- ポジションとラインとチームに関連した任務と機能

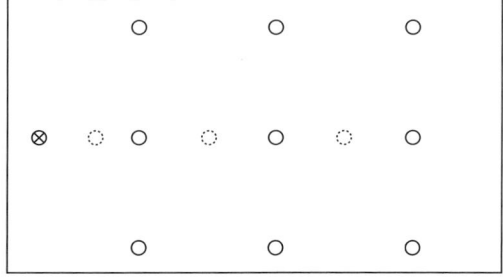

11人目の選手：あまりの選手がディフェンス／中盤／攻撃に参加する

育成、指導の目標

年　齢	目　標	内　容
• 5-7歳 （いわゆる前段階）	• ボールは丸く、それが難しい • ボールフィーリング • ボールを操る •「ボールと自分」	Ｔｉｃ • 技能主体のミニゲーム形式 ＝方向性 ＝スピード ＝確実性
• ±7-12歳	• 基本的なスピードに熟達する	ＴＩｃ • シンプルなサッカーの状況の中で、プレーのインサイトと技術・技能をプレーすることを通じて発達させる （いわゆる基本形式）
• 12-16歳	• 試合（11対11）に熟達する	ＴＩＣ • チームとしての役割、ライン・ポジションごとの役割を少人数、あるいは大人数の試合形式（および発展形式）を通じて発達させる
• ±16-18歳	• 大会に熟達する	＜**T**＞ＩＣ • 試合の指導 ＝試合に熟達することの成果 ＝精神面
• ±18歳	• トップレベルのサッカーにおいて、一番よい形で熟達する	＜**T**＞＜**I**＞＜**C**＞ • 専門化あるいはマルチ化

Ｔはテクニック、Ｉはインサイト、Ｃはコミュニケーション。
ＴＩＣは「見る」に基づいている。

仕上げ／年齢別の育成・コーチングの目標

Fクラス(6-8歳)

目標0.6／0.7（Fクラスの1年目）：
↕
「前段階」

ボールを使いこなす
5-6歳：4対4への道
6-7歳：「ボールは丸い、だから難しい」

目標としてのボール

■ **この段階では、TicのT、テクニックがテーマとなる**

　ボール感覚の発達。子どもたちにとってボールは「使いこなさなければならないもの」という感覚から、プレーの意図を実現する手段となります。
　練習材料と練習の場は、サッカーをすることの意図と機能に緊密な関係があり、そこから派生したプレー形式から決められます。

■ **習得目標を実現するための方法論的な取り組み**

- ボールに慣れることからゴールを目指すことに
- 目的としてのボールから手段としてのボールへ

■ **コーチ実践のための注意事項**

- サッカー技術の行使全般について、知識とインサイト（洞察力）が必要条件である

- 誰もがボール1個を使うことができる
- トレーニングでのバリエーションを工夫する
- トレーニングごとに、あらゆるプレーの意図が順番にあらわれるようにする
- 子どもたちの想像の世界を刺激する
- 集中力があまり持続しないことを考慮する
- 「ほかの子と一緒に」ということに期待しない
- 短いアドバイスをするように心がける
- 時間を最大限に活用する
- 説明をするよりも実際にやってみせる

> **Fクラス(6-8歳)**
>
> 目標0.8（Fクラスの2年目）：
>
> 基本プレーの熟達
> # 目標としてのボール／基本形

■この段階では、ＴｉｃのＴ、テクニックがテーマとなる

Ｅクラスを見なさい。基本プレーの熟達に向けての成長が始まるようにする。

ＴｉｃのＴ、テクニックの発達。

すねのプロテクターはどこ？

Eクラス(8-10歳)
目標0.10：
基本プレーの熟達
目標としてのボール／基本形

■この段階では、TicのT、テクニックがテーマとなる

　プレーの意図と、いわゆる「基本形」の中での基礎全般についてのインサイトと理解の発達。基本形は、サッカーにおける状況を単純化したもので、その中でプレーの意図、組織としての形、ルールによって最大限のサッカー習得環境の条件が実現されるのです。

基本形は次のことによって特徴づけられます
- サッカー独自の性格（実際の試合状況から抜き出してある）
- 何度も繰り返しができること（何度も、ある状況に、深くかかわる）
- この年齢のうちに、あるレベル、サッカーの能力に順応可能であること（サッカーにおける負荷の多様化）
- 状況に即した適切なコーチングの可能性・チャンスが多い

■習得目標を実現するための方法論的な取り組み

第1段階
→単純化されたサッカーの状況内における各個人のテクニカル面での技能の発達(基本形、4対4や7対7)
- プレーの意図
- 基礎全般

第2段階
→フィールドでのフォーメーション・チームとしての組織が、個人のテクニカル面の技能発展の前提となる。そのプレーが行われたか、プレーの意図が目に見えていたか
- プレーの意図
- 基礎全般
- 組織形（基本形、4対4や7対7）内でのプレー習得

■コーチ実践のための注意事項

- このクラスでは、単純化されたサッカーの状況（基本形、4対4や7対7）内で、各個人のテクニカル面での技能を発達させることがテーマです。ポイントはTicのT、テクニックに置かれます。
- コーチング（コーチする内容)は、特にテクニカル面での技能の向上と全体的な身体のコーディネーションに向けられます。最大限の内容を与えることができるようにするためには、（どのプレー、どういった形式かを含めて）プレーがまだ続けられるか、まだ楽しんでいるか、そしてまだ習得されるかを、絶えず意識する必要があるでしょう。コーチは、選手たちのレベルに対する負荷の適応を常に問題にしなければならないのです。

具体的には、次のことに注意します
・適切な基本形の選択
・プレーの意図を明確にすること
・フィールドでのフォーメーション・チームの組織
・負荷の多様化（より難しくする、もしくはより簡単にする）
・特別ルールの使用、適用
・技術の用い方についてコーチすること（全般的、個人的）

第4章　ジュニア／ユースの指導

Dクラス（10-12歳）

目標0.12：

基本プレーの熟達から試合の熟達へ

手段としてのボール／基本形

■この段階では、tlcのl、インサイトがテーマとなる

２つのハイライト、つまり相手がボールキープしているとき（守備についてのチームとしての機能全般）と、自分たちがボールキープしているとき（ビルドアップと攻撃についてのチームとしての機能全般）におけるプレーの意図および基礎全般についてのインサイトと理解の発達。

１１対１１へのステップは、新たに変わった指針（知覚）によって特徴づけられます。

- より広いスペース
- より長い距離
- より多くの選手（味方選手と相手選手）
- より多くて複雑なオプション
- 新たなルール
- 別の役割分担

■習得目標を実現するための方法論的な取り組み

第１段階
相手がボールキープしている場合：
→フィールドでのフォーメーション・チーム組織が、協力して相手ゴールを防いだりボールを奪うことができるための前提となる

- さまざまなラインにおけるプレーの意図
- さまざまなラインにおける全般的な基礎

第２段階
自分たちがボールキープしている場合：
→フィールドでのフォーメーション・チーム組織が、ビルドアップ・攻撃・ゴールするための前提となる

- さまざまなラインにおけるプレーの意図
- さまざまなラインにおける全般的な基礎

■コーチ実践のための注意事項

- このクラスでは――はじめて１１対１１という状況の経験をします――特にtlcのl、インサイトにポイントを置くことがテーマとなります。

この側面に十分な注意が払われない場合、選手たちのテクニカル・体力的側面、つまりTや選手同士のコミュニケーション、Cのさらなる発達に、マイナスの帰結がもたらされることになるでしょう。選手たちは、最初、３つのチームとしての機能（ビルドアップ・攻撃・守備）の中で、意図についてのインサイトを認識するようにしなければなりません。そうしてはじめてチームとして、組織（1-4-3-3）の中で機能できるようになるのです。３つのチームとしての機能の中でも、フィールドでの場所と結びついて各ポジションが内容を伴うようにならなければなりません。

具体的には、次のことに注意します

- フィールドでのフォーメーション・チームとしての組織
- 互いの距離
- ポジショニングプレーの質（ボールがある場合、ない場合）
- プレーの深さ

すべてのルールは、その意図するところについて十分なインサイトや知識がなければ、発達は止まってしまうでしょう。

Cクラス(12-14歳)
目標0.13（Cクラス1年目）：
試合の熟達
手段としての試合

■この段階では、コミュニケーションと関連するtlcのl、インサイトのさらなる発達がテーマとなる

2つのハイライト、つまり相手がボールキープしているとき（チームの機能として相手チームのビルドアップの妨害・阻止、ボールの封じ込め・追いかけ・競り合い、ゴールを防ぐ）と、自分たちがボールキープしているとき（チームの機能としてのビルドアップ・攻撃・ゴール）におけるプレーの意図および基礎全般についてのインサイトと理解の発達。

> サッカーをすること：ボールがあるときよりもないときに、足でするよりも頭を使って

■習得目標を実現するための方法論的な取り組み

第1段階
相手がボールキープしている場合：
→協力してゴールを防ぎ、ボールを奪い返すことができ、さらにビルドアップ・攻撃・ゴールすることができるための前提としてのポジショニングプレー
- さまざまなラインにおけるプレーの意図
- さまざまなラインにおける全般的な基礎

第2段階
自分たちがボールキープしている場合：
→相手チームのゴールに近づくことができるための前提としてのポジショニングプレー
- さまざまなラインにおけるプレーの意図
- さまざまなラインにおける全般的な基礎

■コーチ実践のための注意事項

- このクラスでは、特にtICのIとC、つまりインサイトとコミュニケーションの側面にポイントを置くことがテーマとなります。

この2つの側面に十分な注意が払われない場合、選手たちのテクニカル・体力的側面、つまりTのさらなる発達にマイナスのな帰結がもたらされることになるでしょう。

最初に、3つのチームとしての機能（ビルドアップ・攻撃・守備）の中での意図について、インサイトを認識するようにしなければなりません。そうしてはじめてチームとして、組織（1-4-3-3)の中で機能できるようになるのです。

3つのチームとしての機能の中でも、フィールドでの場所と結びついて、選手たちの役割と機能が内容を伴うようにならなければなりません。

具体的には、次のことを注意します
- フィールドでのフォーメーション・チームとしての組織
- 互いの距離
- ポジショニングプレーの質（ボールがある場合、ない場合）
- プレーの深さ

すべてのルールは、その意図するところについて十分なインサイトや知識がなければ、発達は止まってしまうでしょう。

> **Cクラス(12-14歳)**
> 目標0.14（Cクラス2年目）：
> 試合の熟達
> # 手段としての試合

■この段階では、チーム内での役割についてのインサイト、およびそうした役割を果たすことのできるような機能的なテクニカル面での技能、つまりTIcのTとIのさらなる発達がテーマとなる

各ラインごとに還元されるプレーの意図を実現することができる。

■習得目標を実現するための方法論的な取り組み

第1段階
相手チームがボールキープしている場合：
- 各ラインが協力する中での全般的基礎
    - 相手チームのエリアで（妨害）
    - センターライン付近で（妨害・ボールを奪う）
    - 自チームのペナルティエリアの前・中(ボールを奪う・相手のゴールを防ぐ)

第2段階
自チームがボールキープしている場合：
- 各ラインが協力する中での全般的基礎
    - 自チームのエリア（ビルドアップ──自チームのエリアでボールを取られない）
    - 相手チームのエリア（ビルドアップ──攻撃、少ないリスクから多くのリスクへ）

第3段階
ボールキープの交代（攻守の切替）：
- ボールキープが交代することについてのプレーの意図と全般的な基礎

■コーチ実践のための注意事項

- ラインごとの役割の発達
- 機能的なテクニカル面での技能の発達

テクニカル面での技能は、今や機能的にならなければならない

Bクラス(14-16歳)

目標0.16：

試合の熟達／大会での熟達
手段としての試合

■この段階では、作業の効率化、つまりTICすべてがテーマとなります

- チームの結果と関係する役割分担の効率化：理解と有効な作業
- 選手の才能を伸ばす（誰がどのポジションや役割に適しているか）
- 違ったプレーの仕方に慣れることを学ぶ（自チームと相手チーム）。一貫性、特色、長所・短所

■習得目標を実現するための方法論的な取り組み

第1段階
相手チームがボールキープしている場合：
- プレーの意図と全般的な基礎を自分のものにする。チーム組織の一般的な原則や個人としての役割の果たし方、チームの組織における個人・チームメートの役割についてのインサイト、味方の選手の長所と短所を理解する

第2段階
自チームがボールキープしている場合：
- プレーの意図と全般的な基礎を自分のものにする。ポジショニングプレーの一般的な原則、チームの組織における個人・チームメートの役割についてのインサイト、味方選手の長所と短所を理解する

第3段階
ボールキープの交代：
- ボールを失った瞬間
- ボールを奪った瞬間
- プレーの意図と全般的な基礎を自分のものにする。

ボールキープ交替の一般的な原則

■コーチ実践のための注意事項

- チームの役割、ラインごとの役割、ポジションごとの役割の発達
- 試合のコーチング→試合の熟達をすすめる、試合の結果に対する個人の貢献度を上げる（始まりは作業の効率化）

　ポイントは、必要条件全体に置かれる。T、I、Cと結びつく。

試合の中での作業の効率化は、ここではゴールです

第4章　ジュニア／ユースの指導

> ## Aクラス(16-18歳)
> 目標O.18：
> 大会での熟達／トップサッカーになるための最大限の熟達
> # 手段としての試合、
> # 手段としての大会となるように成長すること

■この段階では、試合に勝つことがテーマとなります（O.17-TIC／O.18-TIC）

試合に勝つことを学ぶ
- ポジションごとの役割のトレーニング
- 「さまざまな役割に求められることを学べ：スペシャリストになれ」
- チームのパフォーマンスに貢献することを学ぶ

■習得目標を実現するための方法論的な取り組み

第1段階
相手チームがボールキープしている場合：
- チームの組織
- 選手たちの特性
- 役割への集中
- 試合の結果がよくなるように貢献することの基礎
- 役割のトレーニング

第2段階
自チームがボールキープしている場合：
- チームの組織
- ポジショニングプレーの基礎を高める
- 自チームの選手の特性を生かすことを学ぶ
- 試合の結果がよくなるように貢献することの基礎
- 役割のトレーニング

第3段階
ボールキープの交代：
・ボールを失った瞬間
・ボールを奪った瞬間

　この段階では、シーズンが進むにつれて出てくることを共同して行うことになります。そこでは、ボールキープが交替する際、相手チームのボールキープになった、自チームのボールキープになったという、それぞれのハイライトに速やかに移行することにポイントが置かれます。
- チームの責任
- 選手たちの特性を生かす
- チームの利益優先

■コーチ実践のための注意事項

- 個人の特化
- 個人よりチームの利益優先
- （マルチ的)機能の影響→作業の効率化・精神的側面
- 試合のコーチング　戦略・戦術：相手チームの弱点をついたり、自チームの特徴を生かす

CHAPTER 5

第5章　ゲームを読む目を育てる

コーチが目を向けるべきこと

　トレーニングを始める前に、まずトレーニングでいったい何をしたいのか、よく考えなければなりません。これは選手のサッカーパフォーマンスをいかに向上させるかにかかってきます。

　サッカーパフォーマンスを向上させるためには、「試合を読む」ことが求められます。試合では、選手たちがうまく対処できない多くの状況が自ずと現れてきます。コーチまたは監督は、こうした状況に目を向け、試合から浮かび上がってくるサッカーの問題点を突き止めなければなりません。そうして、どのようなトレーニングを始めたらよいのか、よく考えるのです。

　確かに、経験の浅いコーチにとって、11対11の試合はあまりにもさまざまなサッカーの状況がありすぎるので、重大な欠陥（つまりサッカーの問題点）を見出すことはほとんど不可能です。少人数の選手がプレーしている試合を読むほうがずっと簡単です。ですから年少クラスの場合、4対4が適当だと思います。

　しかし、6対6あるいは7対7でもサッカーの問題点を突き止めることはできるはずです。トレーニングでそういった試合をやってみましょう。

サッカーにおける知識とインサイト

　練習試合をすることによって、サッカーの問題点が明らかになります。試合を読むための一助として、サッカーにおける3つのポイントとなる状況を挙げることができます。

> **サッカーにおける3つのハイライトとなる状況**
>
> 1. 自分のチームがボールキープしている場合
> 2. 相手のチームがボールキープしている場合
> 3. ボールキープが交代する場合：相手にボールをとられたり、相手からとった場合

　こうした状況の中で、選手たちはプレーの意図を認識していなければなりません。そのポイントとなる状況ごとに、どう対処したらよいか、選手たちが拠り所にできる一般的な基点があります。この3つのポイントとなる状況を説明しましょう。

> - **プレーの意図**
>   どう対処するか（目的）
> - **一般的な基点**
>   プレーの意図を実現するための方法
>   （どのように）

選手の数が少なければ少ないほど、「読み」はシンプルになる

COACHEN VAN JEUGDVOETBALLERS

図の説明
- ▼ ボールキープしているチーム
- ○ ボールキープしていないチーム
- → パス（ボールの軌跡）
- ∿→ ドリブルする選手
- --→ その他の選手の動き

1. ボールキープしている場合

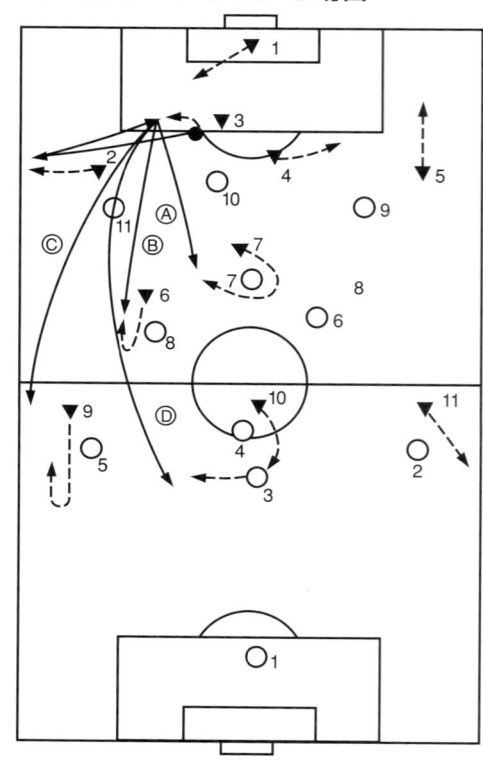

プレーの意図
- チャンスをつくるビルドアップ。
- ゴールを決める。

一般的な基点
- プレーするスペースをできるだけ大きくする。
  - サイドを使う。
  - 前方にフィードする。
- 深く考え、できればフィードパスを出す。
- ボールをキープする（プレーの意図を実現するために大事な条件）。
- 原則：サイド切り替えは、前方でのプレー、フィードパスの準備・導入となる。

- フィールドを最大限有効に使う。

2. 相手がボールキープしている場合

プレーの意図
- 相手のビルドアップの妨害。
- ボールを奪い返す。
- ゴールを守る。

一般的な基点
- プレーするスペースをできるだけ小さくする。

相手チームの力による
- ボールに向かっていく（プレスをかける）。
- 自分チームのゴールに向かう（引く）。
- 相手選手の両側に向かう（挟む）。

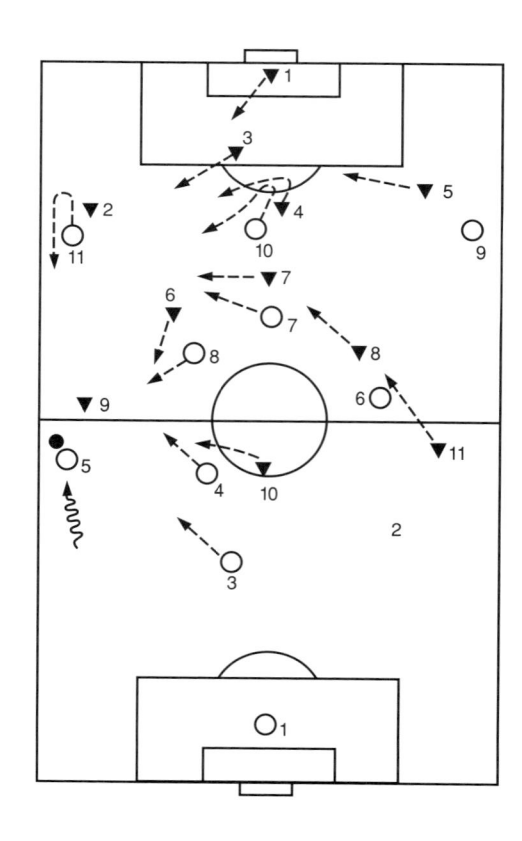

- ボールをキープしている選手にプレスをかける。

- ボールまわりのかたいマーク。

- ダブルマーク・ゾーンプレス、ボールから離れている。

- できるだけ長くプレスをかけることは、チームにとって有用である。

　ファウルをするのはプレーの意図に反します。ファウルをしたり引き起こしてはいけません。

3. ボールキープが交替する場合：相手にボールをとられたり、相手からとった場合

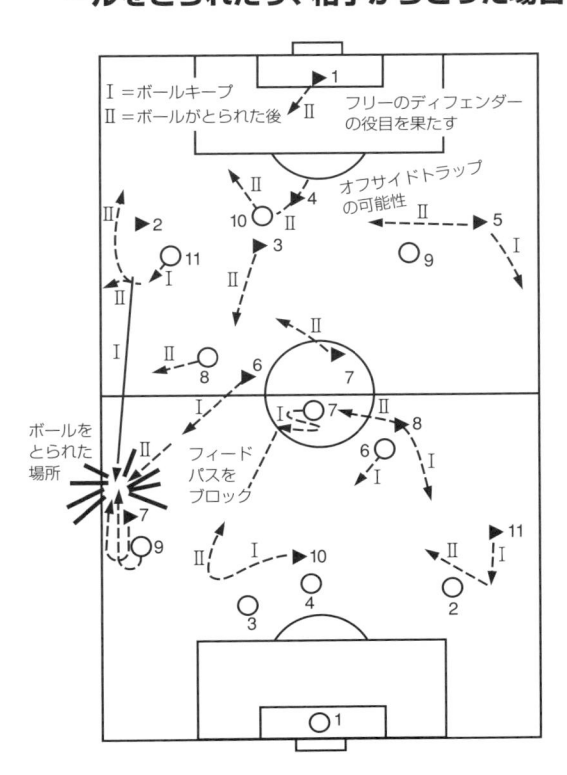

アクセント：スピード

一般的な基点
- ボールをとられた場合（ボールキープしている状況から相手がボールキープする状況へ）

  ・ボールの最も近くにいる選手は、ダイレクトでのフィードパスを防ぐようにして（ボールにプレスをかける）、相手がサイド切り替えするか、その場にとどまるか、ドリブルするか、バックパスをしようという考えに向くようにする。

  ・すべての選手がゴールを防ぐのに貢献できるように切り替えする：「挟む」
  （内側のスペースを狭くして、ボールに行く）

  ・相手のシュートをブロックする。

  ・直接的な危険を避けるようにポジションを選択する。：「ボールへのプレス」

  ・十分に味方がいる場合のボールまわりのかたいマーク。：「止める」

  ・味方があまりいない場合のポジション・ゾーンのプレス（止める、だまされない、相手にチャンスを与えない）。

プレーの意図
- できるだけ早く一方（たとえばボールキープ）から他方（たとえば相手のボールキープ）へと、プレーの意図を切り替える。

ボールキープしている選手にプレスをかける。でも反則をしないように！

第5章　ゲームを読む目を育てる

- ボールを奪った場合（相手のボールキープから味方のボールキープへ）
  - ボールをキープした（インターセプトした、奪い返した）選手が、その瞬間にフィードパスを試みる。

  - ボールから遠くにいる選手がフィードパスを要求する（例：オフサイドを避けるため、セカンドラインから）。

  - ボールをキープしている選手が（フィールドでの位置にもよるが）自分にパスを出してオフサイドを避ける。

  - 左右に展開して、スペースをできるだけ広くする。

  - 相手選手の視野から離れる。

  - 特に、ボールキープしている選手よりも、それ以外の選手がその後の展開についてイニシアチブをとるようにする（予見、先を読む、味方選手の注意をボールへ引きつける）。

フィードパスはしっかり蹴らなければならない

ビルドアップから攻撃へ

言い換えるならば、自分のペナルティエリアから相手のペナルティエリアまでの距離をどう行けばよいのか、ということです。

最短距離は長いフィードパス（例：アイルランド・ナショナルチーム）

条件
- 十分なキックテクニック（スピード、高さ、方向）
- ボールはニュートラルでなければならない。言い換えると、ボールのそばにいる選手にこのパスをするためには、余裕とスペースがなければならない（相手が妨害しにくい）。
- フォワードがボールをもらえなければならない。
- パスを出す選手ともらう選手との間で、コミュニケーションが必要である。
- フォワードはフィードパスの瞬間を知っていなければならない（読み）。

■フィードパスが可能となるためのポジショニング

条件
- ポジショニングがどうつながるかというインサイト（どうしようとしているのか）が必要。
- フィードパスが使える瞬間がきたときのために、相手と空いたスペースとの関連でポジショニングする。フィードパスが使えるかどうかは、かなりの部分で、適切なタイミングと味方の選手によってなされる適切なポジショニングにかかっている（味方の選手の読み）。
- ポジショニングをレベルアップするためには
  - ボールのスピード（スピードが速ければ、相手はたくさん動かなければならない）。
  - ポジショニングのタイミング（速すぎず遅すぎず）
  - 適切な位置（近すぎず、遠すぎず）

図の説明	
▼	ボールキープしているチーム
○	ボールキープしていないチーム
→	パス（ボールの軌跡）
～	ドリブルする選手
--→	その他の選手の動き

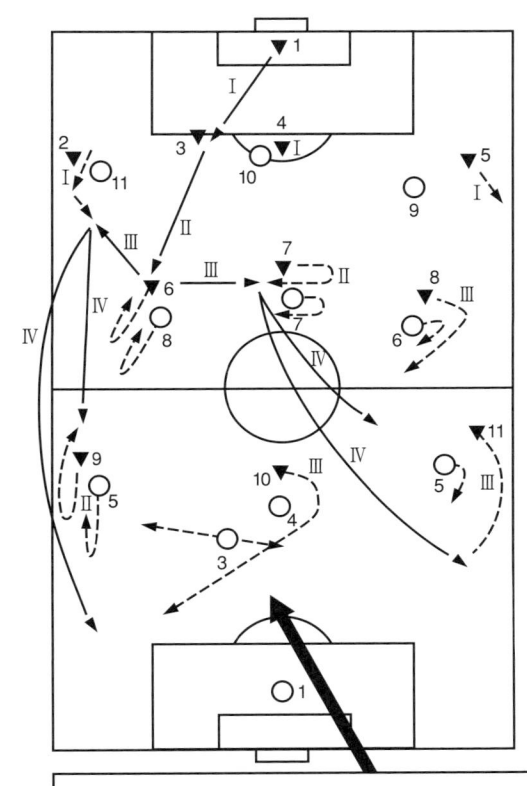

キーパーから▼3に渡る。その際、▼4、▼2、▼5、▼6が、A）自分自身のスペースをつくるために、B）相手の視野から離れるために、C）3をフリーにするために、ポジションを選ぶ。

▼3がボールを要求した▼6にパスする。その際、▼2、▼7、▼4、▼5が新たにポジションを選ぶ。

▼6が、▼7もしくは▼2にダイレクトパスする。その際、▼8、▼10、▼9、▼11がポジションを選ぶ。

サイドパスしている間に、フィードパスの準備ができなければならない。

攻撃からボールを奪われて守備へ

別の言い方をすれば、ボールが奪われたとき、ゴールにはつながらない場合、ボールを奪い返すために、どのような手順を踏むべきかということです。

■一般的な基本原則

- まず、しなければならないことは、ボールを奪われた地点の最も近くにいる選手が、いかなる手段をとっても長いフィードパスを防ぐことである。→これはボールを奪われた選手であるかもしれないが、たいていは、その選手は相手に抜かれていて、そういった状況にはならない。よって、ほかの選手がこのアクションをとらなければならない。
  - 図中では：▼7がボールを奪われ、▼6がボールキープしている相手○3に直接押さえに行く

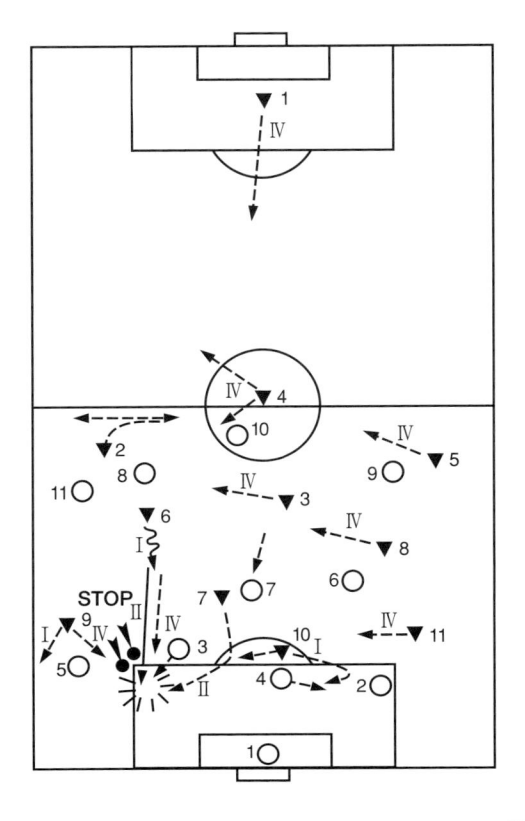

第5章　ゲームを読む目を育てる

- すべての選手が、直ちに守備を考え対処する。→がっかりしている暇はない。
  ボールまわりをかためて、さらにボールを「挟み」、背後では、さらにポジション・ゾーンのプレスをする（▼5、▼8、▼11の選手を見よ）。

- 最終ラインのディフェンダーは、オフサイドトラップをかけるか、相手より先に後ろに下がるかどうか、よく判断しなければならない（▼4は1人のフォワードの前にいる：相手側のフォワードがたくさんいる場合は、オフサイドトラップをかけるのはより多くのリスクを伴う。状況を見渡すのが難しくなり、より多くのコミュニケーションと共同作業が要求される）。

- ゴールキーパーは、もう1人のフリーのディフェンダーという役割を担う。よって、ペナルティエリアの外に出ることもある。

- ボールまわりにあまり選手がいない（たとえば、多くの選手が攻撃的ポジションにいる）場合、当該の選手が慎重にポジションのカバーから、よいポジショニングで相手を止め、ボールにプレスをかけ、味方の選手が効果的な位置に戻るまで時間を稼げるようにしなければならない。

- 攻撃に際して、ある選手は攻撃に積極的に参加し、ある選手は早い時期にボールが奪われる場合に備える（保険をかける）というように、常にバランスを保たなければならない。

- 再び一般的な原則に戻る：相手のプレースペースをできるだけ狭くする（選手がボールに行って、オフサイドを使い、「挟み」、そして特に相手にチャンスを与えないようにする。→この時間が長ければ、チームにとって有用な体勢となる）。

サッカーの分析

サッカー
↓
3つのポイントとなる状況
味方のボールキープ
相手のボールキープ
ボールキープの交代
↓
プレーの意図
↓
ポジション・機能
時間的・そしてスペース的に描写
↓
TICという条件
  T　テクニック
  I　インサイト
  C　コミュニケーション

第6章 トレーニング・プログラム

ザイストのビジョンの基本コンセプト

ユースサッカーを観察し考察した結果、ユースサッカーに関する「ザイストのビジョン（オランダサッカー協会の公式見解）」が示されました。次に、その基本コンセプトを列挙します。

1. 最適なサッカーの経験

あるスポーツをすすんで練習しようとするとき、選手たちはもっとうまくなりたいと思うものです。サッカーを学ぶことはすばらしいことです。最適なサッカーの経験とは、選手自身が「サッカーをしている」という考えをもっていることでしょう。それは、以前、子どもたちがストリートでボールを蹴り、それによってみんながサッカーに目覚めたときと何も変わっていません。そのころ、子どもたちは誰から強制されるわけでもないのに、何時間も、来る日も来る日もボールを蹴っていたものでした。

2. 何度も繰り返す

「ただひたすらサッカーをする」。以前はそうしてストリートでサッカーを学んだものでした。サッカーはそのときと同じ「ゲーム」です。ほかのことにもあてはまりますが、上達するには何度も繰り返すことが重要です。

サッカーのトレーニングは、ゲームがサッカーになるための、いくつかの限定的な練習形式を行えばそれで十分です。必要なのは、ボール、特定の広さのフィールド、楽しくゲットできるゴール、味方チームの選手、相手チームの選手、そして、最後に忘れてはならないのがサッカーのルールです。サッカーの要素が含まれていない多くの練習を行うより、これから述べる練習形式を何度も繰り返すことによって、選手たちがゲームをよりよくマスターすることができると確信しています。

3. 適切なコーチング

以前、子どもたちがストリートでサッカーをやって

早く始めないと何も学べないよ

いたとき、大人がかかわることはまずありませんでしたが、今日のクラブという組織はまったく別です。試合のみならずトレーニングに際しても、指導者、あるいはコーチによってゲームが指導されています。これは長い間、必ずしも我々が望んでいるほどにはうまくいっていませんでした。しばしば、どなり声が発せられ、選手が理解できなかったり、また選手がうまくなるのに有益でないアドバイスがなされていたからです。用語は大人のサッカーに使われるものですが、たいていの場合、ユースサッカーと何ら関係のないものでした。

重要なのは、まずコーチに、青少年がどのようなサッカーの経験をしているのか理解し、ユース選手にとって有益で、やってできることをアドバイスする準備があることです。また、ユースコーチは、オランダサッカー協会の基本コンセプトにかなうような、トレーニングや試合を構成する力がなくてはなりません。つまり、コーチは最適なサッカーの経験と多くの繰り返しに留意した練習形式を用いる準備ができていなければならないのです。

コーチは「サッカーをどうするか」について影響を与えます。コーチが存在するのは、選手がサッカーにおけるさまざまな状況を解決することをよりよく学び、サッカーがよりうまくなるようにするためにほかならないのです。

サッカーをすることによってサッカーを学ぶ

ザイストのビジョンは、ユースサッカー選手たちの学習過程がよりよく進んでいくための方法の提示です。我々は、それによってユースサッカー選手の技術が向上し、楽しみながらサッカーができるようになると確信しています。

サッカーをしているとき、選手たちは自分の本当の顔を見せています。彼らはその顔で、実際に何ができていて、どういった部分がまだマスターできていないかを見せているのです。選手は、サッカーをしているときに、サッカーの意図におけるインサイトをもっているかどうかを示しているといってよいでしょう。

コーチは、プレーをしている選手の姿から、どういったトレーニング活動をしたらよいのか、選択の方向性を決めます。

これは、選手に対するアドバイスの方向性を決定づけることにもなります。ある選手には、相手に抜かれる際にもフェイントの動きをしていたり、相手とあまりに遠く離れた位置で加速していることをアドバイスします。また、ある選手には、相手チームの選手の位置に対して、最も適切なポジションを選択し、それによって味方選手と自分自身が状況をよりよく（より効果的に）解決することができるようにアドバイスすることが必要です。

また、別の選手には、味方選手へのパスの出し方についてアドバイスします。たとえば、「強すぎたり高すぎたりするので、味方の選手がボールをコントロールしたり、動きを継続するのが難しくなる」といった具合です。

最初にボールコントロールを学びます。「私がボールのゆくえを決める」

選手の助けとなり、選手がよりよくプレーを学べるよう、どのような注意やアドバイスをすべきかということについては、紙面に尽くすことはできませんが、一つ言えることは、コーチは、何よりもさまざまなサッカーにおける状況を読むこと（分析すること）に長じていなければならないということです。これを土台に、学ぶということとサッカー教育、つまりコーチングがあり、ここでコーチの十分なインサイト、そして選手たちに観察される欠点および長所を明らかにする能力が要求されます（これが選手たちの問題点となるはずです）。

ザイストのビジョン（オランダサッカー協会の公式見解）

サッカートレーニングが満たすべき必須条件

下の表は、サッカートレーニングが満たすべき必須条件を項目ごとにまとめたものです。どのトレーニングについても、これらの諸項目にそって判断します。ある種のチェックリストとしても利用できます。

1．サッカーに関する意図	■ゴールをする／防ぐ ■ビルドアップ／連係プレー ■ゴールを目指す ■ボールキープしている場合と、そうでない場合での素早い切り替え **勝つためにプレーする**
2．多くの繰り返し	■何回も順番が回ってくる ■長い待ち時間がない ■よい計画と構成 ■十分なボール／道具
3．グループについて考慮すること	■年齢 ■技能 ■経験（トップを目指すのか、レクリエーションか） **練習と休憩とのバランスに注意！**
4．適切な指導（影響力）	■プレーの意図を明らかにする ■選手への影響／教え方：トレーニングを中断して、あるいは練習終了後、指示を与える／質問する／解決策を引き出させる／例を示す／やってみせる
	1.2.3.4.すべて＝最適な学習環境

サッカー選手のパフォーマンスを向上させるには

サッカーにおける知識やインサイトを増やしていくことは、サッカー選手の向上を目指すうえで、トレーニングしたりコーチしたりするのに役立ちます。トレーニング中は、選手のサッカーパフォーマンスが向上するように留意します。サッカーパフォーマンスは、試合から読み取るのが最もよい方法です。

試合中は、選手たちが解決できていない状況が自ずとあらわれてきます。コーチはこうした状況によく通じ、試合で表面化した問題点を浮き彫りにする必要があります。そうして、トレーニングの目的をよく定め、内容についてよく考えなければなりません。サッカーを学ぶことをシンプルにして練習するには、コーチは、次のいくつかの段階を踏んでいく必要があります。それらは選手たちに、よりよいコーチをしていくためにはすべて欠かせないものです。

■第1段階

サッカーを構造的に見るようにします。ポイントとなる状況を3つに分けてみましょう。

1. 自分のチームがボールキープしている場合
2. 相手チームがボールキープしている場合
3. ボールキープの交代：ボールを奪われたり奪ったりした瞬間

■第2段階

11対11のゲームをシンプルにして、全体がわかりやすいプレー、たとえば4対4（あるいは5対5）にします。

この場合でも、上記の3つのポイントとなる状況に分けることになります。

**サッカーを学びやすくするには、
「サッカーをシンプルにする」ことである**

シンプルにするもの：
　　　＝選手の数
　　　＝スペース

プレーでシンプルにするもの：
　　　＝いくつかのオプション
　　　＝選手の距離とフィールドの広さ

サッカーの技能が発達するための学習条件：
　　＝育成、年齢別クラスごと、コーチの目的
　　＝サッカーの意図の実現

TICについての条件：
　　T　テクニック
　　I　インサイト
　　C　コミュニケーション

■第３段階

　コーチが留意しなければならないのは、すでにあるサッカーの問題点、とりわけ選手たちの問題点です。コーチは、選手が別のより効果的な解決方法を選択するように導いていきます。また、選手のアクションに対しては、高いレベルで応える必要があります。選手がよりよくサッカーをすることができるようになるのは、それはコーチがそう望んでいるからではなく、そういったサッカーの状況がそうさせるからなのです。

　コーチは、選手のレベルによってトレーニングの中ではっきりとしてくる問題点について、明確な基準を設けることになるでしょう。ここに、コーチという仕事の最も本質的な要素が出てきます。それは特定のサッカーの負荷、もしくは難しくしている要素にインサイトをもつことです。コーチはそういったものを判断し、的確に反応できなければなりません。

　コーチは、以下のことに考慮するようにします。
A．**意図**、たとえば
・ゴールしなければならない
・相手チームが得点しない
・相手チームがミスするのを待つ
・残り数分で勝利を確かなものにする
B．**時間**、たとえば
　テンポ
・できるだけ早く得点にいたる
・できるだけ多くボールをキープする
　タイミング
・ボールを奪う
・スローイン／プレーの場所を代えること
C．**スペース**、たとえば
・相手ゴールの近く
・自チームのペナルティエリア
・自分の陣地
D．**機能**、たとえば
　役割
・ゴールゲッター
・ゴールキーパー
・ゲームメーカー

　ポジション
・右フォワード
・左ウィングバック

■第４段階

　１１対１１をシンプルにした中でゲームを正確に読んでいきます（一つのポイントとなる状況を見る、選手の総数を減らす、負荷を考慮する）。コーチはサッカーをしている中で、あてはまることを正確にメモします。

　コーチは選手がしていることについて注意する際、次の基本に立ち戻るようにします。

● **テクニック**
　ボールのスピード、正しい脚を使っているか、パスの受け方・出し方など。

● **インサイト**
　急ぎすぎる、結果を考えていない、弱すぎる、全力で行きすぎている、すぐにスライディングに行く、不必要なファウル（＝ボールを失う）など。

● **コミュニケーション**
　互いに理解していない、パスが前方に出されているにもかかわらず、足元のボールを要求する。

■第５段階

　コーチは、選手のサッカーに影響を与えられるように、正しい順序で適切な段階をクリアしなければなりません。
　コーチは負荷（難しくなる要素）を使いこなすのです。これを方法と呼びます。

例：
● 選手の数を少なくしたり多くしたりする

● パワープレーにする（例：６対５、４対３、３対２など）

- 選手に特別な指示を与える
- フィールドを広くしたり狭くしたりする
- ゴールなし・ゴールあり、あるいは（ゴールライン上に）多くのゴールを使って練習する
- ルールを調整したり、暫定的に無視したり、適用を厳しくする
- 指示の提示に制限時間を設ける（たとえば、1分以内にシュート、あるいはセンタリングをするなど）

4対4（11対11のサッカーの試合をシンプルにしたもの）から負荷を駆使した例は、第8章（p.115参照）で詳述しています。選手が特定の形式で知るべきゲームの構成と指示に続いて、選手のみならずコーチにとっても目的が明らかになってくるはずです。

前に練習した状況を、実際の試合（11対11）に反映させることは必要不可欠です。

タックルから逃げる

サッカーの負荷

- ボールについては、すでに述べたとおり
- 相手チーム（相手チームの選手が多ければ多いほど、上手であれば上手であるほど、サッカーは難しくなる）
- 味方チームの選手（連係プレーをして、互いのポジション・場所を知らなければならない。これは時間がかかり根気が必要である）
- ルール（ゲームか練習か、特定のルールがあるかないかでサッカーが変わる。たとえば、オフサイドがあるかないか）
- ゴールを目指す（サッカーはとにかくまっすぐ走ることではない。特定の広さの中でゴールからゴールへ向かうので、選手たちはある方向によって結びつけられているということである）
- 緊張（ある選手は、トレーニングではできても、観衆、カメラ、マスコミがいるとうまくいかないこともある）
- 時間（時間があればあるほど容易になる。したがって、質の劣る対戦相手とのサッカーは容易になる）
- スペース（相手チームのペナルティエリアにいるよりも、自陣地ではボールのそばにいる可能性が高い）

■第6段階

コーチによって、なお、なされるべきことは、実際の試合と比較することです。
トレーニング形式における負荷の数々は、実際の試

合で出てくる状況と比較する必要があります。また、コーチ自身も試合からいくつかの負荷を問題にすることになるでしょう。

コーチングの重要な点は
- 選手のコミュニケーション、守備・中盤・前線のラインを決める
- ルール
- 結果／試合の重要性
- 自分のチームのシステム、相手チームのシステム
- 自分のチーム、相手チームそれぞれの選手の特性、欠点（ヘディングのスペシャリスト、守備、シュート、相手を抜ける、スピードがあるなど）
- 自分のチームがボールキープしている場合と、相手チームがボールキープしている場合のポジショニング

サッカーの問題点の形式化

よいサッカートレーニングを行うには、最初にサッカーの問題点をうまく形式化しなければなりません（つまり、何が悪いのか、どこで失敗しているのか、しっかり理解することです）。

サッカーの問題点を形式化する際の原則

常に出てくる問題は、必ずサッカーの問題点です。つまり、コーチは試合を読まなければなりません（試合の分析）。

いつ、どのスペースで、どの機能面で、どういった問題が起こるのかを正確に記述しなければなりません。

例：ディフェンダーは、味方チームがボールキープしている場合、ボールを前にしてビルドアップにかなり時間がかかる。それによって、ボールを要求しているフォワードにフィードパスを送る瞬間がほとんど見えていない。

次のことは言うべきではない
- パスが完全ではない
- スピードが足らない

以上のことを言っても、何の意味もありません。

選手自身がその問題を自覚しなくてはなりません。よくあるのは、選手たち自身の問題です。もう一度繰り返しますが、年長のジュニアクラスは、少年クラスとは別なのです。

問題をメモするときの重要な要素

A．サッカーの意図に関して、何がうまくいっていないのか
B．誰がメインの選手か、それはどのポジションか
C．どういった場面であらわれるのか
D．フィールドのどの部分で起きるのか
E．試合、環境で選手が左右される特別な要素（試合の重要性、競技会での順位、天候、フィールド、その他）

A－Eをもとにした例

A．ほとんどスコアリングチャンスがない
B．フォワードは、ディフェンダーからコントロールできないボールをもらっている
C．ボールを回す選手とフォワードとの連係が不完全である──互いに理解し合っていない
D．ボールを回すディフェンダーが、フィードパスをフリーで出せるようなポジショニングができない
E．相手チームに妨害する、あるいはボールを取りにくるフォワードがいると、この問題はより大きくなる

■よくあるサッカーの問題点

よく見受けられるサッカーの問題点を、以下にいくつか抜き出してみました。それらは、異なった土台から発生しています。

- サッカーの考え方(選手たちはその意図するところを理解しているが、解決方法がわからない)
- 特定のサッカーの状況における技術・技能(選手たちが解決できるようになるための技術・技能に欠けている)
- 体力面(選手たちがある一定のレベルに十分に達していない。ある選手はかなり遅れをとっている)
- 精神面(長い時間、選手たちはハイテンポでボールのあとを追っていくが、奪うことができない。あるいは相手に倒されたり、逆境や審判の誤った判定に、精神的なバランスをくずす)

そして、次に、すべてのサッカーの問題点を関連づけます。

コーチングの実践における目的

サッカーの問題点を指摘したあと、次のトレーニング、あるいはコーチングを実践するための目的の提示が続きます。

年齢別クラスごとの青少年については、先にすでに一般的な目的が提示されています(P.34参照)。

よいトレーニングにもっていくためには、すべての問題にわたるインサイトと知識が必要不可欠です。

しかし、そういった知識は、知識だけでは役に立ちません。サッカーのコーチは、それをサッカーに関連づけなければならないのです。

たとえば、コンディショニングトレーニングの解決策は、知識や運動生理学のパターンからかなりの部分をもってくることができます。

サッカートレーニングは、本質的にはコンディショニングトレーニングであり、また、コンディショニングトレーニングがサッカートレーニングなのです。

サッカーそのものの形式に、運動生理学の知識を導入します。

ここでの問題は何でしょうか?

コーチによって、以下の知識がサッカーに導入されなければなりません。

- 負荷と負荷性
- 負荷のかけかた
- 負荷の方法論
- 負荷の制御

ここでは、運動生理学で要求されるものとは別のものがあります

サッカートレーニングをまとめると、次のようになります。

> サッカーのコーチにとって、これといった解決法は存在しない

サッカーの経験、コーチの経験、サッカーの知識、ユースサッカー選手の知識、サッカーを学ぶということの知識、これらはあればあるほどサッカーの問題を解決するのに役立ちはしますが、サッカーにおける練習、練習道具にまで飛躍する必要はありません。要するに、主要な問題を越えたところに行き着けばよいのです。

■コーチが備えるべきこと

- サッカーの問題点を形式化する（誰が、何を、どこで）

- サッカーの問題点を選手たちに説明する。その問題はコーチの問題ではなくて、選手の問題である

- プレーを読む

■サッカーを学ぶ、コーチすることを学ぶ

観察：サッカーを読む、サッカーをポイントとなる状況の中で見る。
1. ボールキープしている場合
2. 相手がボールをキープしている場合
3. 1から2（ボールを奪われたとき）、あるいは2から1（ボールを奪ったとき）への切り替え

初期状況の確認：年齢、素質、経験、レベル

分析：サッカーの問題点の形式化

目的の指摘：年齢、レベル、動機を考慮する

トレーニングの実現：トレーニングの実践
- 構成
- 練習形式の選択
- 負荷と運動負荷性
- 影響力

評価：目的は達成できたか（別の段階にシフトする）

ユースサッカートレーニングの実際

■ウォーミングアップ

トレーニングの導入部分（準備運動）は、一般にウォーミングアップと呼ばれています。ウォーミングアップの目的は、選手たちがきびきびと動けるようにすることにあります。

ウォーミングアップのあとは、集中しなければなりませんし、筋肉が問題なく動くようにしなければなりません（これは、あらゆる方向およびほかの選手からの負荷のもとでも、ダッシュ、ストップできるということです）。

ユース選手にとって重要なのは、そうした導入部分（準備運動）を行いながらも、ジュニアクラスの子どもたちにとっては、それが遊びとなっているということです。選手たちに「本当にやる気がある」という雰囲気がなくてはなりません。

ウォーミングアップは、できるだけボールを使って行うものであって、「熱くなる」ためにひたすら走るものではありません。コーチの選ぶウォーミングアップの形式は、選手全員に理解され、選手たちが自分から率先して行うようでなければなりません。監督・コーチの説明を聞くために、選手たちが何分間もじっと立っているようではいけないのです。

ウォーミングアップは、ジュニアクラスの子どもたちにとっては、シニアクラスの子どもたちとは別の意味合いがありますので、トレーニングの導入部分（準備運動）の内容も別なものとなります。

■ジュニアクラスのウォーミングアップ

ジュニアクラスの子どもたちのやる気から話を進めると、ウォーミングアップの意味合いとは、よい雰囲気になる、ひとはしゃぎしたあとで落ち着く、コーチの注目を集めるため、です。

オプション

- 一人ひとりに1個のボール。センターラインからゴールに向かって、次々にボールを運んで
  - キーパーの手元に、グラウンダーもしくはボレーでパスする（キーパーにもウォーミングアップになるはず）
  - グラウンダーでシュートして、得点をあげようとする
  - ボレーでシュートして得点をあげようとするなど

ウォーミングアップには、選手たちができるだけ長く動き続けるという意味合いがあります。十分な距離と（ボールとともに）、センターラインに戻っていく方向などに気をつけてください。

- ジュニアクラスの子どもたちには、（どの子もボール1個を持った）さまざまな遊戯ゲームがふさわし

ウォーミングアップは、肉体的にも精神的にも、目前に迫った試合のための準備なのです

いでしょう。一つの例として、街めぐりごっこを行ってみるとよいでしょう。それをやると、子どもたちが気づかないうちに、テクニカルな面が養成されます。
- 2人にボール1個：2人で共同してゴールに向かう（ボールをキーパーの手元にパスするなど）。

■シニアクラスのウォーミングアップ

適度なウォーミングアップを行うことの意義は、シニアクラスの子どもたちにとっては非常に重要なものです。それは、この年齢期の子どもはたちまちのうちに成長して、筋肉組織が骨組織の成長に追いついてこないためです。

筋肉への過度の負担は、肉体的により多くの負荷が要求されることからも起こります。最もよいのは、コーチが選手たちにそうした練習について、なぜ、よいウォーミングアップが必要なのか、どのように、そうした練習を進めていかなければならないか、選手たちに納得させることです。

集中。筋肉を伸ばすときにも

実際には、試合の場合と同様に、トレーニングでもウォーミングアップを自律的に行うことができます。それもトレーニングの貴重な時間となります。ゆっくりとしたジョギングから始め、それから徐々に走るテンポを上げていきます。適当な負荷（筋肉に血液がよく循環するぐらい）のあと、ストレッチ運動に移ります。

自律的なウォーミングアップによって、得られるべきこうした時間がうまくいかなかったとしても、トレーニングは、ボールを使った練習から始めることをすすめます。

オプション
- ジュニアクラスの子どもたちのところで述べたような形式（p.58参照）、たとえば、パスを交換しながらゴールに向かって、
  ・キーパーの手元にパスする
  ・グラウンダーもしくはボレーで
  ・グラウンダーでシュートして得点をあげようとする
  ・ボレーでシュートして得点をあげようとするなど

注意事項：2人の間に十分な距離を置く。2人はほかのグループの邪魔をしない（戻ってくるときはコートの外を通る）。選手たちができるだけ動き続けられるようにする。

- 選手のよく知っているポジショニングプレー（ボールを追いかける）、たとえば、2対1、3対1、4対1、4対2、5対2、6対2、など。

ここでは、ずっとつきっきりでコーチすることが意図ではありません。これらは別の広いところ、もしくはコーンで仕切られた場所で行ってもかまいません。
ディフェンダーがボールを奪ったならば、攻守交代です。1分プレーしたらブレーク。このブレーク（これも約1分）は、短いアドバイスにあてたり、2人の選手で、ボールのリフティング、ヘディング、ワンタッチでのパスを行うなど、常に動いているようにさせます。

第6章 トレーニング・プログラム

- トレーニングの導入（準備運動）となりうるようなミニゲーム：4対4、3対3、2対2。実際のゴールもしくはライン（ラインサッカー）を使う。

　ユースのトレーニングでは、しばしばストレッチ運動が行われます。これは、成長期以降、意味のあるものになるので、Cシニアクラス以上の定石になっています。どんどん成長している選手にとって、筋肉を伸ばす場合、注意を払うことは大変効果があります。重要な筋肉部位（ふくらはぎ、大腿部、鼠蹊部の前後・内側）をどのように伸ばすべきかを知っている場合に限って、それをすすめます。

　ウォーミングアップは、できるだけ残りのトレーニング（たとえばミニゲーム形式）のモーチベーションをアップするような形で終わるようにしたいものです。

　最後に注意を喚起したいのは、B・Aシニアクラスのウォーミングアップ（特に試合前）は、チーム全体としてパフォーマンス（試合に勝つこと）に向かっていくことを強調する手段になるということです。ですから、ウォーミングアップは、何回かはチーム全体で行うべきでしょう（試合／練習の雰囲気にもっていく）。

■そしてクーリングダウン

　トレーニングの終わりは、道具のかたづけ、短い総括をすることになります。どちらも大変重要です。選手たちにも道具の取り扱い・備品のかたづけの責任をもたせます。

　さらに重要なのは、選手たちと十分にコンタクトをとることです。たとえば、来たるべき試合について話したり、選手たちがトレーニングについて、どう感じたかを知るとよいでしょう。より高い（より負荷のかかる）レベルのトレーニングでは、いわゆるクーリングダウンに多くの時間が使われます。トレーニングの最後は、ゆっくりとしたジョギング、軽いストレッチ運動を行います。

プロの選手でも、ウォーミングアップのコントロールが必要です

ウォーミングアップとクーリングダウン

すべての試合やトレーニング前のおよそ20分程度は、ウォーミングアップの時間です（チーム全体がフィールド全体に散らばる）。

1．アップのためのランニング（約5分）

- ランニングと体操：腕ふり、外側の足首のストレッチング、スキップ、ツイスト、腿上げなど

2．ストレッチ運動（約7分）

ストレッチ運動で重要な点
- アップのためのランニング（額に汗をかく程度）の直後に、ストレッチ運動を始める  
- 正しい姿勢に留意する（図参照）
- 痛みが走る直前まで筋肉を伸ばす（決して痛みが出るまでやってはいけません）。勢いをつけて行わない  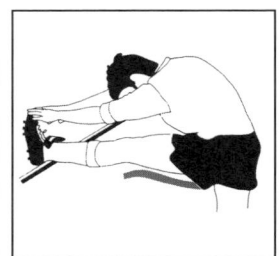
- 10から20数えながら
- 反対側も繰り返す（2，3回繰り返す）
- 合間に柔軟体操を行うこともできる（脚ふり、腕ふりなど）

第6章　トレーニング・プログラム

3．サッカー形式（約8分）

- サッカー形式、サッカーのパフォーマンスが上がっていく感じを与える

- より多くの選手とパスし合い、ボールを追いかける。ボールの向き・スピード・距離・ボレーにバリエーションをつける。そうしたものが、ポジショニングプレー、たとえば3対2に取り入れられる（実際のサッカーの負荷に慣れる）

- キーパー同士は互いに影響し合う（自信の問題として、キーパーはゴールされないようにする）

- 十分な水分補給は、ウォーミングアップのあと、休憩中、試合・トレーニング後、そして、特にトーナメントの間にとる（試合と試合との合間に十分に水分補給をする）

4．試合・トレーニング

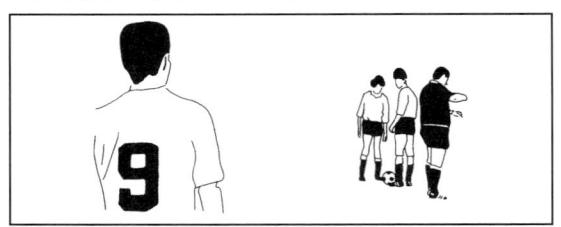

- ウォーミングアップと試合・トレーニングとの間の時間が、できるだけ短くなるように留意する（最大限の効果を得るために）

5．クーリングダウン（約10分）

- クーリングダウンは、ウォーミングアップの逆、つまり2と1との組み合わせで、ストレッチ運動、そしてゆっくりとしたジョギングを行う

- トーナメントの間でも、試合と試合との合間のクーリングダウンは、次の試合にとってもよい準備となるが、その試合でももちろんウォーミングアップから始める

基本的なゲーム、試合、そして練習形式

練習は量より質

　サッカートレーニングにおいては、選手がさまざまな形や練習道具にかかわりすぎないようにします。トレーニングは、サッカーのパフォーマンスを向上させながらゴールするのを目指す作業です。幼い子どもたちにとって、サッカーパフォーマンスとは、サッカーの基本的な意図をマスターし、それとともに必要不可欠な基本テクニックを発達させることにあります。ここでは、試合の結果は、まだそれほど重要ではありません。

　年長の選手たち（だいたいCジュニアクラス以上）にとっては、パフォーマンスとは、できるだけよい試合結果につながるよう努力することを意味します。ですから、試合に勝つことが重要な目的になります。

> トレーニングでは、何よりまず選手が学べるようにします。「学ぶ」ことのポイントは繰り返すことです。どれだけ多くの（試合に近似している）状況を把握・解決し、それを覚えることによって、次の状況において適切な判断を下せるようになります。

　次に試みるべきことは、前述したオランダサッカー協会のビジョンの必須条件を満たすような、いくつかの練習形式を考えることです。これらの形式の特徴は、実際のサッカーに近く、特定の問題点を抽出して、選手たちがある特定の局面を学べるようにしているところにあります。

　動機づけられた要素は、その形式の中に含まれています。しかも当然のことながら、コーチの知識とインサイトに関連して、この形式では、適切なコーチングによってそれ以上の価値が示されうるでしょう。

さまざまな形式から練習形式を伴ったサッカーのポイントとなる状況にいたる序論

ビルドアップ
（ボールキープしている場合）

2	対1
2	対2
3	対1
4	対2
4	対3（p.68参照）
3	対2
3	対3
5	対2（p.70参照）
5	対3
5	対4
4	対4（p.86参照）
5	対5

▲ これらの選手たちが中心

- これらの形式はそれだけで練習してもよいが、もう一つの負荷と関連づけることも可能である。すなわち、フォワードを余分に導入することによって攻撃にもっていくなど。

- 相手方の選手と同様に、ボールキープしている側の選手も、それぞれサッカーの意図を実現する。
  ・スコアリングチャンスにもっていく（ビルドアップと攻撃）
  ・相手の得点を防ぐ
  ・ボールをインターセプトする（ボールを奪い去る）

チームワークがサッカーの基礎

第6章　トレーニング・プログラム

- これらの形式では、特に次の側面がポイントとなる。

インサイト／ コミュニケーション	技術・技能
・フリーになる ・近くにこない ・連係する ・スペースをつくる ・プレーの場所を変える ・ダイレクトのパス	・パス ・キック ・ドリブル、ドライブ ・ボールを取り扱う （パスを受ける、ボールを運ぶ） ・相手を抜く ・ボールをキープする

攻撃
（ボールキープしている場合）

1	対1（p.72参照）
1	対2
2	対1（p.74参照）
3	対1
2	対2
2	対3
3	対2（p.76参照）
3	対3
3	対4
4	対2
4	対3
4	対4（p.86参照）
4	対5
5	対4

▲ これらの選手たちが中心

- これらの形式は、得点にいたるために練習する。意図は得点することで終わる。相手方の選手には、得点を防ぎ、自分たちでビルドアップをして攻撃に切り替えるという意図がある。

- 両チームそれぞれに意図がある。得点する、あるいは得点を防ぐというのは（ゴールキーパーのいるいないにかかわらず）、実際の試合のようにゴールに向かうことである。また、ゴールをラインに代えたり、数を多くしたり、大きさを小さくして、意図を難しくすることも考えられる。

- また、その形式をさまざまに変化できるようなスペースの広さを設けることによって、特定の意図を実現することも可能である。

- これらの形式では、先に述べたビルドアップと同様に、以下の側面が特にポイントとなる。

インサイト／ コミュニケーション	技術・技能
・得点する／フィニッシュ ・チャンスをつくる	・シュート ・パス ・ヘディング ・フェイント

ディフェンス
（相手がボールキープしている場合）

1	対1（p.78参照）
2	対1（p.80参照）
3	対1
3	対2（p.82参照）
4	対2
4	対3（p.84参照）
5	対3
5	対4
4	対4（p.86参照）
5	対5

▲ これらの選手たちが中心

- これらの形式では、特に次の側面がポイントとなる。

インサイト／ コミュニケーション	技術・技能
・ゴールを守る ・カバーする ・ゾーンのプレス ・背後のカバー ・テイクオーバー ・妨害 ・相手にミスをさせる ・チェイシング ・止める／時間を稼ぐ ・ボールを奪いに行く	・ボールを奪う ・マンツーマン・ディフェンス ・スライディングタックル ・ブロックタックル ・ヘディング ・早いうちにつぶしに行く ・1対1の競り合い ・フェイント

```
図の説明
▼  ボールキープしているチーム
○  ボールキープしていないチーム
→  パス（ボールの軌跡）
〰  ドリブルする選手
- - -> その他の選手の動き
```

重要：これらの形式では、まず、特定のポイントとなる状況、つまり、味方がボールキープしている場合と相手がボールキープしている場合（味方がディフェンスする場合）における重点を練習します。より重要なのは、ボールが奪われたり奪ったりした場合（ボールキープの交代した場合）、練習の中でそれを理解し、使用し、活用しなければなりません。

ゲーム・試合形式：次に述べる形式は、練習形式とみなすことができるでしょう。それらの形式は、試合をシンプルにすることによって、次のような特徴があります。

これから抜かなければ！

> A．試合での問題点を明らかにする（強調する）
>
> B．選手たちが頻繁にその問題点に直面する（数多くの繰り返しが可能）
>
> C．サッカーの考え方、すべてにかかわる発達にとってのサッカーの意図を学ぶことができる

我々は、ほかにもいくつかのゲーム・試合形式を知っています。これらの形式は実際の試合に非常に似ていて、実際にも選手の総数、フィールドの広さ、ルールの取り扱いが試合に適用されます。これらの形式は、3つのポイントとなる状況、つまり、ボールキープしている場合、相手がボールキープしている場合、ボールキープの交代をカバーしています。コーチングに際しては、ある一瞬に注意を払うことができます。

また、これらの形式では、実際のゴールの代わりに、ドリブルで越えれば得点となるようなラインを使ったり、ゴールラインに数多くの小さいゴールを置くということも考えられます。

さらに、フィールドの広さを調節することによって、特定のサッカーにすることもできます。

たとえば、規格どおりの長さ（80ｍ）と狭い幅（ペナルティエリアの幅）のフィールドでは、ビルドアップから攻撃へ、プレーの切り替え練習ができます（下図参照）。この場合、8対8+2人のゴールキーパーでプレーします。また、ルール、特にオフサイドは、プレーの流れに重要な影響を及ぼし、それは、もう一つの難しさにつながる要素となります。

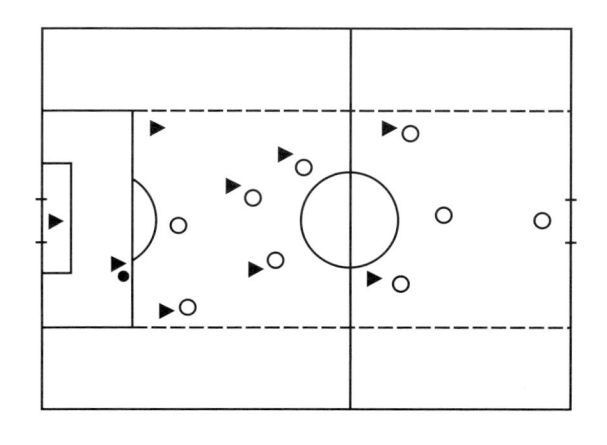

第6章　トレーニング・プログラム

図の説明	
▼	ボールキープしているチーム
○	ボールキープしていないチーム
→	パス（ボールの軌跡）
⌇►	ドリブルする選手
‑‑►	その他の選手の動き

ゲーム・試合形式は、一方のチームが、選手の数が多い状態でプレーしてもかまいません。たとえば、6対5、あるいは8対7などの場合は、それは特定の問題に有効です。十分に早くスコアリングが可能にならない場合、1人多い状況で、しかもよいポジショニングで、そして速いテンポで、相手チームのゴール近くに押し寄せるようにします。

1人少ないチームが得点する可能性は、ボールがドリブルでラインを越えたとき、あるいはいくつかの小さいゴールに入ったときと定めることができます（下図参照）。

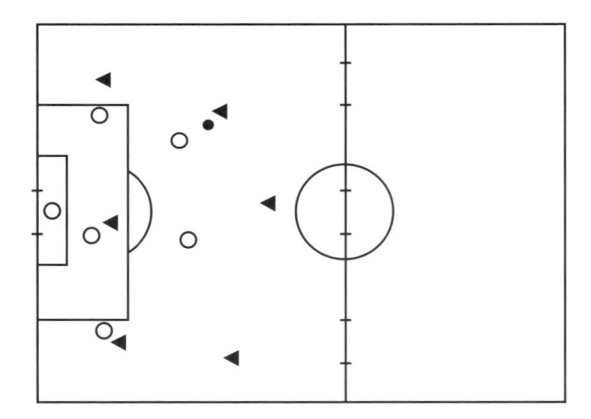

どの形式を採用するかという判断は、次のことにかかっています。

- 選手のレベル

- 選手の経験

- 選手の年齢

その選択は、選手が限られた時間内にできるだけ長くボールに触れるようにすることが前提です。

- できるだけ早く始める。例：最初のボールはフリーにするなど。

- 適切な負荷を選択する。例：相手選手の総数、スペースの広さ、適切な指示（試合あるいは練習形式）。

しばしば用いられるゲーム・試合形式は、

	バリエーションとして
6対6	6対5
7対7	7対6
8対8	8対7

4対4から、より大きいゲーム、試合の形式にもっていける

いくつかの実例 A ～ J

どのように実例を取り扱うか

基本形式の詳解においては、最初の導入からポイントとなる3つの状況へと進んでいます。いくつかの形式については、ボールキープの状態によって区分されたポイントに適用されるものとして、詳述しています。

ボールキープしている場合は、さらに、ビルドアップと攻撃に細分されます。相手がボールキープしている場合（ポイントとなる状況）は、ディフェンスというカテゴリーに入るいくつかの形式になります。そのプランは以下のとおりです。

注意！
ポイントとなる状況の指導は、相手チームという負荷のもとでのみ可能である。

その負荷が不完全であるならば、コーチは相手チームを指導するようになってしまう。たとえば、5対2のポジショニングで、2人のディフェンダーが真剣にボールを取りに行かなければ、相対するフォワードはプレスを受けず、うまくポジショニングする必要性はなくなってしまう。この場合のコーチの仕事は、フォワードに注意を払えるようにするために、ディフェンダーを指導することなのである。

	ボールキープしている場合			相手がボールキープしている場合
	ビルドアップ	攻撃		ディフェンス
	2対1	C 1対1（p.72参照）	F	1対1（p.78参照）
	2対2	1対2	G	2対1（p.80参照）
	3対1	D 2対1（p.74参照）		3対1
	4対2	2対2	H	3対2（p.82参照）
A	4対3（p.68参照）	2対3		4対2
	3対2	E 3対2（p.76参照）	I	4対3（p.84参照）
	3対3	3対3		5対3
B	5対2（p.70参照）	3対4		5対4
	5対3	4対3	J	4対4（p.86参照）
J	4対4（p.86参照）	J 4対4（p.86参照）		5対5
	4対5	4対5		
		5対4		
		5対5		

これらの選手が中心

詳述される形式は、上記のとおりです。さらに、次のように取り扱います。

1. ポイントとなる状況（ボールキープしている場合、相手がボールキープしている場合、ボールキープの交代）
2. ビルドアップ、攻撃、ディフェンス
3. 意図、形式の考え方（何を学ぶべきか）
4. コーチが見るもの（観察と分析）
5. コーチがすること、言うこと（指示、方法、構成）
6. 目的、構成と図にある形式のバリエーション
7. さまざまな可能性（別の負荷）
8. 図における構成

COACHEN VAN JEUGDVOETBALLERS

A

ボールキープしている場合
ビルドアップ
4対3（図A−1）

図の説明	
▼	ボールキープしているチーム
○	ボールキープしていないチーム
→	パス（ボールの軌跡）
∿→	ドリブルする選手
- - ->	その他の選手の動き

意図：
- 4人1組が3人の相手選手とプレーする。その際、
  1. 得点できるようにもっていく（図A−2）
  2. ミッドフィルダー、あるいはフォワードが出てくる（図A−3）

コーチが見るもの	コーチがすること／言うこと
1. ボールがすぐに取られる。	1. 明らかにしなければならないことは、ボールをキープしなければならず、よりよい技術を使い、テンポは速すぎず、よりよいポジショニングをとり、構成の中からプレーしなければならないということである。
2. 十分に速くフィードパスされていない（ずっと横パスばかりしている）。	2. ボールスピードを速くし、よりよいパスを出し、ボールを取り扱い、ポジションの選択を素早くし、フィードパスを出す（フィードパスをもらいに行く）瞬間を模索する。
3. ボールキープしている選手が、サイドパスかバックパスだけができる（図A−3 センターフォワードのいる4対3参照）。	3. フォワード（ストライカー）はディフェンス選手のポジショニングを読み、適切な瞬間、つまり、味方の選手がよい状態でボールキープしたとき（よい体勢で十分なスペースがある）、フィードパスを要求するようにする。
4. 4人のほうの選手に、フィードパスを使おうとする考えや創造力、集中力がみられない。	4. フォワードは適切なタイミングで、フィードパスを要求するために、フィールドを狭く使って、前方を狙えるようにする（問題点の強調）。
5. ボールキープしている選手が、なかなかまわりにパスを出すことができない。	5. 味方の選手がよいポジションを選べるようにする。「もっと一緒に」「一緒に走って行くのではなく、スペースをつくれ」。

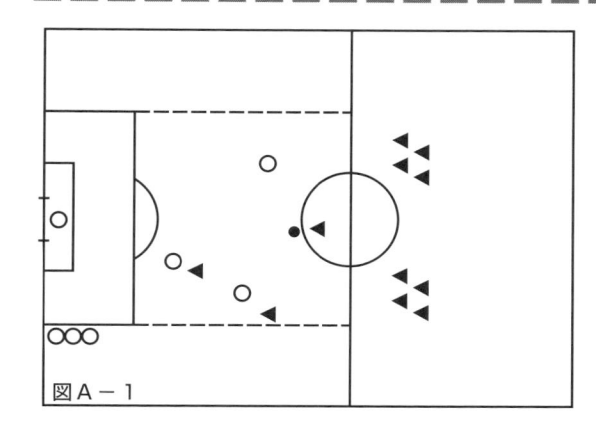

図A−1

4対3の構成
例：4人が3組
- 順番に練習する
- 3人の2組がディフェンスをする（ボールを奪った際、ラインをドリブルで越えることによって得点できる）
- いつも同じ方向で行う
- 選手はほかの役割も果たす（ディフェンス、ビルドアップ、攻撃）
- 練習と休憩のバランスを考える
- 練習度とトレーニングの意図（速さ、正確さ、素早い切り替えなど）によって、スペースの大きさを変える

図A−2
- 4人のほうは、3人のディフェンダーを抜いて、得点にもっていく
- 3人のほうは、相手選手を止めてボールを奪い、ボールがドリブルでラインを越えて得点するようにする

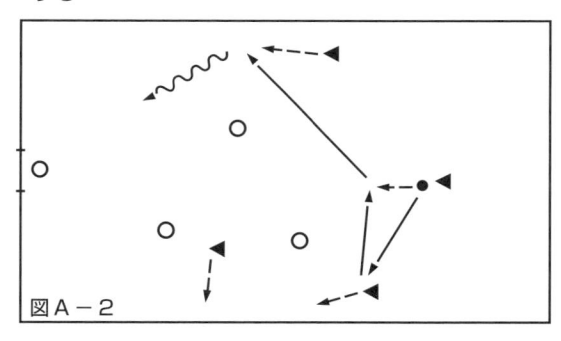

図A−3
　4対3から、最前線のフォワードへフィードパスが出たあと、5対4でプレーを続ける。フォワードがゴールをあげるか、ディフェンダーがドリブルでラインを越えるまで、プレーを続ける。

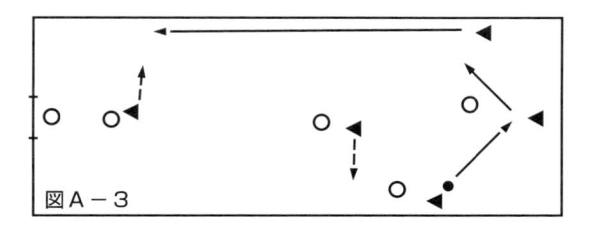

ボールを保護することも技術・技能の一つである

第6章　トレーニング・プログラム

COACHEN VAN JEUGDVOETBALLERS

ボールキープしている場合
ビルドアップ
5対2（図B-2）

B

意図：
- ボールをキープできる（連係する）
- ある一定のサッカーにおける負荷（スペース、時間、相手、ゴールに向かうこと）のもとで技術・技能を発達させる
- ディフェンダーのプレスのもとでプレーの場所を代えられる

図の説明
- ▼ ボールキープしているチーム
- ○ ボールキープしていないチーム
- ～ パス（ボールの軌跡）
- ∿∿∿ ドリブルする選手
- ---- その他の選手の動き

コーチが見るもの	コーチがすること／言うこと
1. あまりに頻繁にボールを奪われる：理由－選手が互いに近づきすぎている。	1.「スペースを広く！」「分散しろ！」。フィールドが広くなれば、それだけプレーするスペースが増える（コーンを動かす）。
2. ボールが速すぎる。	2.「ボールをキープしろ。近くに敵はいないぞ」
3. 1人がボールをあまりに長くキープしている。	3.「もっと早くボールを出せ。敵がボールの近くにくるチャンスを与えるな」
4. パスのスピード／方向がよくない。	4.「キックは、弱すぎず、強すぎず、高すぎず」「走ってフリーになりに行く選手に出すボールは強すぎずに」「よい体勢で、よい方向にボールを出せ」「フィールドをよく考えろ」（でこぼこ、ぬかるみ）
5. ポジションの選択、フリーへのなりかた、互いの反応が悪い。	5. スペースが狭すぎる場合、フィールドの広さを大きくすべきである（コーンを動かす）。「ボールをもらえるようにしろ」「できるだけうまくスペースを使え」「先走りせずに、一緒に」「走ってフリーになれ」「味方と同じライン／方向に走るな」「適切なタイミングで、どこでボールが欲しいか、伝えろ」「みんながみんな、ボールに行くな」「みんながみんな、ボールから離れるな」「5人でできるだけうまく、スペース全体をカバーしろ」「一つの可能性ばかりでなく、ほかも考えろ」「短いパス、長いパスを使い分けろ」「空いたスペースを探して、ロングパスを要求しろ」
6. ボールを奪われることがまったくない。	6. 5人のほうを難しくするために採用する基準：スペースを狭くする／コーンを動かす。ボールタッチの回数を制限する（2回まで、あるいはダイレクトで）。ディフェンダーの指導。もう1人（3人目）のディフェンダーを入れる。

準備：

30 × 15 m の 2 つか 3 つのフィールド、もしくはもっと小さいもの（選手の技能による）に分ける。

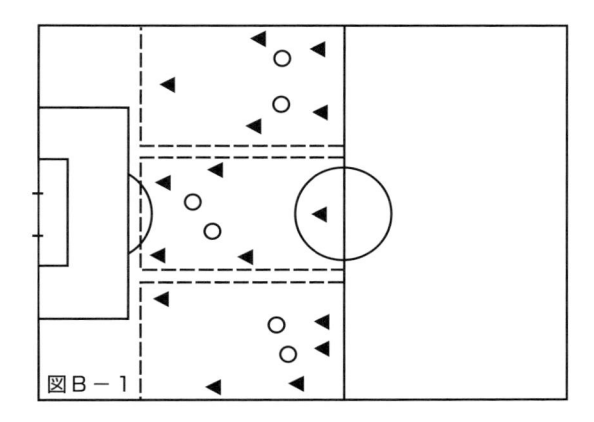

図 B－1

構成：

- 基本コンセプトは、常にプレーしていることである。うまくいっていてもそうでなくても、とにかく続けていく。
- フィールドの形式：長方形、ここでポジショニングの方向が決まる。
- フィールドの広さ：どういう意図かにかかっている。たとえば、年少クラス、あるいはあまり素質のないジュニアやシニアの場合、プレーを続けていくためには、より広いスペースが必要であろう。ボールをうまく扱うためにはより多くの時間とスペースが必要である。選手に技能があればあるほど、スペースをどんどん狭くすることができる。通常、約 30 × 15 m。また、フィールドの形にバリエーションをつけることもできる（例：幅を長くしたり、特定のゴールに向かうようにする）。
- 選手の総数：基本コンセプトは、5 人のフォワードと 2 人のディフェンダーである。実践において、この比率がこの形式の目的（連係プレーを学ぶ／ポジショニング）を達成するのに最も適しているようである。選手の特性や難しい要素、つまり、時間、スペース、相手選手に対処する仕方によって、構成を変更・アレンジすることも必要になるかもしれない。たとえば、ディフェンダーは 2 人でなく 3 人にする。

  また、より大きいスペース、たとえば 50 × 30 m で、同じ目的のもと、人数を増やして進めることも可能である。その場合のアクセントはロングパス／サイドパス／フィードパスなどにおかれるであろう（例：8 対 5 あるいは 8 対 6）。
- ディフェンダーの役割：常に 2 人のディフェンダーのすべきことを代えることが必要である。積極的にボールのあとを追って取りに行くのは、かなりきつい仕事である。しかし、それはフォワードの目的を実現するためには必要不可欠である。もし、ディフェンスされていなければ、ポジショニングをよくする必要はなくなってしまう。よって、常に新鮮な力、つまり十分な休憩を与えるようにする。
- 試合形式／パフォーマンスを引き出す手段

  選手にとって、より明らかに、そして楽しいものにするために、この形式に試合としての性格を加える。たとえば、

  ・5 人のフォワードに：10 回連係プレーして 1 点

  ・10 回ダイレクトパス（ワンタッチでボールに触る）で、ディフェンダーに 1 点

  ・1 回インターセプト（ボールタッチ）で 1 点

  ・1 回インターセプト（ボールをキープする）で 1 点

  ・インターセプトして長方形の外へドリブルして 1 点

  ・インターセプトして（味方の選手と一緒、もしくは単独で）、一つあるいはたくさんある小さいゴールにゴールをあげて 1 点

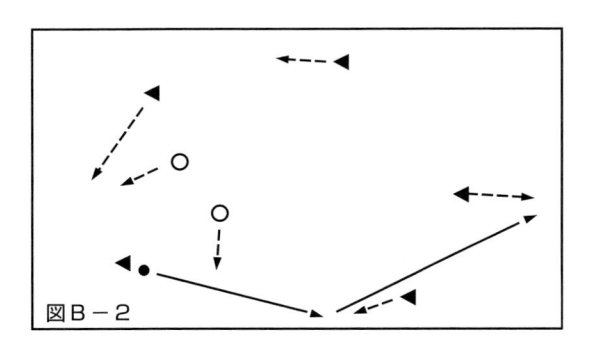

図 B－2

COACHEN VAN JEUGDVOETBALLERS

ボールキープしている場合
攻撃
1対1（図C-1）

C

図の説明
- ▼ ボールキープしているチーム
- ○ ボールキープしていないチーム
- ──▶ パス（ボールの軌跡）
- ∿∿▶ ドリブルする選手
- ---▶ その他の選手の動き

意図：
・最も試合と関係がある、相手を抜くということ（ゴールに向かっていること）

コーチが見るもの	コーチがすること／言うこと
1. 相手があらわれる前にボールを失ってしまう。	1.「落ち着いて。そんなにテンポを速くしなくてもいいぞ」 「ボールをうまくコントロールする（し続ける）よう気をつけろ」
2. ボールキープしている選手がディフェンダーを抜けない。	2.「自分の前方遠くにボールがいかないように」 「走るスピードが速すぎる／遅すぎる」 「フェイントをしていないぞ」 「フェイントの動きが早すぎる／遅すぎる」 「フェイントが見え見えだぞ」 「相手を抜こうとするとき、加速が不十分だ」 「来週までいくつかフェイントを学んでおくように」（宿題）
3. ボールキープしている選手が、ディフェンダーを抜いてもそれが生かせない。	3.「ゴールに向かって行って、ゴールしろ」 「ディフェンダーの先回りをしろ」 「ボールがシュートする脚の前にくるように」
4. フォワードがボールを失う（つまりディフェンダーになる）。	4.「できるだけ素早く、ディフェンスに切り替えろ」 「体勢を整えるようにしろ」 「できるだけ素早く相手を止めろ」 「すぐにスライディングに行くな」

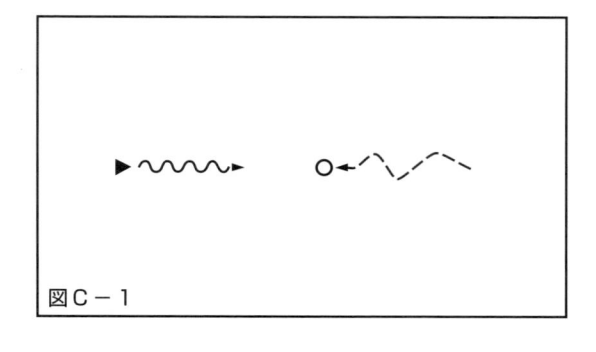

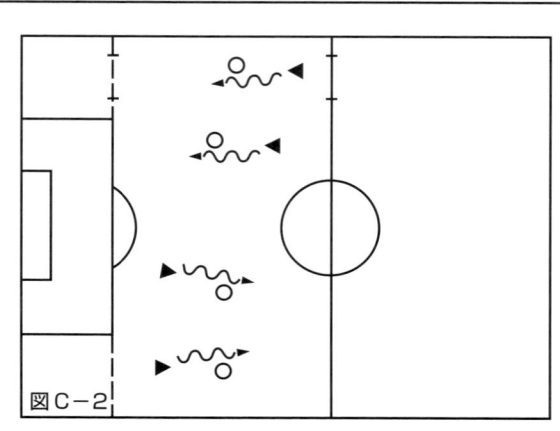

図C-1

図C-2

構成：

- 意図、選手のレベル、選手の年齢によって、構成やり方が実現される
- 基本コンセプト：
  - 頻繁に抜かれる／ディフェンスされる
  - 得るべきこと、何かにつながることがある（ゴール、ボールを持つようになる）
  - 試合と関係づける
- ラインサッカーのスペースが区切られた中での1対1、小さいゴールのある1対1（図C－2）、大きいゴールとゴールキーパーのいる1対1（図C－3）

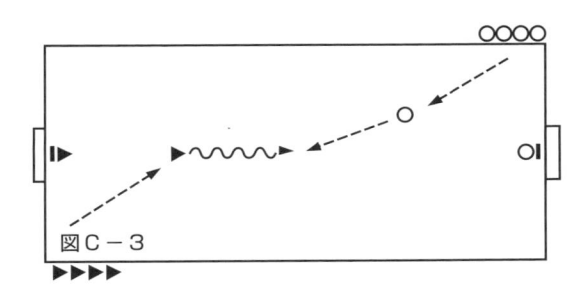

図C－3

先回りするようにしろ！

- ずっと同じ選手とあたらない
- 1対1から
  - ゴールへのシュート
  - センタリング
  - パス
- ボールを奪った時点で役割が逆転する（サッカーの技能）
- ボールキープしている選手は、最初に得点にいたる可能性が高い－ラインをドリブルで越える
- 得点の可能性を少なくする－ゴールに向かって行くパス、より短いライン／より小さいゴール
- この形式では、練習と休憩とのバランスが重要である。へとへとに疲れていると、アクションをするうえで否定的に影響する（相手を抜けない、ボールを失う、ディフェンスに切り替えられない、プレーを続けられない、嫌になる）－最長30秒から1分プレーして、1～2分休む（ボール技能を戻す）

コーチにとってよい物差し：選手が疲れているという兆候（息切れしている、立ち止まっている、もはやる気がなくなっている、たくさんミスを犯すなど）によって、よく選手を観察する。

すぐに、とったボールをよく保護する

第6章　トレーニング・プログラム

COACHEN VAN JEUGDVOETBALLERS

D

ボールキープしている場合
攻撃
2対1（図D－1）

意図：
・2人が1人のディフェンダーを抜く。その後、
  1. ゴールへのシュートができる
  2. センタリングすることができる

図の説明	
▼	ボールキープしているチーム
○	ボールキープしていないチーム
→	パス（ボールの軌跡）
⌇⌇→	ドリブルする選手
---→	その他の選手の動き

コーチが見るもの	コーチがすること／言うこと
1. 連係のために連係している。	1. ディフェンダーが間違った動きをしたり、もう1人の選手にプレスをかければ、1人で持って行き得点できる
2. ボールキープしている選手が味方にパスを出したあと、ディフェンダーを抜けない。	2. ディフェンダーから遠すぎるところで、ワンツーリターンをしている（ディフェンダーが体勢を整えられる時間がたくさんある）。 味方へのパスが弱すぎる（つまりディフェンダーにたくさん時間がある）、もっと一直線で速いパスにすべきである。 味方へのパスが不正確すぎたり強すぎたりすると、ボールをコントロールして、すぐにバックパスするのに時間がかかる－より正確なパスを出す。
3. ボールキープしている選手がディフェンダーにボールを奪われる。	3. 「ディフェンダーをあまり近くに来させるな」 「あまり早くにディフェンダーから離れるな」 「あまりディフェンダーの近くに行くな」 「ボールを前に出せ」 「相手はいつもカバーされている」 「ボールを自分の前から遠いところに蹴るな、ボールをコントロールし続けろ」
4. フォワードが簡単にディフェンダーを抜いてしまう。	4. プレーするスペースをより狭くし、さらに個人技・ワンツーリターンを多用し、もっとテイクオーバーし、オフサイドを使う。
5. ディフェンダーが抜かれたあと、体勢を整える。	5. ディフェンダーを抜いたならば、できるだけ素早く前に詰めて得点する。時には、フィニッシュするのにふさわしいポジションをキープできるように先回りする（シュートする脚に注意する）。
6. ディフェンダーが抜かれたあとでも、味方が動かない。	6. 「一緒に行け。たとえば、キーパーを抜くために、まだ必要とされるからだ」
7. ボールを奪ってディフェンダーが得点できる（例：ドリブルでラインを越える）。	7. 「ボールを奪われたら、できるだけ早く体勢を整えろ。うまくやれば、ボールは奪われない」

図D-1

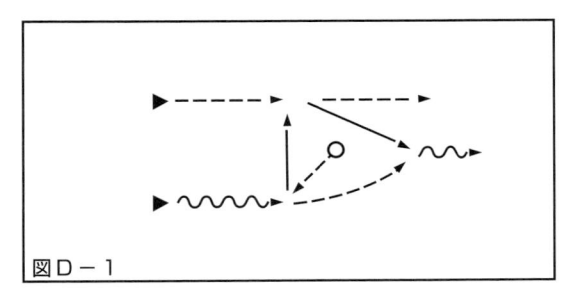

さまざまな可能性:

2人のほうは、状況に応じて（自分たちの特性、相手の特性）、いくつかの可能性を選択できる。

1. ディフェンダーが、ボールキープしている選手のマークについているとき、ワンツーリターンをするよいチャンスである（図D-2）。

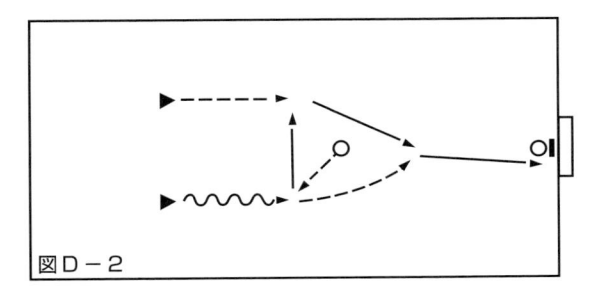

図D-2

2. ディフェンダーが離れており、ボールキープしていない選手につこうとしている場合、ボールキープしている選手が1人でボールを持って行くのは当然である（図D-3）。

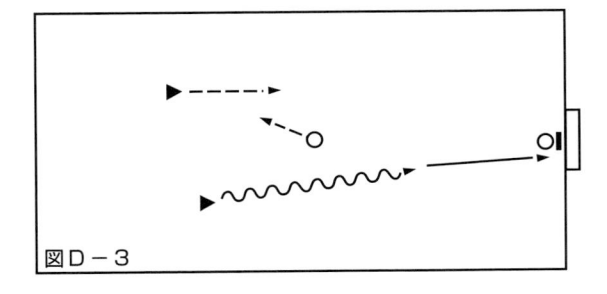

図D-3

3. ディフェンダーが自分の背後にあるスペースをよくカバーしているが、ボールを奪いにこないとき、ボールを持っていないフォワードがイニシアチブ

をとってボールを受け、速いスピードの中でディフェンダーを抜くことができる（図D-4）。イニシアチブはボールキープしている選手に移る（たとえば、サイドラインにいる左右いずれかのフォワードが、内側にドリブルしてスペースをつくり、後ろから上がってきたミッドフィルダーがボールをもらう）。

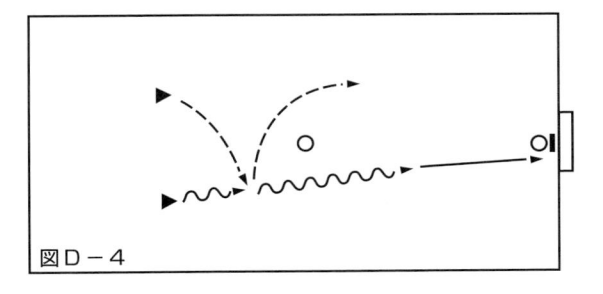

図D-4

構成:

- いつも同じ方向で続ける
- 役割を替え、ディフェンダーがフォワードになる
- 練習と休憩のバランスを考える
- オフサイドの有無
- ゴールキーパー、ライン、小さいゴールの有無
- 広さ30×15m、もしくはゴールから30m。さらに2組のディフェンダーの交代要員（練習と休憩のバランスの関連で。図D-5）

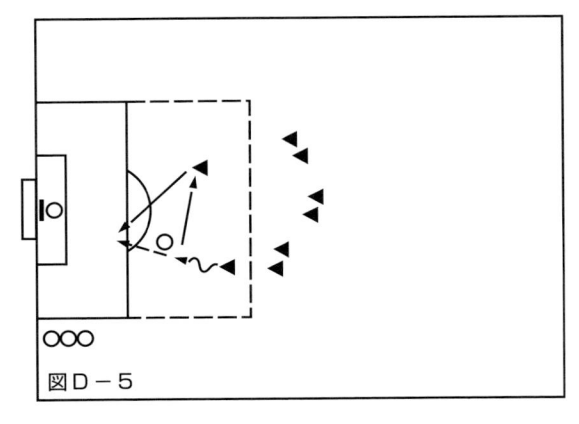

図D-5

第6章　トレーニング・プログラム

E

ボールキープしている場合
攻撃
3対2（図E-1）

意図：
3人のほうができるだけ早く得点にもっていく
追記
 * この形式は、いくつかのサッカーにおいて、負荷の中で目的をもってパスを技術的に向上させることに力点がある。
 * いくつかの注意点は、5対2の形式で述べられたものと同じである（p.70のB参照）。

図の説明	
▼	ボールキープしているチーム
○	ボールキープしていないチーム
━▶	パス（ボールの軌跡）
～▶	ドリブルする選手
┈▶	その他の選手の動き

コーチが見るもの	コーチがすること／言うこと
1. パスを回していても、得点チャンスにつながっていない（ディフェンダーがうまくディフェンスしている）。	1.「得点しに行け、できるだけ早くゴールしろ」「互いに速いパスを出せ」 ボールにタッチする回数の制限を設ける（例：2回あるいは1回＝ダイレクトパス）。 「プレーを進めろ、互いの距離が大きすぎる、ディフェンダーがポジションを選択する時間がたくさんありすぎる」
2. パスが不正確に出される。たまにボールを奪われたり、ゴールに向かって行くパスが少ない。	2. 技術面について、注意と指導を与える：ボールスピード、パスの方向、ボールを転がす、味方の選手の利き足に出す、フェイント（特にボールがないときに）。 「うまくポジションを選べ。ボールをもらえない所に走るな、どんどん別のポジションをとれ」
3. ディフェンダーがすぐに抜かれて、チャレンジできない。	3.「スペースを狭くしろ」 フォワードに制限を設ける：ボールタッチの回数、オフサイド、制限時間。 バリエーションをつける。 例：ゴールキーパーの役割を含む（図E-2）。 ディフェンダーができるだけ素早くボールを取るようにする。

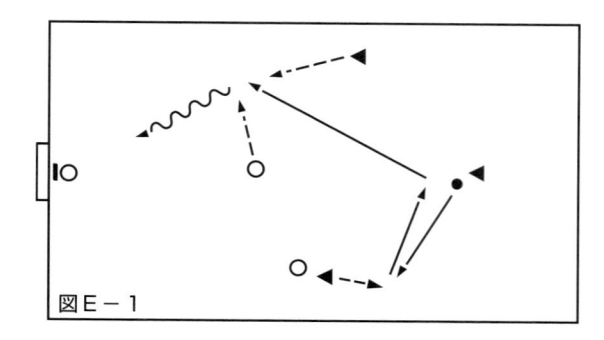

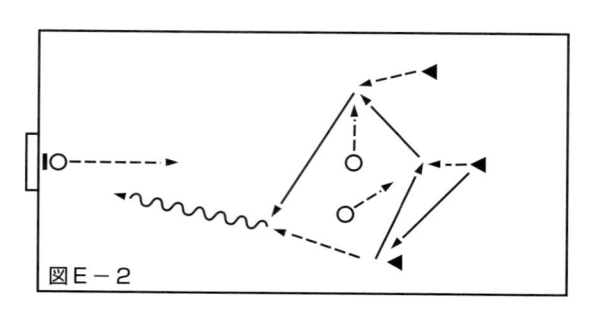

図E-1

図E-2

構成：
- ディフェンダーの交代要員がいる（練習と休憩とのバランス）
- 3人のほうにも交代要員がいる（図E－3）

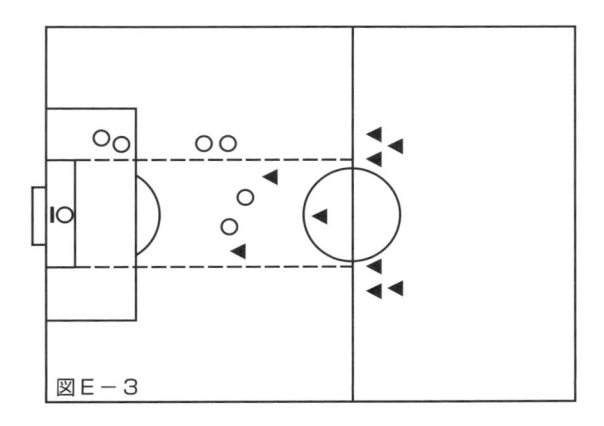

図E－3

この形式は、ある種の試合形式でプレーすることもできる。たとえば、3人のほうができるだけ素早く得点チャンスにいたるようにする。さもないと、相手の背後にリカバーのために、もう1人のディフェンダーがアシストするようにする（3対3になる）。

したがって、ディフェンダーはフォワードを止めなければならない（図E－5）。

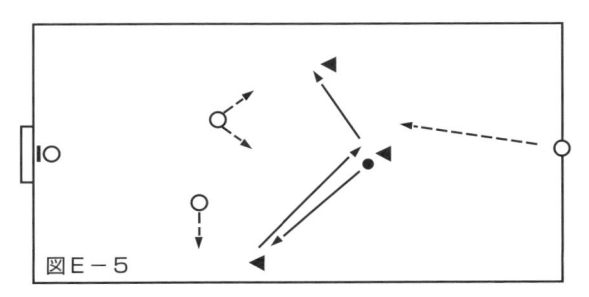

図E－5

- いつも同じ方向で続ける
- ディフェンダーはインターセプトして、次のようなことで得点できる
  - ドリブルでラインを越える
  - 前線にいる味方にパスを出す（図E－4）

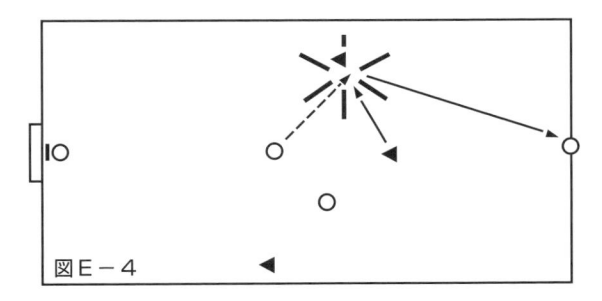

図E－4

特に年少クラスに適している。
- 技術面の強調
- シンプルな指令（得点にいたる）
- ボールコントロールをうまくコーチする、ボールについて、スピード、ボールフィーリング、方向、ボールに対してのポジションを選択するなど

この形式は相手選手という適切な負荷によって特徴づけられる。したがって、ボールコントロールが大いに要求される。

トレーニングで、フォワードがこのような状況によく直面する

第6章　トレーニング・プログラム

相手がボールキープしている場合
ディフェンス
1対1（図F-1） **F**

意図：
・ボールキープしている選手が得点するのを阻止して、ボールを奪い返す

図の説明	
▼	ボールキープしているチーム
○	ボールキープしていないチーム
→	パス（ボールの軌跡）
∿∿►	ドリブルする選手
---►	その他の選手の動き

コーチが見るもの	コーチがすること／言うこと
1. ディフェンダーがボールを奪えない。	1.「あまり早くに相手に行くな、慎重に近づくのだ。忍び寄るのだ」 「相手にゆっくり行くな」 「あまり長く待っていると、相手がゴールにシュートしてしまうぞ。相手を探せ」 「フェイントにだまされるな。用意しろ。よく踏ん張れ。重心を下げろ」 「ボールを奪いに行く適切な瞬間を選べ」 ＊ディフェンダーのフェイントのあと ＊相手がミスした場合（たとえば、相手が蹴ったボールが相手の前方遠くに行ってしまう） 「相手に背中を見せるな」 「あまり早くにスライディングに行くな」
2. ディフェンダーが抜かれる。	2.「できるだけ体勢を整えろ」 「相手がサイドに行くようにしろ」 「相手を罠にかけ、相手がミスするようにしろ」 （プレスをかける） ＊場合によっては、次のようなミスが考えられる 　ミスキック 　ボールが転がりすぎる 「スライディングでボールを取れ」
3. ディフェンダーがボールを奪う。	3.「早く、攻撃に移れ」 「できるだけ早く得点できるようにしろ」 「相手の先回りをしろ、ボールから遠ざけろ」 「利き足でボールを持て」 「まっすぐゴールに行け、プレスする余裕を与えるな」

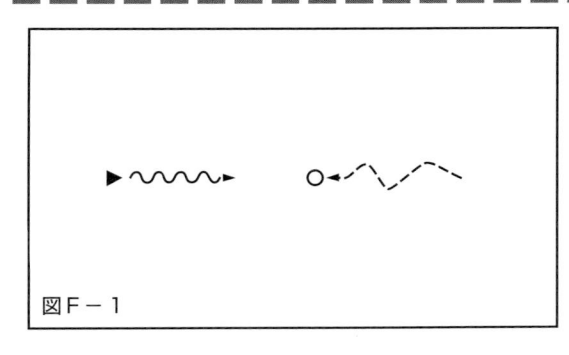

図F-1

構成：
- 意図、選手のレベル、選手の年齢によって、構成ややり方が考えられる
- 基本コンセプト：
  - 頻繁に抜かれる、ディフェンスする
  - 得るべきこと、何かにつながることがある（ゴール、ボールを持つようになる）
  - 試合と関係づける
- ラインサッカーのスペースが区切られた中での1対1、小さいゴールのある1対1（図F-2）、大きいゴールとゴールキーパーのいる1対1（図F-3）
- ずっと同じ選手とあたらない

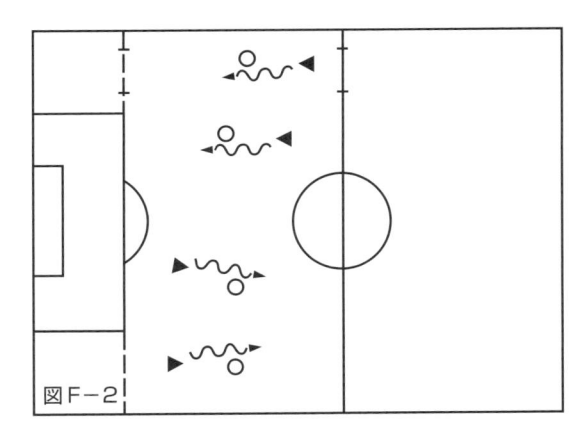

図F-2

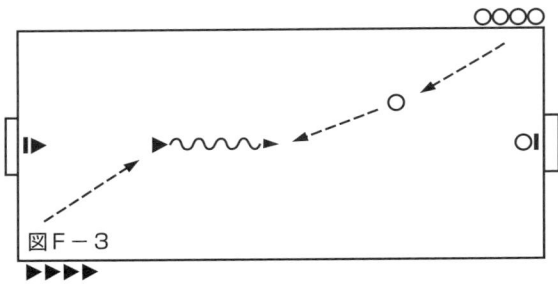

図F-3

- 1対1から
  - ゴールへのシュート
  - センタリング
  - パス
- ボールを奪った時点で役割が逆転する（サッカーの技能）
- ボールキープしている選手は、最初に得点にいたる可能性が高い－ラインをドリブルで越える
- 得点の可能性を少なくする－ゴールに向かって行くパス、より短いライン／より小さいゴール
- この形式では、練習と休憩とのバランスが重要である。へとへとに疲れていると、アクションをするうえで否定的に影響する（相手を抜けない、ボールを失う、ディフェンスに切り替えられない、プレーを続けられない、嫌になる）－最長30秒から1分プレーして、1～2分休む（ボール技能を戻す）

コーチにとってよい物差し：選手が疲れているという兆候（息切れしている、立ち止まっている、もはやる気がなくなっている、たくさんミスを犯すなど）によってよく選手を観察する。

すばらしいバランス

相手がボールキープしている場合
ディフェンス
2対1（図G-1）

G

図の説明	
▼	ボールキープしているチーム
○	ボールキープしていないチーム
→	パス（ボールの軌跡）
∿→	ドリブルする選手
--→	その他の選手の動き

意図：
- 2人の選手が得点する（ディフェンダーを抜く）のを防ぎ、ボールを奪い取るようにする
- どのような場合でもゴールを守り、（助けがくるまで）時間を稼ぐ

コーチが見るもの	コーチがすること／言うこと
1．ディフェンダーがすぐ抜かれる。	1「あまり早くにボールキープしている選手に行くな（飛び込むな）」 「2人の選手をできるだけ引き止めるようにしろ、2人とも目を離すな、時間を稼げ」
2．ディフェンダーが、ボールキープしている選手が得点するのを防ぐ状態にならない。	2「最も危険な状態を守備するようにしろ、ボールとゴールとの間にポジションを取れ、シュートコースに入れ」
3．フォワードが、あまりに簡単にディフェンダーをおいていくことができる（フォワードの質がよい）。	3「できるだけ自分で、イニシアチブをとったりフェイントをかけて、フォワードへのプレスを大きくしろ、あきらめるな」 オフサイドのルールを導入することによって、ディフェンダーは守りやすく、フォワードは攻撃しにくくなる。
4．ディフェンダーがボールに向かってスライディングして、なかなか立ち上がらない。	4「倒れるな、動けることを示せ、倒れたままだと絶対にやられるぞ」
5．ディフェンダーがボールを奪い取ったのに、またボールを取られてしまう。	5「できるだけボールを保護しろ、サイドラインに向かうようにしろ（コーナーやスローインになるようにする）」 「正確なパスで味方の選手（たち）が前線にいられるようにしろ」（得点の指図：図G-2） 「逃げることで得点するようにしろ、相手選手をボールに近づけるな」

図G-1

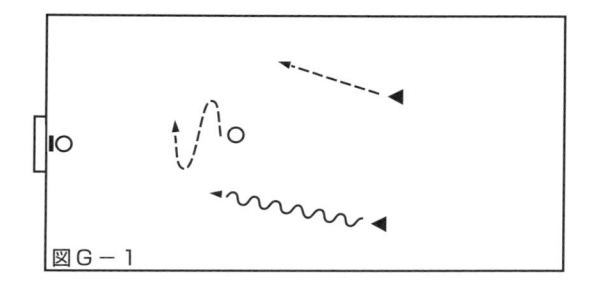

図G-2：ボールを奪った際、ディフェンダーは、前線にいるフォワードにダイレクトにパスすることで得点となる。

構成：
- 同じ方向で行わせる
- 活動している時間と休憩時間とに考慮
- ラインをゴールとするか、小さいゴールにするか、キーパーつきの大きいゴールにするか
- ボールを奪った場合、別の味方選手をつけるか（フィードパス　図G-2）

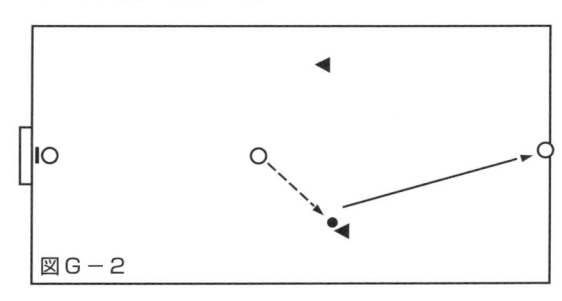

図G-2

- カバーリングにくる別の味方選手をつけるか、その場合2対2となる（図G-3）

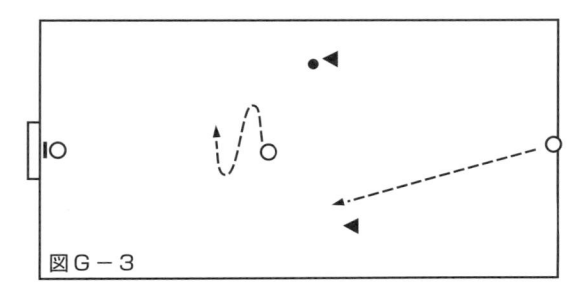

図G-3

- すべての選手がすべての役割を経験し、練習するようにする

■ボールのもらい方
（4つのスナップショット）

ボールを持っている選手に合図

相手選手を欺く、相手選手の視界から消える

ボールをもらう適切な瞬間（味方選手とのコミュニケーション）

ボールを受け取る（相手選手からボールを守る）

第6章　トレーニング・プログラム

相手がボールキープしている場合
ディフェンス
3対2（図H-1） H

図の説明	
▼	ボールキープしているチーム
○	ボールキープしていないチーム
→	パス（ボールの軌跡）
⌇→	ドリブルする選手
----▶	その他の選手の動き

意図：
- 3人の選手が得点する（ディフェンダーを抜く）のを防ぎ、ボールを奪い取るようにする
- 2人のディフェンダーがいるのだから、うまく協力することによって、ボールを奪い取るために実際にトライしてみることもできる（2対1での注記も見よ）

コーチが見るもの	コーチがすること／言うこと
1. ディフェンダーがすぐ抜かれる。	1.「あまり早くに飛び込むな、あまり早くにボールに仕掛けるな」 　ボールを奪い返す適切な瞬間を選ぶ 　＊相手選手の不正確なパス 　＊相手選手からの強すぎるパス 　「互いによく背後をカバーしろ、うまく協力しろ」 　「互いにコーチングしろ」
2. フォワードがサイドライン側をすり抜けていく。	2.「互いにくっつきすぎるな」
3. フォワードが中央突破していく。	3.「互いの距離を詰めろ、背後をカバーしろ」
4. ディフェンダーがボールを奪ってから、うまく流れをつくる状態にならない（図H-2）。	4.「ボールが少しでもフリーになったら、うまいフィードパスを出すようにしろ」 「（前線にいる別の味方選手に）フィードパスを出すために、うまくポジショニングをしている（たいていは少し下がって余裕がある）味方選手に素早くボールをパスしろ」
5. ディフェンダーが簡単に抜かれる。	5. フォワードのために、オフサイドのルールやより狭いフィールドを導入する

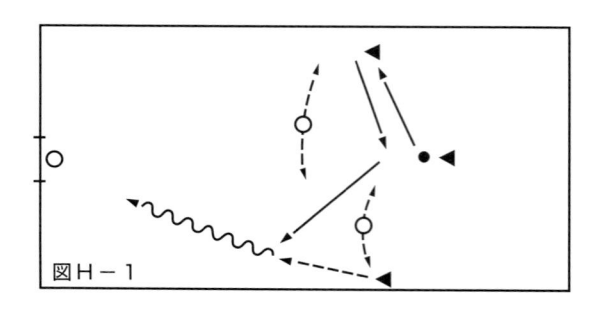

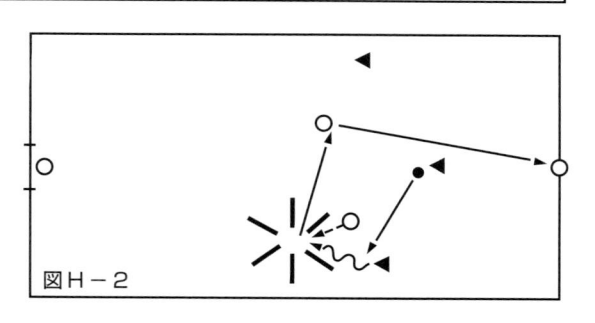

図H-1

図H-2

図H-2：ボールを奪い取り、フィードパスを出す。

構成：

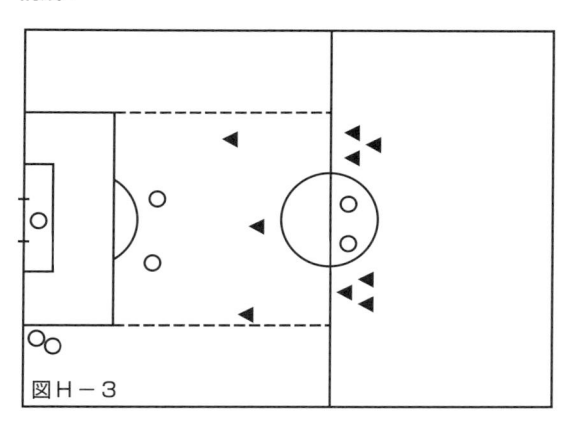

図H-3

- 同じ方向で行わせる
- 活動している時間と休憩時間に考慮
- ラインをゴールとするか、小さいゴールにするか、キーパーつきの大きいゴールにするか
- ボールを奪った場合、別の味方選手をつけるか(フィードパス、図H-2)
- 常に別の3人が待機している状態（図H-3）
- フォワードにできるだけ早く得点させるような試合形式にもなりうる（例：試合での終了間際）
- 同上。しかし、ディフェンダーはボールを奪い返さなければならない（試合での終了間際や負けている場合）

ボールをもらって、
自分の足元近くに
置けるように！

第6章　トレーニング・プログラム　83

COACHEN VAN JEUGDVOETBALLERS

相手がボールキープしている場合
ディフェンス
4対3（図Ⅰ-1）

意図：
- 4人の選手が得点する（ディフェンダーを抜く）のを防ぎ、ボールを奪い返すようにトライする
- ボールを奪い取ることについてのアイデアをはっきりさせる（いわゆる積極的な守備、ボールを奪い返さなければならない）

追記　2対1、3対2の形式での注記も見よ

図の説明	
▼	ボールキープしているチーム
○	ボールキープしていないチーム
→	パス（ボールの軌跡）
⌇⌇→	ドリブルする選手
---→	その他の選手の動き

コーチが見るもの	コーチがすること／言うこと
1. ディフェンダーが待ちすぎて、フォワードがミスを犯したときにボールが通り過ぎてしまう。	1.「1人少なくても、ボールを奪い取らなければならない」 「互いに距離を詰めろ、特にボールの付近で」 「ボールの近くにあるパスコースをカバーしろ」 「4人目のフォワードが離れたところで、フリーでいることを忘れるな、ちゃんと見ておけ」
2. ディフェンダーが、ボールを奪い返せない瞬間ばかりを選んでしまい、常に抜かれてしまう。	2.「適切な瞬間を選べ。そうした瞬間は、積極的にボールへ行くぞ、行くぞと見せかけて、自分でつくり出すのだ」 「よく状況を読め。フォワードの失敗した（強すぎる、弱すぎる、正確でない）パスがあれば、行けるのだからボールを追いかけ続けろ」
3. ディフェンダーにボールを奪い返すチャンスがほとんどない（フォワードの質がよすぎる）。	3. オフサイドのルールを適用したり、フィールドを狭くすることによって、まったく別の状況になりうる。
4. ディフェンダーがボールを奪い取った場合に、あまりに早く奪い返されてしまう。	4. ディフェンダーがボールキープした場合、残りの2人のディフェンダーができるだけ早くポジショニングして（たいていは少し下がる）、（前線にいる別の味方選手に）フィードパスを出せるようにする（図Ⅰ-2）。
5. ディフェンダーが自分のゴールにあまりに近いところでプレーして、下がったままである。	5. より広いフィールドにしたり、ボールをできるだけ早く奪い取らなければならないという指示を出すと、ディフェンダーにとってまた難しくなる。
6. ほとんどをバックパスしてしまうディフェンダーが下がったままで、相手に十分なスペースを与えてしまう。	6. 最終ラインのディフェンダーは、どのようにオフサイドを使うか、相手を止めるか、味方に警告を発するか、状況を予測するか、等々を学ぶ。

図Ⅰ-1

・3人のディフェンダーの助けとなるように、オフサイドのルールを適用してもよい。
・この形式は、8人のフォワードが6人のディフェンダーとプレーする複雑な状況へと発展させてもよい（図Ⅰ-3）。ここでは必ずオフサイドのルールを適用し、フィールド半分を使用する。また、この場合では、別の方法で得点できるとしてもよい（例：6人の側の1人がドリブルでセンターラインを越える）。

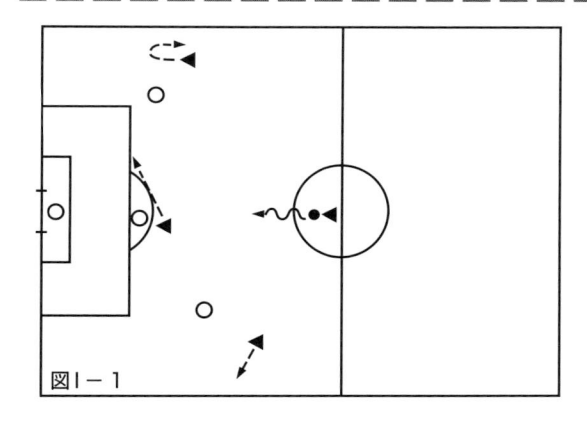

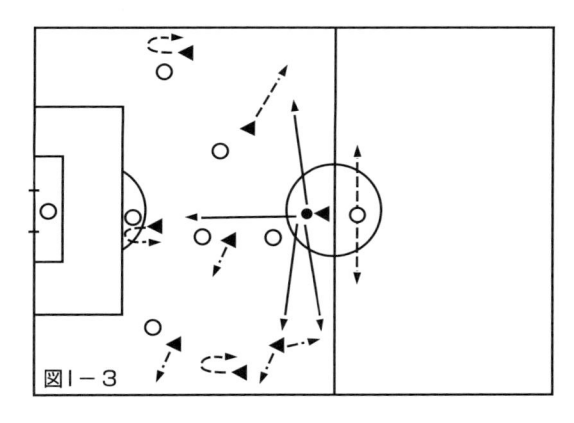

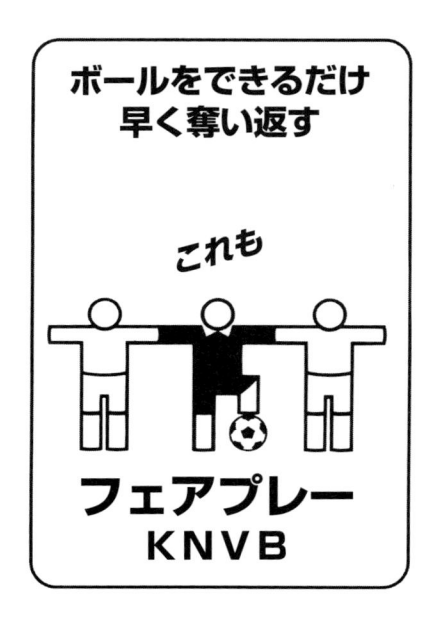

図Ⅰ-3：6対8、ボールを奪ったあと、○の選手が、センターラインの向こう側にいる選手にダイレクトでパスを通すことで得点できる（選手の質によってフィールドの広さを決める）。

構成：

・4人の攻撃側は、11人の場合のポジションと同じポジションでプレーするように心がけさせ、横幅はペナルティエリア分、縦はフィールド半分の地域で、順番にプレーする(図Ⅰ-2)。

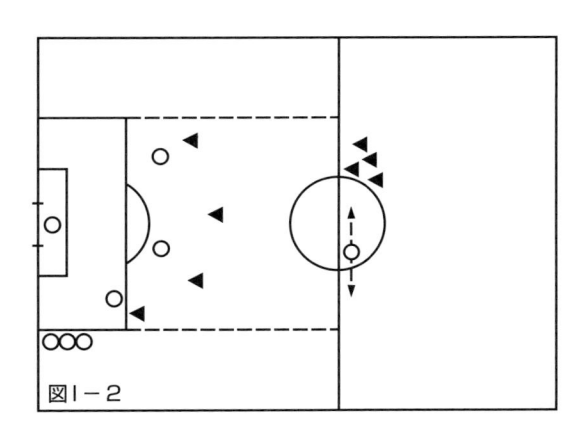

図Ⅰ-2

図Ⅰ-3

・3人のディフェンダーは、できるだけ早い段階でボールを奪い返そうと試み、センターラインを越えたところで、左右いずれかでポジショニングをしている別の選手にフィードパスを出すことで得点できる（フィードパスのボールが、グラウンダーかボレ

ボールをできるだけ
早く奪い返す

これも

フェアプレー
KNVB

第6章　トレーニング・プログラム　85

COACHEN VAN JEUGDVOETBALLERS

J

**ボールキープしている場合と
相手チームがボールキープしている場合
ビルドアップ、攻撃、ディフェンス
4対4（図J-1）**

図の説明	
▼	ボールキープしているチーム
○	ボールキープしていないチーム
→	パス（ボールの軌跡）
〜〜▶	ドリブルする選手
---▶	その他の選手の動き

意図：選手たちは、実際の試合で生じているような負荷／難しくなる要素に対処することに直面し、互いにコーチングする－トレーニングごとで、選手たちに達成してほしいことに付随して（レベル、年齢、リーグ戦での成績など）、アクセントを置く場所を変えられる－サッカーでの問題点は、選手たちの問題点とならなければならない

Ⅰa．ボールキープしている場合（チーム全体に対して）

コーチが見るもの	コーチがすること／言うこと
1．得点のチャンスが出てこない。 2．横パスやバックパスばかりでボールが前に進まない。 3．選手たちが自分たちのポジションを維持できない。 4．互いにコーチングすることが少ない。 5．相手チームがそれぞれのポジションでの役割を果たしていない。 6．選手が一箇所にかたまってしまう。	（6歳の子どもたちに言う場合、17歳の選手たちに対する言い方とは別にしなければなりません。） 1．「勝ちにいくんだ！」 　「勝ちたいなら、ゴールをあげなければならない」 2．「相手ゴールのすぐ近くまでこなきゃだめだ」 3．選手たちを自分のポジションからプレーし始めさせる：「自分の場所でプレーし続けろ」 4．「声を出せ」。次のような合図 　「時間」－近くに相手はいない 　「人」－マークされている 　「パス」－自分がフリーで、相手を振りほどける。 5．「1人で行け」－個人技で抜いていく、そうすることでチャンスが生まれたり、数的優位に立つ。 　「ビルドアップでは、互いにより早くパスを出し合え」 　「スペースをできるだけ広く（したままに）しろ」 　「スペース全体を使え」 6．「ボールに行くばかりじゃなくて、ボールに向かっている相手選手についていくのだ。そうするとスペースが小さくなって、プレーが難しくなる」

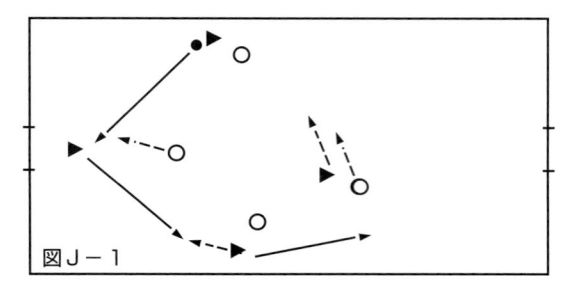

図J-1

Ⅰb．ボールキープしている場合（特にボールを持っている個々の選手に対して）

コーチが見るもの	コーチがすること／言うこと
1．ボールを持っている選手が相手を見つけない。 2．ボールを持っている選手がフェイントをしない。 3．ボールを持っている選手があまりに早くにフェイントをする。 4．ボールを持っている選手のフェイントが遅すぎる。 5．パスがひどくて、味方選手がボールをコントロールできなかったり、プレーの早い流れがつくれない。	1．「相手を探せ、そいつを何とか抜いてみろ」 2．「相手に脅威を与えろ、フェイントをかけて相手をおいていこうとしてみろ」 3．「フェイントはあまり早くかけてはいけない」 　「機械仕掛けの人形のように相手に対処するな」 4．「フェイントは、ここぞという場面でするんだ。さもないと、ボールがブロックされるぞ」 5．「よいボールをパスしろ」 　「ボールのスピードが速すぎる／遅すぎる」 　「もらいやすいパスを出せ」 　「マークしているディフェンダーのほうにパスするな」 　「グラウンダーで」 　「ダイレクトパスしろ、ポストプレーだ」 　「シンプルにプレーしろ、インサイドキックでパスしろ」 　「パスに気持ちをこめろ」 　「ボールをもらう前に、周りを見ておけ。あらかじめ見ておくようにしろ」 　「互いにコーチングしろ。声を出して、どこにボールが欲しいかを示せ」 　コーチはフィールドの大きさをどのくらいにするか決める。
6．ボールを持っている選手が落ち着かない。 7．ボールを持っている選手が、誰にパスすればよいかすぐにわからない。	6．「時間を稼げ。近くに相手はいないぞ」 7．「キーパー、ディフェンダー、声をかけろ。簡単なことを指示しろ」

ディフェンダーよりも速く

第6章　トレーニング・プログラム　**87**

Ⅰc．ボールキープしている場合（特にボールを持っていない選手に対して）

コーチが見るもの	コーチがすること／言うこと
1．ボールを持っている選手がパスを出せない。	1．ボールを持っている選手の周りにいる選手に対する注意 「走ってフリーになり、パスをもらえるようになって、それがわかるようにしろ」 「ボールをもらいたいと思い、ボールを要求しろ」 「パスをもらえるようにしろ」 「適切な瞬間に要求しろ／走ってフリーになれ」 「自信をもって走ってフリーになれ／マークから離れてトップスピードでこい」 「まず、フリーになれるようにスペースをつくれ－最初にいったんボールから離れ、それからボールに近づけ（その逆も）」 「走ってフリーになるときは、できるだけ相手にわからないようにしろ。秘密裡にやるのだ」 「アクションのあとにもアクションありだ。常にそうし続けろ。また必要とされるのだから」
2．ボールを持っている選手が、横パスかバックパスしか出せない。	2．「フィードパスが可能となるようなポジションを取れ－ボールからいったん離れて、それからボールに近づくのだ」
3．ボールを持っている選手が前方に蹴り出すことしかできない。	3．「ボールをキープしておくのだ。自チームのゴール付近のスペースを生かせ」 「フリーのディフェンダー／ウィングバックが、さらにボールの背後でポジションを取っているぞ！」 「キーパー、バックパスができるようにしろ、プレーに参加しろ」
4．プレー再開に際して、十分な速さがなく、相手の混乱を利用できない。	4．「ボールに手をおき、そして素早く周りを見てパスしろ」 「素早くパスを出し素早くもらえ、素早く前に行け、そのために素早くボールを持ってこい」

プレー再開に際しては、選手たちは何が可能で、何をしてはいけないかを明らかにする

Ⅱ 相手チームがボールキープしている場合

コーチが見るもの	コーチがすること／言うこと
1. 選手たちが相手チームにあまりに多くの得点チャンスを与えてしまう。	1.「シュートさせるな」 「シュートコースに入れ」 「ボールを持っている選手が一番危険なんだぞ」 「仕掛けろ」 「シュートをブロックしろ」 　ヘディングの競り合いで： 「できるだけボールをクリアするようにしろ」 「飛べ」、「前にこい」 「頭を引っ込めるな」 「ボールをよく見ろ」「身体全体を使え」
2. 十分にマークしていない。	2.「相手から離れるな」 「裏を取られるな」 「マークし直せ」 「相手にパスをもらえる／パスを出すチャンスを与えるな」 「タイミングよくボールの背後に入り、チームのためになるように注意しろ」 「マークをかたくしろ、適当なサイドでマークしろ」（身体を入れる） 「ボールの周りを厳しくマークしろ、相手が自由にパスできないようにしろ」
3. ボールの周りで厳しくマークしている選手が少ない：そうした選手がおいていかれる。	3.「飛び込むな、時間を稼げ、相手チームを遅らせろ、落ち着け」 「倒れるな、しっかりと立っておけ」 「別の相手選手がきたぞ」 「一番重要な相手選手をマークしろ」 「裏を取られるな」 「横パスになるようにしろ」
4. マークの間にボールを取り返そうとする試みが十分でない。	4.「もっと負荷をかけろ」 「積極的にディフェンスしろ」 「フェイントをかけろ」 「狭いスペースに押し込め」（例：サイドラインのほうへ、もしくはコーナー付近へ） 「互いにコーチングしろ」（例：「前にいろ、蹴り出すな」など）
5. ディフェンスの間でファウルをしてしまう。	5.「ボールを相手にしろ、人間じゃない」 「ボールを絶対奪えると思ったときだけスライディングしろ」 「手を使うな」
6. プレー再開の際に、相手チームが混乱に乗じてしまう。	6.「ボールをよく見ろ」 「相手から目を離すな」

Ⅲ a．自チームのボールキープから相手チームのボールキープへの移行（ボールを失う場合）

コーチが見るもの	コーチがすること／言うこと
1．選手たちがディフェンスに移行するのが遅い。 2．ボールが奪われた（全般的）。 3．シュートの直後、もしくは相手チームのゴール付近でボールが奪われた。 4．センターライン付近でボールが奪われた。 5．ビルドアップの中で、自チームのゴール付近でボールが奪われた。	1．「戻れ、チームのことを考えろ」 2．「ボールの後ろにこい」 3．試合の状況、もしくは目指すべき目標によって変わる（例：負けているときはボールをキープするようにしなければならない）。 「下がるな、できるだけかたくマークしろ」 「封じ込めろ、プレスをかけろ」 「パスコースをつぶせ、スペースを狭くしろ」 「押し上げろ、前に出ろ」 「キーパー、ゴール前から出てこい、今はリベロだぞ」 ほかの例：リードを保たなければならない 「自チームのエリアに戻ってこい、チームのポジショニングを整えろ、相手にミスをさせるのだ」 「後方のスペースを狭くしろ」 4．「できるだけ素早く戻れ」 「ボールの一番近くにいる選手が、最初にプレスをかけるのだ」 「スペースを狭くしろ」 5．「できるだけ早くボールにこい」 「ボールに一番近い選手が最初にプレスをかけるのだ」 「スペースを狭くしろ」 「サイドライン付近の選手をマークするな」 「自チームのゴールを守れ」 「横パスやバックパスをさせるようにしろ」 「相手を外に押し出せ」

誰が速い？

Ⅲ b．ボールキープの移行（ボールを奪った場合）

コーチが見るもの	コーチがすること／言うこと
1. ボールキープになった（全般的）。	1. どこでボールキープになったか、状況によって言うべきことは変わってくる。 ＊すぐにプレスをかけられるか ＊最初にボールをコントロールすべきか ＊ほかの選手によってスペースがつくられるべきか ＊ボールを前線に送ることができるか ＊横パス、もしくはバックパスをすべきか
2. 相手選手がたくさんいる中でボールキープとなった。	2.「互いにコーチングしろ」（例：ボールを守れ） 「ボールを持ってスペースのあるところへ走れ」 「背後にいる選手に注意しろ」 「バックパスしろ／横パスしろ」 「蹴り出せ／前に蹴れ」 「よいポジションを選べ／パスをもらえるように走ってフリーになれ」 「ボールをもらえるようにしろ」
3. 相手チームのゴール近くでボールキープとなった。	3. これもまた試合の状況、途中経過、相手の状態によって変わってくる。 「すぐにゴールするようにしろ」 「ボールをそこでキープしろ」 「バックラインまで戻るようにしろ」 「味方選手を得点できるポジションにもっていけ」 「コーナーキックをもらうようにしろ」
4. 自チームのゴール近くでボールキープとなった。	4.「フィードパスを直接、自チームのフォワードに渡すようにしろ」 「相手が仕掛けられないように、ハイテンポで続けろ」（速いビルドアップ！） 「状況にひと息入れろ、（キーパーを含めて）味方選手がよいポジションをとれるようになる機会を与えるのだ」

第8章では、4対4のバリエーションを詳述します。

第6章　トレーニング・プログラム

サッカーの問題点をもとにしたシニアクラスのトレーニング実例1〜7

図の説明
- ▼ ボールキープしているチーム
- ○ ボールキープしていないチーム
- → パス（ボールの軌跡）
- 〜〜→ ドリブルする選手
- - - → その他の選手の動き

実例1

■主な問題点

1. 負荷―つまり、スペースの広い・狭い、相手選手（少ない・多い）、方向性、意図がある中で、自分のチームがボールキープしている（ビルドアップ／得点する／得点し続ける）。
2. 完璧なビルドアップからよいポジショニング、そして得点にいたるようにボールをキープする。

■トレーニングの進め方

5対2／6対3／5対3

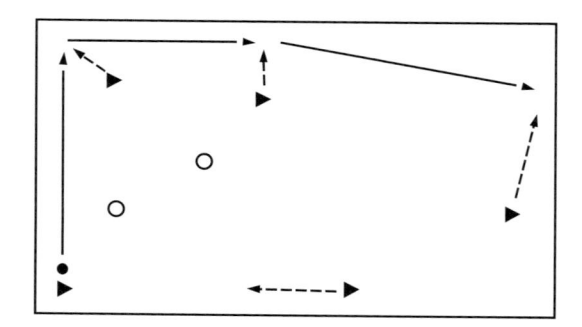

- 5人もしくは6人のほうは、パス、ポジショニングによってボールをキープする
- 2人もしくは3人のほうは、ボールを取りに行く

コーチの方法：パスの受け渡しの技能に注目する。

5対2／5対3

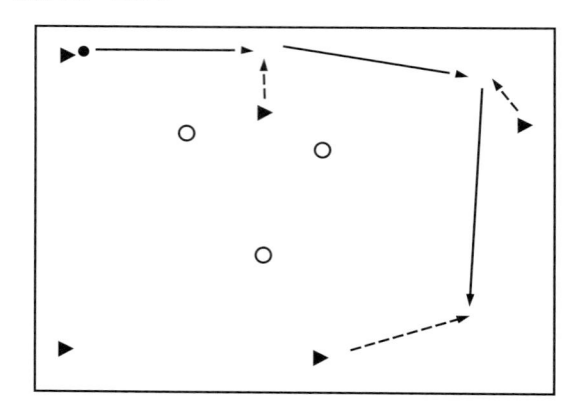

- 5人のほうは、ディフェンダーがボールを奪えないように、そしてボールが長方形から出ないように、10回のパスによって連係しなければならない
- 2人もしくは3人のほうは、ボールを奪ってドリブルで長方形から出れば得点となる

コーチの方法：方向により注意を払う。「ディフェンダーのいないところでプレーしろ」

テクニックの使い方に注意する

3対2

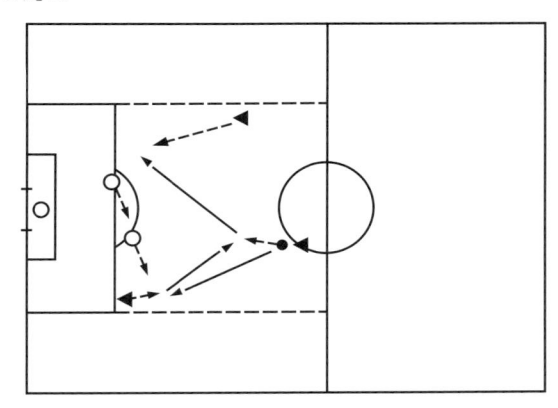

- 3人のほうは、パスなどでチャンスをつくって得点しなければならない
- 2人のほうは、ドリブルでボールがラインを越えれば得点となる。そのときだけ、ボールを失ってもよい

コーチの方法：・ゴールへシュートするまでのスピード
・負荷を多くするためには、スペースを狭くしたりオフサイドを使う

3対1／3対2＋1対1の競り合い

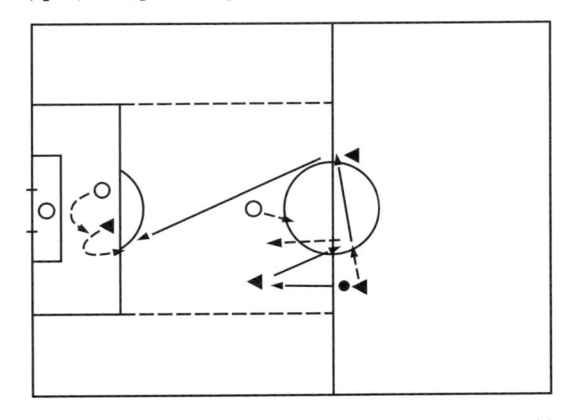

- 3人のほうは、相手のプレスのもとで、フィードパスが可能となるように連係しなければならない－1人がフリーにならなければならない
- （前線の）フォワードはボールを要求する適切なタイミングを選択しなければならない。ビルドアップにつながるようにする。

実例2

■ **主な問題点**

選手は、相手チームがボールキープしている場合、ボールを奪い返すために、どのようにチームとして集合的にプレーするのかを学ばなければならない。フィールドのいろいろな部分で大事なのは、位置、ポジション、責任である。

■ **トレーニングの進め方**

8対7／8対6

- ボールを持っていないときに、連係することを選手たちに明らかにする
- 8人のほうは、1対1になるのではなく、互いに指示し合って、ボールを奪い返すためのよいポジショニングをする→互いに距離を詰める→スペースをなくす

コーチの方法：・ボールの後ろに入る
・スペースを狭くする
・互いにコンタクトをとる
・ボールを奪う適切な瞬間を選択する
・ボールに近づく→プレスする、チェイス
・ファウルをしない

フリーだ、得点できる！

COACHEN VAN JEUGDVOETBALLERS

記号	図の説明
▼	ボールキープしているチーム
○	ボールキープしていないチーム
→	パス（ボールの軌跡）
～→	ドリブルする選手
--→	その他の選手の動き

実例3

■ 主な問題点

1. フォワードはペナルティエリア内、もしくはその近くからゴールしなければならない。
2. ディフェンダーは自軍のゴールを守り、ボールを奪い返さなければならない。

コーチは、選手が問題を解決することを学べるような、トレーニングの進め方をしなければならない。上にあげた問題を解決するために行うべきトレーニングの進め方は

- 得点にもっていく・得点を防ぐ
  - 容易に得点できる
  - ディフェンダーの数やスペースを狭くして負荷を多くする
- 特別な技術的・戦術的技能
  - ドリブル→ボールをキープする－保護する－強い脚など
  - シュート→よい位置－最後の踏み込み
  - ゴールへの方向→ゴールへの最短距離をとる
  - ディフェンス→適切な瞬間を選択する－ファウルをしない－技術的にうまくボールを奪う

ファウルにもかかわらず、相手をかわす

1対1

ドリブルでスタートして得点する。

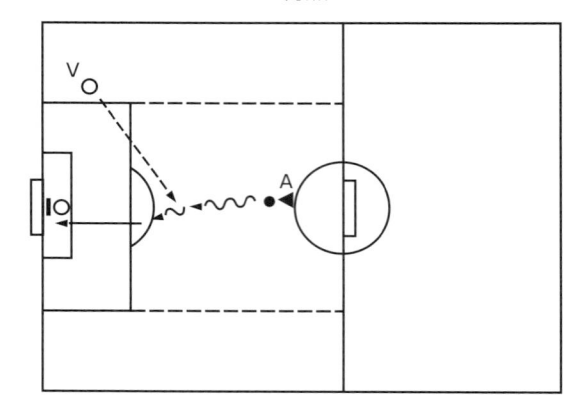

Vは少し遅くスタートして、Aを止めにいく。ボールを奪えれば得点となる。

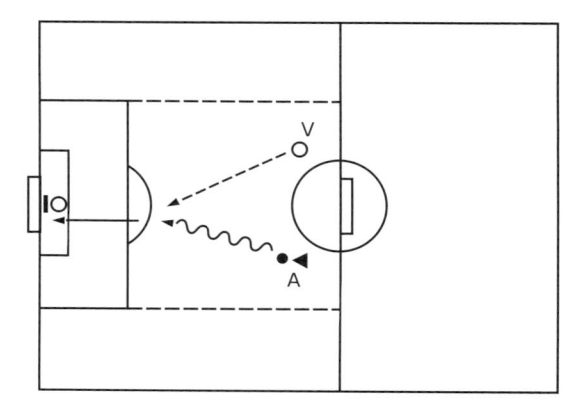

Aはドリブルでスタートして得点する。Vは別の位置からきてAを止めにいく。この場合、ボールに、よりプレスをかける。

コーチの方法：スペースの広さを変えることで負荷を多くする。

2対2

A_1とA_2が、次の技能によって得点する。
- ドリブル
- テイクオーバー
- ワンツーリターン

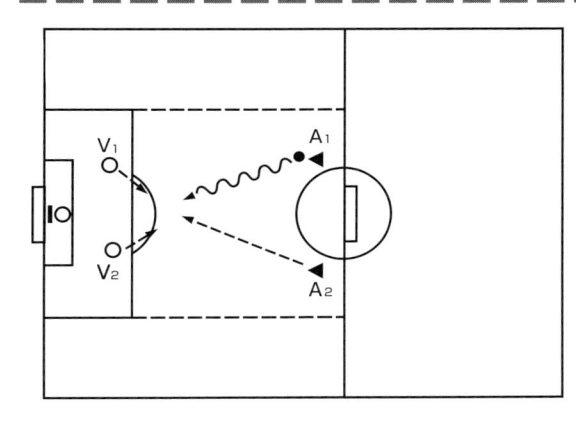

めディフェンダーに、もっとプレスをかけさせなければならない。
　たとえば、試合に負けている場合、敗戦という結果ではチャンピオンになれない、2部に落ちる、予選を通過できないなどにつながる。

■ **トレーニングの進め方**

5対4／4対3

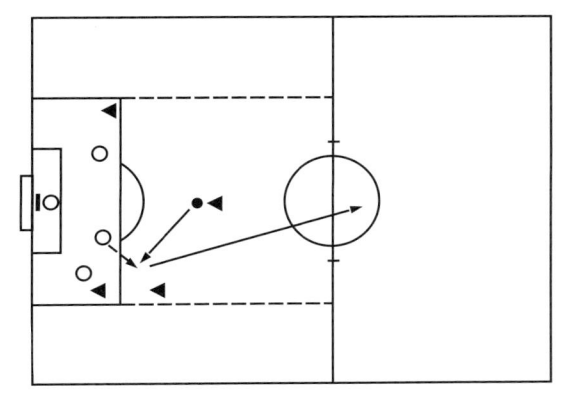

- ディフェンダーはボールを取らなければならない
- ディフェンダーは、ボールを空中で、ゾーンもしくは小さいゴールにシュートすると得点になる（これがボールを取るという目的である）

コーチの方法：・ボールに行く瞬間
　　　　　　　　・フィードパスに準備できるように
　　　　　　　　　連係するための共同作業

　コーチは、ディフェンダーとフォワードの共同作業が必要となるように、トレーニングを進めなければならない。

3対1＋前線のフォワード／ディフェンダー

- ディフェンダーへのプレス－妨害する相手選手がいるという負荷のもとでのビルドアップ
- フォワードはボールを要求する適切な瞬間を選択する（→動き、声を出す）。ビルドアップをくずさないようにする（→集中力）
- うまくいけば、ディフェンダーの数を増やす

- 個人技：スペースをつくる
- V_1とV_2は得点を防ぐ
  - 技術的にうまくボールを奪う
  - その後自分で得点する

コーチの方法：選手はディテールを示す－技術的側面
　　　　　　　　　　→ドリブルとシュート

実例 4

■ **主な問題点**

1. ディフェンダーが、よりうまくディフェンスする。
- ゴールを防ぐ、ゴールを保護する
- ボールを奪う－積極的なディフェンス－フェイントでフォワードを揺さぶる
  - ディフェンダーは、ポジション・役割についての知識が欠けている部分をあらわす
  - ボールを奪うことにならないディフェンスの技術をあらわす
2. ディフェンダーとフォワードとの間の連係（コミュニケーション）がよくならなければならないというのは：
  - ディフェンダーからのパスがフォワードの近くにこない
  - ボールを要求する瞬間、ボールを送る－状況に合わせる、相手をだます

　コーチは、よりよいディフェンスが必要とされるように、トレーニングを進めなければならない。このた

第6章　トレーニング・プログラム　　**95**

図の説明

- ▼ ボールキープしているチーム
- ○ ボールキープしていないチーム
- → パス（ボールの軌跡）
- ⌇→ ドリブルする選手
- ---→ その他の選手の動き

3対1→1対1→ゴール前での4対2

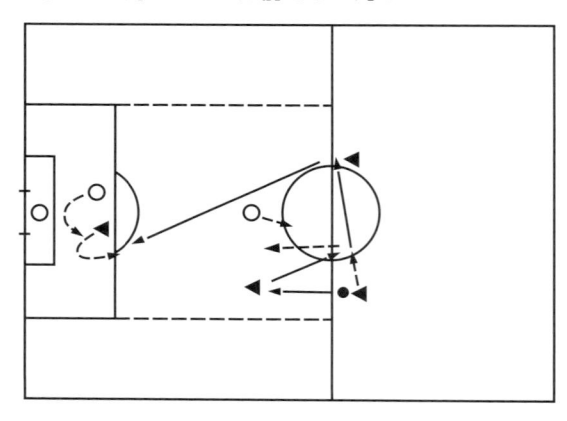

そのあと、次のように進める。

3対2／3対3+前線のフォワード2人／2人のディフェンダー

また、サイドを使えるように進める。
- 右ウィングバック→右ウィング
- 左ウィングバック→左ウィング

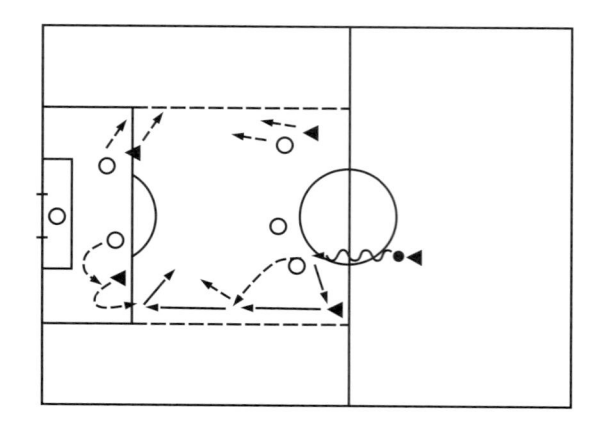

実例5

■主な問題点

1. 選手たちは、チーム全体として、ボールキープのときにどのようにプレーするかを学ばなければならない。試合に勝つため（＝得点する）。
2. 相手チームがボールキープしている場合にも1と同様。
   - 自チームのゴールの前で
   - 中盤で
   - 相手チームのゴール前で

コーチは、試合からサッカーの問題点を抽出する

　コーチは、一つのチームとして、よりよくプレーするために必要不可欠なことが含まれるようなトレーニングの進め方を考え出さなければならない。

■トレーニングの進め方

ゴールキーパーのいる少人数のミニゲーム形式

- 実際の試合から導き出される単純な形式→7対7／8対8
- 人数が多い、場合によっては少ないことにアクセントを置く→8対7／8対6。ここではチーム内で協力することが大変重要となる

- 互いにコンタクトを取り合う
- 読み合う→ボールを奪い取る適切な瞬間を選ぶ
- ボールに近づく→プレスする／ボールを追いかける
- ボールから離れる→味方同士や相手選手とコンタクトを取る
- 相手選手にパスをさせない
- 反則をしない－反則をすると、絶対にボールキープにならない
- テクニックに秀でた守備をする

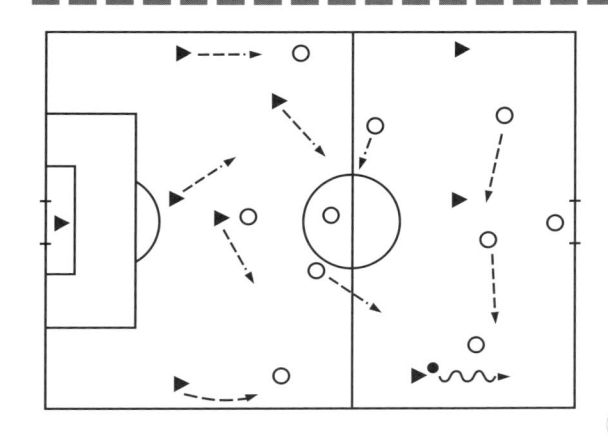

■コーチング

自チームがボールキープしている場合（攻撃）
- フリーになる
- あらゆるところでスペースをつくる
- ポジショニングを維持してプレーする
- 読み合う→ボールをもらうのに適切な瞬間
- 1人で前に進み、誰にも止められない
- ハイテンポのボールスピードでパスを続けて、相手をそのポジションから離れさせる

相手チームがボールキープしている場合（守備）
- ボールの後ろにこい
- スペースを狭くする→互いに距離を詰める

パスをブロックしろ！

実例6

■主な問題点

1. 準備（4、5週間の期間から考える）、一般的な問題点。
   a．体調面全般をさらに向上させる。
   b．中盤での守備についての特別なトレーニング（プレーのコンセプトの発達にかなっている）、ここでは同時に体調面全般も向上させる。

■詳細（簡単な説明）

第1段階

　一般的なウォーミングアップには、何種類かのジョギング、ストレッチ運動、一般的な筋力トレーニングが含まれる。ウォーミングアップが進んでいくと、守備的な動きに、よりポイントが置かれるようになる。

サッカートレーニングが十分なものとなるための条件

1. サッカー独自の意図
2. 数多くの繰り返し
3. どのようなグループかを考慮する
4. 適切なコーチング

第6章　トレーニング・プログラム　**97**

記号	図の説明
▼	ボールキープしているチーム
○	ボールキープしていないチーム
→	パス（ボールの軌跡）
⟿	ドリブルする選手
--→	その他の選手の動き

第2段階

攻撃に対する守備には、次のものが含まれる。
a．学ぶことを細分化する（意図を把握し、状況を理解する）。
b．実際にやってみる際に、さまざまなトレーニング方法を試す（フィールドの大きさ、ルール、負荷を調整する）。

■トレーニングの進め方、守備－攻撃

少し狭いフィールドで

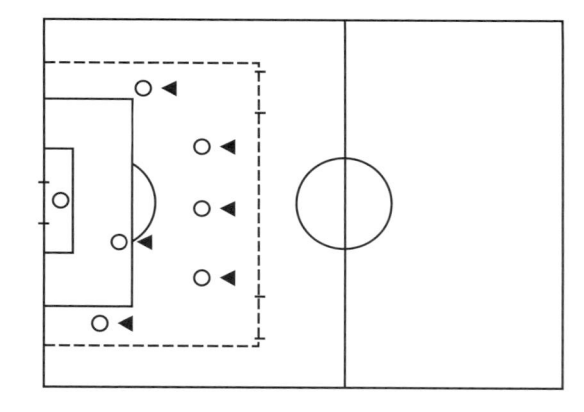

■プレーの進め方

- ディフェンダーはビルドアップして、相手側のゴールラインをドリブルで突破する。もしくは、ディフェンダー攻撃方向側のゴールラインにある2つのゴールを通過するパスを出すことで得点する。
- フォワードは、ゾーンディフェンスからマンマークに移行する：ボールに仕掛ける、ボールキープしている選手を追いかける－ボールキープになって得点。ビルドアップは常にゴールキーパーから始まる（ゴールスロー、時にはゴールキック）。

実例7

■主な問題点

コンパクトなディフェンスとなって、前線にフォワードが1人いて、残りの選手たちはボールの後ろにいる。こういったプレースタイルでは、選手たちは2列目や最終ラインから出てくる（ワンツーリターン－個人技－クロス）。

背後からプレスを受けながらの得点はなかなかできない：
- 落ち着いていない、リスクを犯そうとしない
- ディフェンダーにチャンスを与えない（無理に切り込んで行かない）
- 十分な体調でない－スピードと持久力が不足している

■詳細（簡単な説明）

第1段階

スピード・持久力をトレーニングするための準備として、一般的なウォーミングアップ（これがかなりきつく、特定の筋肉を使うことになる）。これと同時に一般的なランニング、コーディネーションと筋力トレーニング。

よいウォーミングアップのあとだからこそ、このアクションが可能なのだ

第2段階

先に述べた問題点が練習できる特別な練習形式。状況を読むことを学ぶ。

■プレーの進め方

フォワードが先にスタートして、ディフェンダーがあとから追いかける。フォワードは、個人技やワンツーリターンを選ぶことができる。

キーパーとの1対1になる。ディフェンダーがゴールラインまで下がって守備する。そのディフェンダーが、たとえば、キーパーのカバーを試みる。

状況1

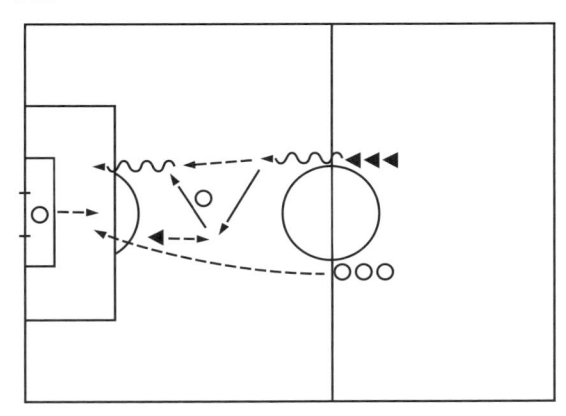

状況2

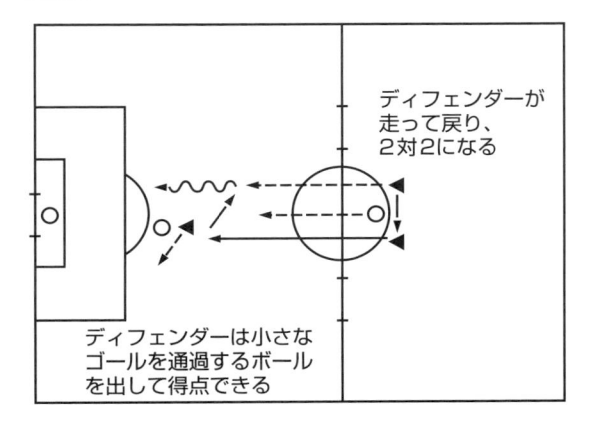

ディフェンダーが走って戻り、2対2になる

ディフェンダーは小さなゴールを通過するボールを出して得点できる

サッカーにおける問題点、その他の例

1. 選手たちが休暇から戻ってきて、トレーニングを再開するところである。数週間のうちに、チームはリーグ戦での試合レベルに達しなければならない。時間は3週間あって、そのうち週に3回ほどトレーニングできる。練習試合は3試合まで組める。

2. フォワードがハイスピードでフリーのスペースに走り込み、ディフェンダー、もしくはミッドフィルダーからのフィードパスをもらおうとするとき、ボールをあまりに簡単に失ってしまう－つまりボールキープできなくなる。

3. ウィンガーがうまく相手を抜いて行ったが、相手を抜いたあと、よいセンタリング、シュートがほとんどできない。相手は、リカバーするチャンスを得られることがほとんどである。

4. チームは、相手チームのエリアでボールを奪い返す状況になかなかならない。何人かの選手たちは相手選手の近くにくるのが遅く、ボールを持っている選手にはプレスから逃げるための十分な時間とスペースがある。その結果、ポジショニングプレー、フィードパス、ゴールキーパー、もしくはディフェンダーへのバックパスができる。

5. キーパーがセンタリング、シュートから、もしくは前に出てきた直後にボールをキャッチしたあと、すぐに攻撃に移行できない。キーパーがゴールスローやゴールキックで、よい流れをつくることができない。最も適切な瞬間を逃してしまう。

6. ディフェンダーは、ボールキープのときに自チームエリアでのビルドアップの中で、多くの時間とボールへの注意が必要であり、その結果、ボールをよい状態でもらえるフォワードへフィードパスを出す瞬間がほとんどわからない。

7. ディフェンダーと何人かのミッドフィルダーが、フィードパスをもらったフォワードをサポートするのがいつも遅すぎる。フォワードはボールをキープして、効果的なビルドアップまでに時間がかかりすぎる。

　フォワードがボールを失うのは、フォワードと中盤・ディフェンスラインとの間のスペースが広すぎ、その結果、相手が落ち着いてビルドアップできる場合である。

8. ミッドフィルダーが、常にスライディングで相手のボールを奪おうとしている。たいていはうまくいかず、そのうえ、もはやリカバーすることができない。だから、多くの場合、あまりに早くスライディングしてしまう。

9. チームはほとんどの試合において、相手チームがボールキープするとき、なかなか相手にプレスがかけられない。その結果、ボールを積極的に奪い取ることがほとんどない。たいていの場合、相手チームが落ち着いてビルドアップ、攻撃してくる。チームが自分のペナルティエリア付近でボールキープとなるのは、相手がミスしたときだけである。

10. 多くの試合で、自チームのエリア内でボールキープしても（つまりビルドアップのときに）、フィードパスをほとんどできないようである。フォワードとミッドフィルダーがパスの指示を出さない。彼らは相手チームのゴールに向かう際に、イニシアチブを取らない。

11. ディフェンダーは、よりうまくディフェンスしなければならない。簡単に1対1の状況で抜かれてしまう。そのうえファウルを犯し、ボールをほとんど奪わない。

12. ディフェンダーはいつも同じ相手選手をマークしている。つまり、特定の状況で一番適切な選択をする能力がない。たとえば、自分がマークしている選手がサイドライン側に開くときに、その選手をそのまま行かせ、背後のカバーをする。つまり、いわゆるダブルマークである。

本物の選手は、コーンよりも実践的な負荷となります

CHAPTER 7
第7章　テクニック

　テクニックは、プレーの目標と常に結びついています。それは、何といってもゴールを目指すことです。テクニックは「何か」を実現するための手段なのです。

　テクニックについて、何かを言うことができるようになるためには、第一にプレーの意図が理解できなければなりません。

　テクニックとは「ボールを思いどおりに扱うこと」にほかならず、この手段（テクニック）の意味するところを理解せずには、記述したり、話したり、教授することはできないのです。その例として、自動車の運転技術の習得をあげることができるでしょう。自動車の運転は、実際にハンドルを握って、交通の流れに乗ることではじめて学べるのです。

テクニックとは「ボールを思いどおりに扱うこと」を学ぶことです

　ハンドル操作は、ある地点ＡからＢまで到達するための手段です。しかし、教習所の先生は、家で操作の練習をするように、ハンドルを教習生に渡すことはしません。というのは、そうしても、実際の運転における問題点には直面しないからです。

　サッカーを学ぶうえでも同じことがいえます。いくらかボールを思いどおりに扱えるようになったならば、今度は実際にサッカーの状況の中で練習することになります。子どもたちは、こうした方法によってのみ、テクニックを、目標を追求するために用いることを学べるのです。つまり、テクニックとは、プレーを行うための手段なのです。トップレベルの選手たちのように、複雑なサッカーの状況に対処するためばかりでなく、サッカーを始めたばかりの幼い選手たちへの単純な指示のためにも、テクニックは手段として用いられるのです。

　実践（やってみること）が、最善の教師です。しかも、その実践は多くのことが学べるように準備されなければなりません。プレーするフィールド、ルール、ゴールの大きさを調整することによって、コーチは特定の技能にアクセントを置くことができます（４対４のバリエーション、p.134参照）。

　選手は、特定のテクニカルな面での技能を頻繁に使うサッカーの形式の中で、何度もサッカーをするとき、それをフレキシブルに学んでいくのです。

　サッカーというゲームにおいて、その状況はいつもめまぐるしく変化します。子どもたちは実際にプレーの中で、テクニックを磨くしか方法はないのです。いわゆる、唯一のテクニックというものは存在しません。インステップでキックすることも、その時点での可能性や、フィールドのどこにいるか、味方選手や相手選手のポジショニングなどに関連しており、常にそうしなければならないというわけではないのです。

COACHEN VAN JEUGDVOETBALLERS

　専門家によるコーチングは、たとえ短い練習時間（週に1、2時間）であろうとも、高い学習効率を上げるためには必要不可欠のものです。これは長い時間がかかるものなので、システマチック、かつ方法論的にもしっかりと考える必要があります。

その手段とは
- 基本テクニックについての知識
- サッカーの状況を単純なものにしたり、より難しいものにする技能
- コーチングの技能
- サッカートレーニングが成立するための条件を守ること

　コーチは、子どもたちがサッカーを習いたいと思うように、これらを用いるのです。もし、そうでなければ、

- 練習形式が説明されないことによって、練習の意図が理解されず（この形式でどこを取り上げるのか）、まったく楽しくないならば、学習過程は停滞してしまいます。何よりその形式でプレーすることの意味が失われてしまいます。
- たとえば、テクニカルな面での技能が十分でなかったり、洞察力（インサイト）が十分でなかったり、コミュニケーションが十分でないということが原因で、基本形式における意図が実現されない（意図していたプレーにならない）のならば、学ぶということは論外になってしまうでしょう（プレーが難しすぎるのです）。

　このことは、プレーがうまく行われるようにするためには、方策を講じるべきであることを示しています。

- 意図を明らかにする（サッカーにおけるハイライト、ボールキープしている場合と相手チームがボールキープしている場合、第5章・P.43参照）。
- 負荷を取り払ったり、変更することによって、より簡単にする
  ・構成／フィールドの広さ
  ・選手の数
  ・相手選手の数
- アドバイス／修正／例を示す

基本テクニック
　幼い選手たちにとっては、試合を読むということよりもっと重要な「問題」は、ボールをうまく扱うことを学ぶということでしょう。サッカーを学ぶ際には、ボールがまず最初の負荷であるといわれます。こうした子どもたち（6歳から9歳ぐらいまで）にとっては、ボールを思いどおりに扱うことが最優先されます。

> **ボールを使った練習をすればするほど、よりよい結果が得られる**

　そうした子どもたちは、どのようにボールが転がっていくか、どのような感触であるか、つまり、かたいかやわらかいか、等々を学ばなければなりません。この段階では、ボールの蹴り方（インサイドキック、インステップキック）、ドリブルの仕方（ゆっくりか速くか）、ボールのもらい方・止め方、ヘディングの仕方、シュートの仕方、これらのサッカーでの技能の組み合わせを学ばなければなりません。この年齢（F・Eジュニア）の子どもたちの練習では、ボールを使った練習にできるだけ時間をかけてほしいものです。特に、子どもたち自身が、家、道路、広場、公園などで練習してほしいものです。

コーチは文字どおり、子どもたちのレベルにまで降りていくのです

テクニカルな技能を学ぶ際の方法論的な順序

■ 5 − 7 歳
（目標：ボールをコントロールすることを学ぶ）

1. 一人ひとりがボールをコントロールできるような、動き方の指示・プレー形式
2. 数多くのボールコンタクトが保証されているような基本形式
   - 少人数（1対1、2対1、2対2、キーパーがいてもいなくてもよい、ラインサッカー）
   - 単純なサッカー的な状況（目標を決めて蹴る、ボールを持って素早く場所を移動する、など）
3. この単純な状況を進めるためのテクニックへのコーチング

■ 7 − 12 歳
（目標：基本プレーの熟達）

1. 基本形式
   4対4＋そのバリエーション→意図とプレーの構成を明らかにして、プレーを続けさせる（学習・発達のための条件）
2. こうした状況でのコーチング、アクセントはテクニックに置かれる

■ 12 − 16 歳
（目標：試合の熟達）

1. 試合独自の状況
   - 実際の試合
   - 練習での状況：8対8
   - 状況の静止：一時停止＋スローモーション（質疑応答）
2. 役割ごとのトレーニング
   a．全般：3つのサッカーにおけるハイライト
   b．個別的：ポジション、ライン、サイド
3. 基本形は、役割・機能ごとに、個別的にテクニカルな側面を追求するようにする（さまざまな可能性や選手が試合の中でプレーするポジションを個別的に追求するとしても、テクニック面での発達が継続するようにする）。
4. メンタルトレーニング
   - チームビルディング―制限された役割の中でもプレーできるようにする
   - 個人の特性をチームの利益に従属させるようにする
   - 将来の利益のために投資・トレーニングできるようにする

コーチにとっての全般的な手段

- 基本形を構成し遂行する
- プレーの中でのテクニカルな構成要素を、認知、指摘、指導・教授できること
- 負荷を設定できること（より簡単にしたり、より難しくしたりできること）
- 理論的知識を使うこと
- ビデオを使うこと
- 例を示すこと（自分で、もしくは上手な選手にやらせる）

　コーチは、サッカーを教えるうえで、もっと簡単な方法があるかもしれないという考えに飛びついてはいけません。どのような「テクニカルな」形式を適用するかということも、サッカーについてのさらに深い洞察力が要求されるのです。ですから、サッカーを教えるということは、原則として実際にやらせてみることなのです。そこには、どうしても時間の制限があります。この点についてもより簡単にすることはできないのです。

時間が少なければ少ないほど、コーチングの必要性がより大きくなるのです！

（ユース）サッカーにおけるテクニック

↓

テクニックは手段である
（T.I.C）テクニック／インサイト／コミュニケーションは決して分けることができない
→サッカーにおける3つのハイライトの中で、プレーの意図を実現しようとする

役割／機能	目に見える状況	手　段					アクセントを置くところ	
		必要なテクニカルな面での技能	客観的なテクニックの説明	インサイト	コミュニケーション		練習／試合形式	ミニゲーム形式
ボールキープ ディフェンダー＋キーパー ●ビルドアップのスタート	ポジショニングプレーに注意 ●最善のポジショニング ●プレーの場を移す ●前に進む／そのことを考える ●ビルドアップをコントロールする ●サイド／バックに広がる ●ボールを失わない→リスクを犯さない	●インサイドキック／インステップキック ●ボールをもらう／ボールをハンドリング	第8章参照 キーパー第10章	第1,5,12章参照 キーパー第10章	第1,5,12章参照 キーパー第10章		ポジショニングプレー ●5対2 ●4対3／5対4ゴールへシュート→守備2つのゴール／フォワードへパスなど ●ポジショニングプレー→フォワードへパス→押し上がる	●4対4　基本形式 ・4つのゴール（コーナーフラッグから2m離れている） ・広い／狭いフィールド ●6対6／8対8 ・一つの大きいゴール＋2つの小さいゴール
ミッドフィルダー ●ビルドアップから攻撃へ	●自チームのゾーンで最善のポジショニング ●できるだけ前方、前線に進む ●むだにボールを失わない→リスクを少なく ●フリーになる ●たまにはシュートする（距離があっても） ●ペナルティエリアでのプレー	●ボールをもらう／ボールをフリーなスペースに持って行く（オフェンシブ・ハーフ） ●パス ●ドリブル ●シュート ●ヘディング（攻撃的）	第8章参照	第1,5,12章参照	第1,5,12章参照		●5対2／5対3・4対3／5対4ゴールへシュート ●ポジショニングプレー3対2／4対3→フォワードへパス→押し上がる	●4対4 ・4つのゴール ・ラインサッカー（ライン全体） ●4対4　アクセントヘディング／シュート→大きいゴール、選手同士が近づく ●6対6／8対8 ・一つの大きいゴール（＋2つの小さいゴール／ライン／フォワードへパス）
フォワード ●攻撃	●最善のポジショニング ●スペースを広くする ●かたまらないようにする（スペースに入り込む） ●ボールをキープする ●フリーになる ●相手を抜く／フェイント ●ゴールへのシュート ●リスクを犯す	●パス ●ポストプレーする ●ボールをもらう／ボールをフリーなスペースに持って行く ●ドリブル ●相手を抜く／フェイント ゴールへ ●シュート ●ヘディング／ロビング／ループシュート ●倒れこみながらのヘディング	第8章参照	第1,5,12章参照	第1,5,12章参照		●4対3／5対4ゴールへシュート ●ポジショニングプレー3対2／4対3→フォワードへパス→押し上がる	●4対4 ・一つの大きいゴール（＋2つの小さいゴール／ライン／フォワードへパス） ●6対6／8対8 攻撃⇔守備
ウィンガー ●攻撃	●パスをもらえるようにする ●個人技 ●センタリング ●ワンツーリターン	●ボールをもらう／ボールをコントロールしてフェイント ●パス ●ポストプレー	第8章参照	第1,5,12章参照	第1,5,12章参照		●ポジショニングプレーサイド／センター ・フォワードゴールへシュートディフェンダーフォワードへパス ・両チーム大きいゴールへシュート	●4対4　ラインサッカー ・4つのゴール（コーナーフラッグから） ●8対8 ・一つの大きいゴール（＋2つの小さいゴール／ライン／センターフォワード）

（ユース）サッカーにおけるテクニック

↓

テクニックは手段である
（T.I.C）テクニック／インサイト／コミュニケーションは決して分けることができない
→サッカーにおける3つのハイライトの中で、プレーの意図を実現しようとする

役割／機能	目に見える状況	手段					アクセントを置くところ	
		必要なテクニカルな面での技能	客観的なテクニックの説明	インサイト	コミュニケーション	練習／試合形式	ミニゲーム形式
相手チームのボールキープ		→サッカーの状況と関連する動き・テクニック					
フォワード ●相手のビルドアップを妨害する	ポジショニング ●（戻れ！）フィールドを狭くする（コンパクトにプレーする） ●フィードパスを防ぐ（横パスにさせる） ●相手チームのディフェンダーにプレスをかける ●ダブルマーク／背後のカバーをする	●フィードパスをブロックする／スライディング ●守備のテクニック →フリーにパスをさせない！＋ボールに仕掛ける ●時間をかけさせる／プレッシング（なるべく長く、効果的に）	第8章参照	第1,5,12章参照	第1,5,12章参照	●基本形式 5対2／5対3 ●3対2 ポジショニングプレー＋フォワードへパスする ●ディフェンダー：数的優位の状況での攻撃、一つの大きなゴールとライン（ディフェンダーはラインを守備し、フォワードはゴールを守備する）	●4対4 ・狭いフィールド →ラインサッカーをライン全体で ●守備対攻撃 ・ディフェンダーは大きいゴールへ＋フォワードはラインサッカー
ミッドフィルダー ●ビルドアップ／相手の攻撃の妨害 ●ボールを奪い取る	●「かたく」マークする！ ●フリーのパスをさせない ●互いの距離を詰める（構成！） ●背後のカバー（ダブルマーク） ●フィードパスを防ぐ ●よい守備的なポジショニング	●守備のテクニック →ボールを奪う／プレス →ブロック：インターセプト／身体をボールと相手選手との間に入れる →ブロック／フィードパスを防ぐ	第8章参照	第1,5,12章参照	第1,5,12章参照	●5対2／5対3 ●3対2／4対3 ポジショニングプレー＋フォワードへパスする ・センターを通して ・ウィングを通して	●3対3／4対4＋中立の選手 ●6対6／8対8 ・ラインサッカー（ライン全体）
ディフェンダー ●シュートを防ぐ ●得点を防ぐ ●ボールを奪い取る	●得点を防ぐ ●ボールキープになるようにする（ファウルなしで！） ●ダブルマーク／背後のカバーをする ●マークは外さない	●守備のテクニック →ボールを奪う／プレス →ブロック →スライディング →ヘディング（守備的）	第8章参照	第1,5,12章参照	第1,5,12章参照	●1対1 ●2対1 大きいゴールへ ●4対3 大きいゴールへ＋フォワードへパスする ●8対7／8対6／7対5／6対4 攻撃対守備 ・大きいゴール＋ライン ●3対2／4対3＋フォワードへパスする ●ウィングを通してポジショニングプレー＋フォワード／ゴール前にディフェンダー	●4対4 ・2つの大きいゴール（シュート＋ヘディング） ●8対8 →大きいゴール＋ライン／フォワードへパス
キーパー ●得点を防ぐ ●ボールを奪い取る	●ゴールを守備する ●ボールキープになるようにする		キーパー第10章参照	キーパー第10章	キーパー第10章	●フォワード：キーパー ●1対1＋キーパー ●すべてのポジショニングプレーをゴールに向ける（数的優位の状況）	●攻撃：守備 ●少人数と大人数のミニゲーム

第7章 テクニック

「前段階」での基本テクニック

　Fジュニアの子どもたちは、まずボールの反応に慣れなければなりません。それは、できるだけ数多くボールに触れ、ボールがどのように反応するかを経験することによって可能となります。

　こうして得られるボール感覚は、非常にゆっくりと発達してきます。それは、選手たちが、ボールを特定の場所に進めなければならないときや、ボレーで蹴らなければならないとき、どのくらいの強さでボールを蹴らなければならないか、どのように立っているべきか、あるいは、全速で走っているにもかかわらず、ボールを足元に置かなければならないときどうすべきか、等々を自分で体験しなければならないからです。

　サッカーテクニックの発達は、このように始まります。私たちは、年少の子どもたちのボール感覚が発達していくのにふさわしい練習形式を考えてきました。年少の子どもたちのサッカーが形成されていくようなトレーニング例として、「街めぐりごっこ」について詳しく説明していきましょう。この街めぐりごっこでは、30m四方の正方形のスペースが必要となります。さらにスペースの四隅に、5m×5m、人数が多い場合には6m×6mの正方形のスペースをつくります。

　この小さいほうの正方形のスペースに、街の名前をつけます。たとえば、フローニンゲン、マーストリヒト、アムステルダム、デンハーグとしておきましょう。クラブの近くにある町名をつけると楽しいかもしれません。

　すべての選手にボールを与え、全員を4つの街に振り分けます。それから、年少の子どもたちの「ボール感覚発達」という目標にかなうように、いろいろなことができる構成にしていきます。

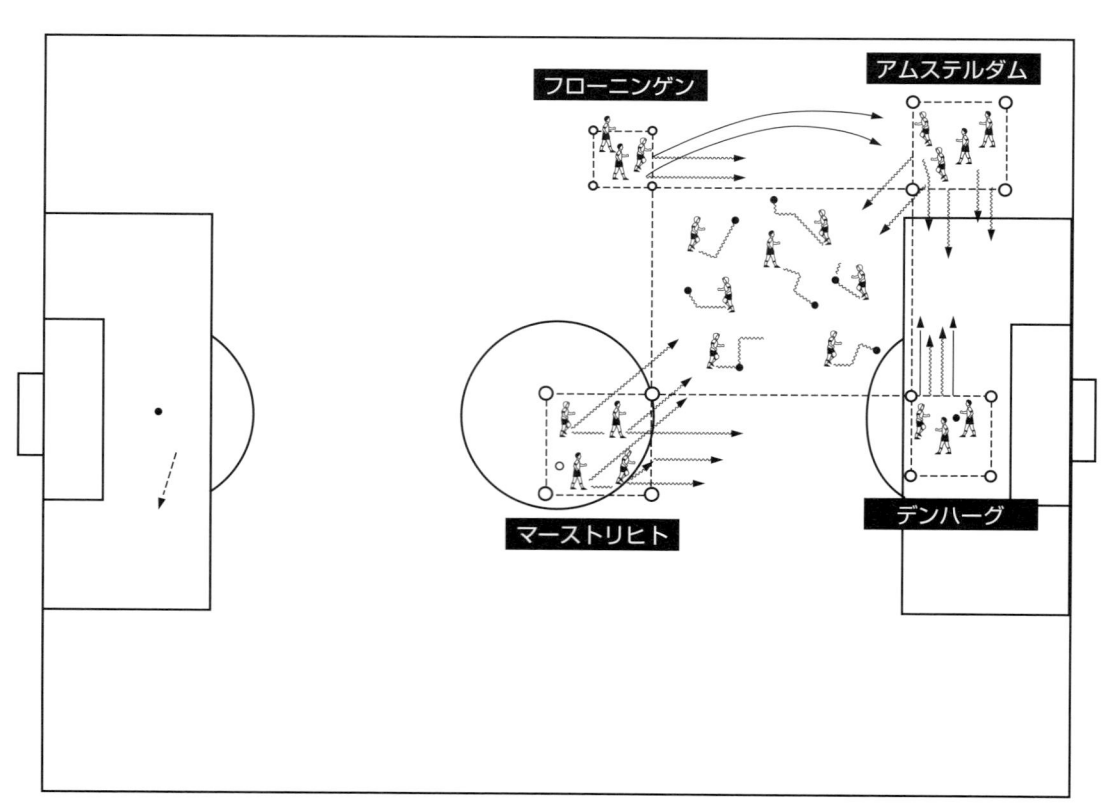

街めぐりごっこの実際

さまざまな方法で、子どもたちを街から街へと旅させていきます。どのようにするかは、みなさんが自分で決めてかまわないのですが、ここで、いくつかの例を示しておくことにしましょう。

1. 選手たちは、あらかじめ決められた街から街までの道筋を通って、自分の町に戻ってくるまでドリブルして行きます。

- ゆっくりとしたテンポにしたり（「急ぐ必要はないよ」）、少しテンポアップしたり（「みんな、少し急げ、というのも…」）もできます。

- あとになって、選手たちにどの方角へ行きたいか決めさせます。その場合、「例の道筋を通っていくこと」と、「互いにぶつからないようにすること」をはっきりさせておきます。

- 街と街との間では、何回ボールに触っていいかといった回数を決めてもよいでしょう。「できるだけ多く」とした場合には、ボールをできるだけ身体の近くに置くという感覚を発達させることになるでしょうし、「できるだけ少なく」とした場合には、距離の感覚を発達させることになるでしょう。

- 最後に、さらに段階を進めて、選手たちに1回ボールを蹴っただけ（シュート）で、次の街に行くようにしてもよいでしょう。その場合、「全員が同じ方向に向かって蹴る」と注意をしておきます。余計と思われるかもしれませんが、決してそうではありません。

これらのバリエーションを使って、好きなように組み合わせをしてもかまいません。その際、大人にとって比較的短いアドバイスで済んだとしても、6歳の子どもにとっては、まったく未知のことでわからないかもしれませんので、注意が必要です。街めぐりごっこの可能性は、バリエーションを使って、時間が長くなっても飽きさせないということです。というのも、今までは道だけを使ってきたからです。

「誰が最初にアムステルダムに着くかな？」

2. 四隅と、それぞれの街を結ぶ道の中のスペースを水ということにすると、またいろいろな可能性が出てきます。

- 対角線を使うこともできます。たとえば、選手たちは、街から街へと好きなように移動できます。それは道を通っていっても、水の上を通ってもかまいません。道を通っていく選手は、ゆっくり進んでいってもよいのですが、水の上を通っていく選手は街に早く到着しなければなりません。というのは、沈んでしまうからです。もし、別の話をつくって説明したならば、まったく逆にしてもかまいません。

- すべての選手たちが水の中を泳ぐときは、互いにぶつからないように気をつけます。図の上では、みんなできるだけ早く自分の街に戻っています。

- すべての選手たちが、同時に、反対側にある街に泳いできます。誰が一番速く泳ぐでしょうか？

COACHEN VAN JEUGDVOETBALLERS

- 水の中では、何人かの選手はボールを持たずに泳いでいます。残りの選手たちはみな、自分の街にいます。街にいる選手たちは、ボールを持って、道を通ってほかの街に旅していきますが、泳いでいる選手にタッチされるかもしれません。ここで、コーチは点数をつけることができますが、タッチする選手とタッチされる選手を交代することもできます。Ｅジュニアの子どもたちにとっては、街めぐりごっこを別のやり方でやることもできます。

- たとえば、この同じ練習方法に別の意味合いを持たせることもできます。ごく簡単な変更方法は、「街めぐり」から「国めぐり」に名前を変えることです。大人にとっては、大した変更でないように思えますが、子どもたちにとってはそうではありません。さらに段階を進めるならば、スペース全体をお城として、四隅を塔とし、中庭を設けます。コーチ自身が別のお話をつくって、面白い練習方法を考えてもよいでしょう。

- 練習方法に小さな変更を加えることもできます。Ｆジュニアの２年目の選手たちには、しばしばスペースを少し広くすることになるでしょう。たとえば、40m×40mといったふうに。そうすると、この中庭の部分でできる面白い練習方法が出てくるでしょう。

デンハーグ 塔 フランス	道			アムステルダム 塔 オランダ
道		水 中庭		道
	水 中庭	宝島 城の住人	水 中庭	
道		水 中庭		道
マーストリヒト 塔 イギリス	道			フローニンゲン 塔 ドイツ

　街めぐりごっこや国めぐりごっこを使うときには、道や水を使って、スペースの真中に島をつくってもよいでしょう。たとえば宝島です。海賊の話をつくってもよいでしょう。

- Ｆジュニアの幼い選手たちには、点数をつけるよりも別の練習で。

　ここまでの内容を見て、スコアを上げる、得点（ゴール）するといったテーマがそれほど強調されていないと感じるかもしれません。もちろん、スコアを上げることは、「サッカー１年生」にとっても重要なのですが（サッカーでは常にそうです）、6、7歳の子どもたち自身は、他人と比較されたり競争したりすることに、まだそれほど興味を覚えません。しかし、8、9歳になると、次第に興味を示すようになりますので、街めぐりごっこのさまざまな要素に、点数を数えて評価することを導入してもよいでしょう。

　もちろん、みなさん自身が街めぐりごっこの中で、互いに競争させるような要素や遊びを創造しても面白いと思います。

　街めぐりごっこのような練習方法で、幼いサッカー選手のためにさまざまなことができることが理解いた

自分で着替えられるかな？

だけたと思います。コーチ自身で創造しようとしている同系の遊び、練習方法でもそのようになっているはずです。それに反対するつもりはないのですが、しかしながら基本は同じでなければなりません。

　今一度、繰り返しますが、ボール感覚を発達させ、サッカーの状況の中でボールのハンドリングを向上させなければならないのです。つまり、できるだけ多く、選手一人ひとりがボール1個を持つということです。

　街めぐりごっこでは、ドリブル（スローテンポ、ハイテンポ）、ボールをもらう、パスする、シュートするといったような、テクニカルな面での基本技能すべてを取り上げられるようになっています。コーチのみなさんが、そのバリエーションや別の練習方法を思いついたとしても、そうした基本技能が間違いなく盛り込まれていなければなりません。ジュニアクラスの子どもたちに、そうした技能を個別に練習させたいという気になることも理解できます。変化に富んだ遊びの中に、試合形式をプレーすることと何らかの関連があれば、オランダサッカー協会（KNVB）としては、そのことに異議を唱えるつもりはありません。しかし、次のことに留意してください。

1. 特にFクラスのジュニアたちに、どのような練習かをやって見せてください。その子どもたちは、上手に真似することができる年齢なのです。説明しながら、やって見せることが必要ですが、どう動くかを示すことが一番重要です。それで子どもたちは、何をしなければならないか、どのようにしなければならないか理解するようになるはずです。そして、プレーの意図もはっきりさせなくてはなりません（指示：反対側に速く、できるだけたくさんボールに触るなど）。

2. 基本技能を個別に練習させたいときには、選手たちに一度に2つ以上の基本技能を同時にやらせないようにしてください。そのたびごとに、一つだけを選び出して、選手たちにしばらくそればかりやらせて、その後、また別のプレー形式、もしくはミニゲームにつながるようなことを選び出すのがよいでしょう。

　この練習のやり方を短時間で行ってください。選手たちは、どのようにしなければならないかをしばらく見て、ほかの負荷がない状態で、何回かその動きを練習する機会を得て、それから実際にボールに向かうことができるようにするのです。練習したことをコントロールすることを学ぶというのは、その後、さらにサッカーをすることによって、実践に取り入れられるようにならなければなりません。

3. 6歳の子どもたちは、思った方向にボールを蹴ることができないか、もしくは、ほとんどできないといってよいでしょう。こうした選手たちにとって、ボールが唯一の負荷となるようにしなければなりません。Fジュニアの「2年生」には、もう少し負荷を与えてもよいでしょう。たとえば、ボールをポールとポールの間（その幅と距離をどうするかは技能によります）、もしくは、大きいゴールの角（コーンを立てる）に蹴るなどです。

保護者が列をなして盛況ですが…

第7章　テクニック　**109**

基本テクニックと宿題

　先述したのは、6歳以上の幼い選手たちは、ボールを上手に蹴ることができないということでした。ボールは、彼らにとって、最も大きな負荷、つまりサッカーが難しくなる要素なのです。ですから、Fジュニアでは、第一にボールに慣れるようにしなければなりません。軽いボール、ゴムボール、スポンジボール、バレーボールを使って、ボールに慣れさせるとよいでしょう。これは単純な遊びを通して可能となります。ボールを持つ、もらう、投げる、止める、遠くに蹴るという感覚です。

　少し長くサッカーをしていると（7歳以降）、サッカーらしくなってきて、これらが楽々とできるようになります。こうなると、基本技能も次の段階に進むことになります。スローテンポ・アップテンポのドリブルです。いろいろなバリエーションをつけて、ボールをドリブルしながら走り、徐々にではありますが、ボールをインサイド・インステップキックで蹴ることも上手になっていきます。

　そして、さらにはヘディングをやってみようとするでしょう。選手たちが11歳ぐらいになるころには、そこそこのレベルでリフティングできるようになってきます。

　ジュニアクラスの幼い選手のトレーニングでは、テクニック発達にポイントが置かれることは確かなのですが、週に1〜2時間のトレーニングでは、選手たちがテクニカルな面での技能を習得することはまず無理でしょう。もう少し時間が必要です。

　この点について、リヌス・ミヘルス氏は、次のように言っています。

　「ストリートサッカーがいたるところでプレーされていたころには、来る日も来る日もサッカーをしていました。サッカー狂はそれでも満足していませんでした。ボールが1個あって、ジャージか木か窪みか壁があれば、それをゴールにして、通りがすいていれば、そこでプレーを始めることができました。友だちがいなくて暇なときは、キックの練習に時間を割いていました。別に問題なく、大人にきてもらうことなく、プレーをマスターしていました。一人ひとりのやり方は違っていたかもしれませんが、母なる自然が何とかしてくれたのです。とにかくやってみて、そうして学んでいったのです。考えることなしにやってみたのです。ボールのハンドリングについて話すならば、ひたすら繰り返すということになるのですが、ボールを身体の一部として、読み書きできるようにするのです」

　ボールを本当にコントロールするためには、今日でも多くの時間が必要なのです。

　そうした時間は、クラブにはありません。ですから、家でもサッカーをしてもらわなければなりません。ユースのコーチが、選手たちに「宿題」をしたいと思うぐらいに熱中させることに成功したならば、かつてのように、子どもたちはもっとサッカーをするようになるでしょう。テクニックの向上は、トレーニングや宿

テクニックを使うことに集中

題の中で、さまざまなやり方で達成されることになるでしょう。そのいくつかについては、すでに説明したとおりです。

クーバー方式

　ウィール・クーバー氏は大変熱心なコーチで、選手育成のために、世界のトップ選手たちのテクニックを取り入れた人です。クーバー氏は、サッカー選手のもつべきテクニックは、彼がサッカー選手として（チームや味方選手のために）もっていた価値に限定されるという考えに基づいて本を書きました。

　彼は、その本に書いてあるすべての動きをマスターした選手は、ほとんどのようなサッカーの状況でも対処できるであろうという考えのようです。

　本書の内容をご覧いただければ、ＫＮＶＢは彼の考えとは違うということが明らかでしょう。クーバー氏は、パスの動きがどうかということだけに注意を払い、サッカーをそこに限定してしまっているのです。彼は、サッカーの試合で常にすばらしくプレーしていくために、サッカー選手が克服しなければならない、その他すべての難しくなる要素や負荷を無視してしまっています。

　また、ロマーリオやベルフカンプのようなトップのサッカー選手は、単によいテクニックということ以上のサッカーテクニックを有しているというのも確かです。つまり、クーバー氏は、サッカーの負荷から、一つの側面を取り出し、その側面、つまりテクニックについての学習プランをつくり上げたのです。

　要するに、クーバー氏は、ボールを使った動きを学んでいくことで、選手たちはサッカーをすることをよりよく学んでいけると言っているのです。

　しかし、ＫＮＶＢの言わんとすることは、サッカーをすることで、選手たちはサッカーをすることをよりよく学んでいけるということです。というのも、サッカーの試合では、単にテクニックの質ばかりでなく、それ以上のものが選手に要求されるからです。インサイトとコミュニケーションが、サッカーのプレーにとっての本質的な側面なのです。しかし、そうだからといって「クーバー方式」に意味がないと言っているわけではありません。

　テクニックはサッカー選手にとって重要であり、クーバー方式の練習用具を使うことは、目的（テクニカルな動きを学ぶこと）の中で、よい結果につながるかもしれないということが実践から知られています。こうした理由でザイストビジョン（オランダサッカー協会の公式見解）の中では、選手一人ひとりの発達に貢献する限りにおいて「クーバー方式」を採用しています。

　重要な基本事項は、ほかの構成要素についてもいえるのですが、選手たちが積極的にやるということです。楽しくなければなりません。それが、何度も何度も繰り返し続けるための一番大切な要素なのです。こうした大きな流れの中で、この方式は次のように用いられます。

ウォーミングアップの最中は、トレーニングウェアを着てください

第7章　テクニック

COACHEN VAN JEUGDVOETBALLERS

■ウォーミングアップの一部として

これを行うときには、2つのことに注意しなければなりません。選手たちがすでに練習した練習形式や動きだけを使ってください（そうすると、動きの例が示されるので選手たちが、じっとしていることはありません）。そして、できるだけウォーミングアップの終わりにこの方法を使ってください。そうすると身体が十分に暖まります。

■トレーニング中のメニューの合間に

ユースサッカーのトレーニング中は、何もすることがなくて、選手たちがじっとしていることがないようにしなければなりません。しかし、ハードなメニューの合間に、短い休憩時間をあえて設けなければならないでしょう。その休憩時間に、選手たちがどの程度疲れているかにもよりますが、クーバー方式のレパートリーを採用します。ミニゲーム、もしくは試合形式を続けて行う場合、その合間にクーバー方式を採用することもできるでしょう。

■宿題として

多くの選手たちは、試合やクラブでのトレーニング以外にも、1人もしくは友だちとよくサッカーをしています。たとえば、放課後に近所の広場で、土日などに、1軍がプレーしているとき、学校の休み時間、長期の休みに、サッカーをしているでしょう。時には、子どもたちはミニゲーム形式でやっているかもしれませんが、目的もなく何となくプレーしているケースも多々あります。そうしたときにクーバー方式の動きを練習することには意味があるでしょう。クーバー方式の動きを、自由課題として宿題に課すことには何の問題もないと思います。

■ユースサッカーの合宿などで

ユースサッカーの合宿には、ＫＮＶＢやその他の組織が主催する公式の合宿ばかりでなく、各クラブ自身

完璧にできるようになるには練習、練習また練習です

が開催する合宿やミニキャンプも含まれます。そのような合宿では、トレーニングに費やす時間がたくさんとれるので、クーバー方式の練習を採用することもあるでしょう。

クーバー方式について、最後につけ加えておきます。
- この練習形式は、選手たちがテクニカルな面での技能を十分に備えている場合にのみ採用しましょう。ボールをまっすぐに蹴ることができない選手に、相手を抜いていく動きを練習させることはあまり意味がありません。
- 子どもたちは操り人形ではありません。この「練習方法」の中では、子どもは自分たちの動きの「意味」を知りたがるでしょう。ですから、その動きを強制的にやらせないでください。動きに「意味」を与えてください。たとえば、切り込んでいく動きに90度のターンをつけるのは、選手がオープンスペースを探しに行って、走る方向を瞬時に変えるために必要なのです。

サッカーテニス

サッカーテニスは、先ほどの基本形式とはまた別の練習方法です。それにもかかわらず、フットバレー、もしくはサッカーテニスは、多くのトップクラスの選手たちによく知られているスポーツです。

どの程度のテクニックがあるのか見せるのに理想的なスポーツで、ヘディング、リフティング、キック、空中でのプレーがあります。熱くなるという楽しみもあります。そういった理由で多くのトップコーチが、トレーニングキャンプでのトレーニングの合間やシーズン前後、練習メニューにサッカーテニスを取り入れています。

雰囲気もよく、テクニックの向上や維持に大変ふさわしいものです。トップクラスの選手ばかりでなく、アマチュアやユースの選手たちも楽しんでプレーできるはずです。ネットがあったほうがよいのですが、ぴんと張ったワイヤがあれば、それだけでプレーできます。

ここでルールを説明しましょう。ただし、選手のレベルや年齢にふさわしいものでなければならないことに注意してください。

Eジュニアからこのサッカーテニスを採用してもよいのですが、何回ボールタッチしてもよい、初めは手で投げ入れる、ボールが地面にバウンドしてもよい回数を多くするなどのルールを決めるとよいでしょう。

まとめ：どういったルールを採用するかは、選手やコーチ自身が決めることができます。その場合の基本コンセプトは、プレーができるだけ長く、中断することなく続いていくことです。ちなみに、このサッカーテニスは、室内でプレーするのにも理想的なスポーツです。

■どのようにプレーを進めるか

1. 3〜4人からなる2チームがプレーする

2. プレーは、自チームの最終ラインからのボレーキックで始まる

3. 最初のボレーキックは、ダイレクトでネットを越え、相手チームのサービスラインの前に落ちなければならない

4. サービス権をもっているチームが得点できる

5. サービス権をもっている場合に、ヘディングかキ

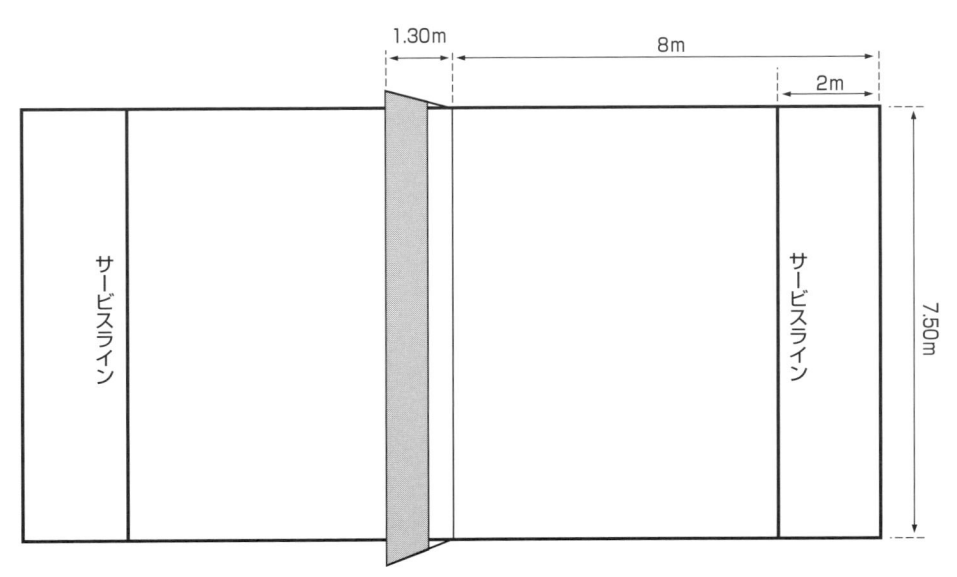

COACHEN VAN JEUGDVOETBALLERS

ックで、1点または2点、得点をあげることができる

6. レシーブする側のチームは、サービス権を取り戻すことができるだけである

7. 1セット15点制で、2点差以上にならなければ、ジュースにする

8a. 試合は2セット先取で終わる。セット終了後はコートチェンジする

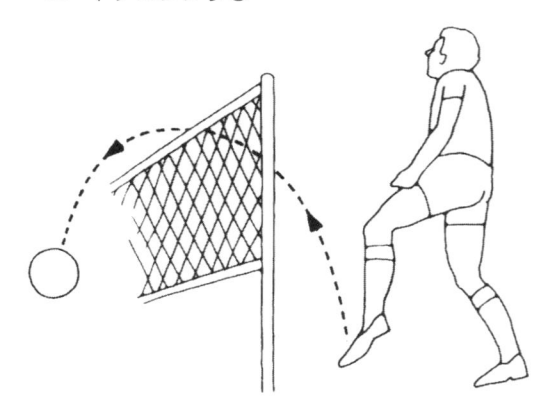

8b. 時間制限をつける

　このスポーツで最も大切なことは、コーチが、プレーが続いていくために必要なルールを準備しておくことです。

　低年齢の選手たちにとっては、年長の選手たちとは別のルールを適用します。

　技能の低い選手たちには、技能のある選手たちとは別のルールを適用します。

試合ごとに、別のルールを設定する

　大会においてもそうですが、どのチームが勝ったかが問題であって、どういったルールを適用したかは問題ではありません。

適用例
- キックインで直接、得点となる・ならない
- ボールをトラップしてよい・いけない
- プレーヤーごと・チームごとで、3回バウンドしてよい

ネットがあれば、どこでもサッカーテニスができます

第8章　基本としての4対4

4対4はサッカーそのものである

　4対4は、ユースサッカーの学習過程で最も重要なモットーとして、看板ともなりうるものです。

　すなわち、「サッカーはサッカーをすることで学ぶ」のです。しかし、子どもにとって、実際に11対11の試合形式でプレーすることでサッカーのプレーをマスターしたり、プレーを発達させていくチャンスは非常に小さいことは明らかでしょう。

　実際の11対11の試合は、子どもたちにとって、全体が一目では把握できません。プレーする中でしっかりとした役割を果たす機会をほとんど得られず、ボールに触ることもそう多くはありません。要するに、実際にプレーに参加する機会が少なすぎるのです。

そのボールをキープしてうまく内側へ

コーチング

　7歳の子どもたちでも、フィールドにあるスペースを最大限に活用し、適切な瞬間にボールを相手から奪い返すことができるようになればよいと考えていますが、実際には、その年齢の子どもたちには厳しすぎる要求かもしれません。

　子どもたちのサッカー能力に対して、あまりにも高すぎる要求や期待をしてはなりません。概略的ではありますが、4対4（もしくはそこから派生した形式）でのコーチング・トレーニングの中で強調されるべきポイントについて、次に示す区分から話を進めていきましょう。

■ジュニアクラスに対して

- テクニック面（パス、ドリブル、ボールをもらう、遠くに蹴るなどのやり方）について指示や例を示す。

- ボールのコントロール、ボールを思いどおりに扱うことにポイントを置く。

- 人数構成、フィールドの大きさ、ゴールの大きさ、適用されるルールは、テクニカルな面での技能、すなわち、ボールをコントロールすることをうまく発達させる機会ができるだけ多くなるように調整する。

- ボールコントロールを学ぶことのほかに、段階を踏んでその他の負荷（難しくなる要素）を学習過程に盛り込まなければなりません。たとえば、ゴールを目指すこと、より狭いスペースでプレーすること、短い時間でプレーすること、相手選手が多い中でプレーすること、チームの人数を多くしてより難しい状況でプレーすることなどです。

子どもたちがそのようにプレーできるようになるまでには、とりわけ、どのように、最小限の回数で、ボールを蹴ったり止めたりするか、どのようにボールをドリブルするかを学ぶことになるでしょう。その中で基本技能を正しく指導しながら子どもたちを教えていくことになります。

■シニアクラスに対して

- テクニック面での指導は、状況によっては、要求がある限り必要なものではありますが、そのほかプレーの意図の中でのインサイトに必ず注意させるようにしなければなりません。

- ボールコントロールは、個人差はあるものの年々発達してきますので、テクニカルな要素をプレーの意図に役立たせるように、十分注意させなければなりません。

- プレーにおける、いわゆるインサイトの側面が方法論的な道筋（論理的な連続性）や体系的な道筋（最初に何をし、次に何をし、そのあとに何をするか）に沿って、発達していくようにしなければなりません。

- この段階で最も重要な柱は、サッカーにおいては試合に勝たなければならず、そのためにはある種の雰囲気づくりや心構えが必要であるという認識を伝えることです。同時に、チーム内での役割もはっきりとさせなければならないでしょう。

- プレーを読むことを発達させなければなりません。つまり、選手たちがサッカーの状況を把握することを学び、経験に基づいた解釈・判断をして、その対処として正しい結論を出すということです。

ここでもまた、選手たちはたとえ同年齢であっても、どのようにサッカーをプレーしているか、サッカー選手としてどう見えるかに、大きな差が出てきます。こうした差は才能や資質によるばかりでなく、サッカー

コーチはプレーにおけるインサイトの発達を助ける

が彼らの人生の中でどのような位置を占めているかにもかかわっています。さらに、それによって、技能、興味、集中力、規律、反応などに大きな差が生じてきます。

　コーチにとってはさらなる重荷（難しくなる要素）かもしれませんが、こういったことは、クラブにおけるサッカーの現状を考えれば日常茶飯事の事柄でしょう。

まとめ

　4対4は、かつてのストリートサッカーを面白くしていた要素をすべて取り込んでいます。つまり、これは試合なのであり、数多くのボールコンタクトがあり、得点もたくさん入るのです。サッカーにおけるプレーすべての意図が、前面に出ています。

　老いも若きも、4対4のプレーを信じられないくらいの楽しいサッカーにすることは簡単でしょう。ま

ボールをめぐる競り合い

さしくこのミニゲームは、たとえば３対３や５対５よりもずっとサッカーを学ぶにはふさわしい形式です。

そこでは数え切れないくらい多くのサッカーの状況に対処し、解決しなければなりません。１人の選手がさぼって抜け出すことなど、できるはずもありません。そうすれば、そのチームは３対４という非常に不利な状況になってしまうからです。

選手たちにとって４対４は目標そのものです。選手たちは「ミニゲームに勝ちたい、できるだけ上手にプレーしたい」と思っています。しかし、クラブの経営陣を含めて、監督・コーチなどの指導者は、このプレーを手段とみなすべきでしょう。つまり、クラブを宣伝するための新しいプレー形式とみなしてはならないのです。実際のリーグ戦での試合が待っているのですから。

４対４ではないもの

過去数年の間に、４対４はいくつかのケースで、特に専門的知識のない指導者によって手段から目的にされてしまいました。つまり、クラブやコーチ、指導者、保護者たちが大きな犠牲を払ってまで宣伝しようとすることの道具となったのです。子どもたちは、大人たちからパフォーマンスを強制される道具として使われるようになってしまったのです。

４対４は、クラブが参加する通常のリーグ戦（F、Eジュニアにとっての７対７、それ以外のカテゴリーでの１１対１１）と並ぶ、さらに別のリーグ戦の要素として考えられたわけではありません。クラブ対抗戦として毎週行われる試合こそが、試合の中心であり続けるべきなのです。

ヨハン・ネースケンス氏がそばにいてくれて、何でも自分でできるようになるでしょう

第８章 基本としての４対４

COACHEN VAN JEUGDVOETBALLERS

つまり、その試合に向かって努力し、練習し、トレーニングするのです。ここでは、４対４のプレーは、単なる手段にすぎません。もし４対４が最後の最後まで勝敗だけに限定され戦い抜くことに用いられるならば、本来の目的は失われてしまいます。その目的とは、ユースサッカー選手がサッカーをよりよく学んでいくために、コーチがサッカー独自のコーチングができるような、一目でわかるサッカーの状況を提供することです。

子どもたちは特定の仕事に専念するように駆り立てられるべきではなく、子どもたち独自のサッカーを目指すようにならなければなりません。それは、少人数の選手で、小さいフィールドの中で、どういうプレーの可能性があるか十分わかる状況になっており、自分で特定の状況を理解し最善の解決法をつくり出すことを発達させることができるかどうかによります。

コーチ・指導者の役割は、子どもたちをコルセットで締めつけ、コーチの考えるプレーやパフォーマンスの中でのある種の操り人形とみなすことではなく、どのように自分でよりよい解決法を選べるようになるか、に向けられることになるでしょう。

４対４のプレーは、子どもたちによる子どもたちのためのものです。かつてのストリートサッカーでは、大人の役割といえば、花壇がボールで何回もめちゃくちゃになったとき、ボールを取り上げてしまうことくらいでした。ちなみに、そうならないようにすることも、テクニカルな面での技能をいかに発達させるかにかかっていました。

もし、あなたにサッカーの経験がなくて（これ自体は悪いことではありません）、どの場面でサッカーのコーチングをしたらよいかわからず、それで適切なコーチングとしての注意をすることができないならば、大人たち、たとえばコーチ、指導者、保護者は、コーチの仕事に干渉せず、観客として黙って見守っているのが最善だと思われます。

それでも、何としても子どもたちにかかわりたいと希望するなら、コーチの役割が体系的かつ方法論的に確実に習得されるように開設された講座を受講するしかないでしょう。

ＫＮＶＢは、注意を払う必要のあるユースの手助けをしようと思う人のために、ユースコーチ・指導者養成の講座を開講しています

よいコーチというのは、子どもたちの置かれている状況（年齢、資質、動機）をよく観察し、４対４という手段を活用して、実際のサッカー（７対７や１１対１１）の特定の側面をさらに発達させていくことをよく理解している人のことです。そして、４対４から派生したあらゆる応用形を、特定の学習目標を達成するためにしっかりと活用できる人でなければなりません。

ですから、コーチは実際の試合で次々と生じてくる状況を、４対４のプレーでそれに該当する状況に置き換えることができなければなりません。決して、４対４での試合結果を追求することに犠牲を払うようになってはなりません。大人にとっては重要なことかもしれませんが、勝ち負けは４対４ではそれほど重要ではありません。

なぜ正しい4対4なのか

　どのような4対4にするかの選択は恣意的ですが、それでも、背後には一つの意図が隠されています。

　今日のユースサッカーの学習過程における基本コンセプトは、常にサッカーをすることになるようないくつかの基本形式を選ぶということです。先述したように、こうしたビジョンの宣伝と普及のための標語があるべきで、その内容が一瞬のうちに明らかになる象徴的なものが4対4なのです。

　ミニゲームがそれに最もふさわしい形式です。そこには、サッカーに必要なものがすべて含まれています（テクニカル（T）・肉体的な技能、プレーにおけるインサイト（I）、味方・相手選手とのコミュニケーション（C）、つまりTICと呼ばれるものです。第1章・p.9参照）。

　基本的な特徴をできるだけ実際の試合に近づけ、かつ、それを練習で監視するために4対4が選ばれたのです。この4対4には、サッカーにおけるプレーの重要なポイントが含まれています。

　1チーム4人ということですから、フィールドの縦横の大きさを適宜変えていくことが必要となります。サイドにパスするときには、横パスがフィードパスの条件として機能するようにします。同様に、横パスやバックパスによって相手選手をそのポジションから離れさせたあとに、フィードパスを出すことができるでしょう。この場合でもサイドにパスすることが機能し、実際の試合でも使えるようにするのです。

4対4は実際の試合の縮小版

　フィードパスにつながる横パス、また、横パス・バックパスにつながるフィードパスは機能的であり、実際の試合そのままを反映しています。3対3や5対5といった別の人数構成では、似たような状況は生じてこないというわけではありません。しかしながら、3対3では、そういう状況になるのは少ないはずです。

　同時に、その人数構成（1チーム3人）では、プレーの構成も別のものになってしまいます。横パスがフィードパスの条件として機能することを活用すること（つまり学ぶこと）の可能性は低くなります。常にパスする方向が少なく、プレーが1対1の競り合いになるゲーム形式になってしまうでしょう。

　それに対して4対4では、すべての方向にパスできる可能性があります。5対5の場合、3対3ではできなかったプレーはできます。しかし、3対3のときと比べフィールドに2人多くいますので、フィードパスと横パスとの機能が、（コーチングや学習の観点から）あまりはっきりしなくなってしまいます。そして、複数の選手が同じ役割を果たして、互いに邪魔になるような状況が数多く生じるでしょう。そうなるとプレーは混沌としてしまい、コントロールできない様相を呈してきます。つまり、うまく組織されない状況です。ですから、4対4以外の形式では効果がないとはいえないと考えがちですが、そうではありません。

そこでボールが欲しいんだ！

コーチによってそのプレー形式に属する特別な要素が識別されたとき、正しいコーチングによってそのような形式を、非常に有意義に活用することとなります。

それは4対4の形式以外にも妥当することでしょう。本書では、この点についてさらに掘り下げていきます（付録：p.215参照）。

4対4は実際の試合の縮小版です。実際の試合と同様の状況が短い時間の中に集約され、子どもたちはフレキシブルにこうした状況に対処・解決することを学んでいきます。

状況は常に変化します（時間・タイミング・スピード・方向などは常に移り変わります）。しかしながら、プレーの構成や意図は常に同じでなければなりません。

サッカートレーニングをフレキシブルに行うことはとても重要です。これは、たとえば、器械体操のような毎回同じ運動をしなければならないほかのスポーツ種目とは好対照です。ですから、サッカーの状況を読むことは非常に重要となってきます。

次々に生じてくる状況を把握することは、自チームがボールキープしている場合であれ、相手チームがボールキープしている場合であれ、正しくボールハンドリングしたり、正しい対処法や解決法を選択したり、求められるテクニカルな面での技能（ボールハンドリング、ボールのスピード、パスの方向、ボールに仕掛けるタイミング）を発揮したりするための主要な条件となります。

4対4およびその他すべてのミニゲームやその応用形では、さまざまな状況が訪れます。すべての選手がかかわり（ただ邪魔になっているだけかもしれませんが）、多くの繰り返しができることが保証されています。そのうえ勝敗の決するゲームなのです。子どもたちは喜んでやりたがるでしょう。

4対4のルール

ユース選手のためには、ジュニアクラスかシニアクラスかによって、ルールに関してはっきりとさせておく必要があります。

4対4には、プレーの意図が実現されうるようないくつかのルールを適用することになります。プレーが常に続いていくようにしなければなりません。

例：ゴールが小さくて1人の選手で十分に守れてしまうとき、ボールキープの際の重要なプレーの意図である、得点をあげるということが達成できなくなってしまいます。このような状況では、特別なルールの適用が要求されます。ゴールを大きくして、得点できるチャンスが実際に生まれてくるようにします。

さらに、4対4の基本形に基づいたバリエーションについて説明しますが、そこでは、特にプレーの構成や別のルールを適用することで、別の練習目標が達成されるようになるでしょう。

どのようなプレーの構成をとったとしても、どのようなルールにするとしても、子どもたちにとっては、そうしたルールをしっかりと守ることが必要不可欠となります。それは、たとえば、ボールが外に出た場合です。

4対4では攻撃と守備の機会がよくめぐってくる

そうなると、相手チームのキックインとなります。ディフェンスの際のファウルは、相手のフリーキックになるということで懲らしめられるべきです（そうした状況によりよく対処・解決できるように指示します）。

コーチは、そのプレーの意図は何か、適用されるルール（だらだらとした話ではなく、短く簡潔に）、何が重要なのかについて、あらかじめ指示を出します。そのとき、選手たちが意図やルールについて約束を守っているか監視します。どのコーチにとっても、ルールをどう適用するかは、プレーの進め方に影響を与える非常に重要な手段であることが明らかになっていなければなりません。

たとえば、ボールを守ることや個人技によってフリーになることは、ある特定のルールを適用することでよく練習できるようになります。

コーチは、次に、その選手を前線にこさせるような状況を準備しなければなりません。常に注意深くなければなりません。というのは、常に、コーチングのタイミング・アドバイス・例を示す必要があるからです。

特に4対4では、できるだけルールの数を少なくするのが効果的でしょう。ルールは、プレーの流れを促進し、さらには、選手たちがどのようにプレーしなければならないかを明らかにさせます。選手たちがはっきりと理解していれば、トレーニングや練習時間の効率が上がっていきます。

ルール適用の基本コンセプトは、できるだけ多くサッカーをさせるということです。それは実際の11対11の試合では必要不可欠かもしれませんが、そのプレーの意図そのものにまったく関係がないような、さまざまなことに時間をむだに使用しないということです。プレーが止まったときには、できるだけ速やかに再開しなければなりません。では、実践について説明していきましょう。

■プレー開始

- センターサークルからキックオフ

- 得点後は、自チームのゴールからプレーを再開する（ドリブル）

■ボールがタッチラインを越えた場合

- スローインの代わりにキックインにする。というのも、すぐにサッカーのプレーに戻るためであり、味方選手がフリーのポジションに走っていくまで長く待っていてはならないからである（年長のカテゴリーでは、スローインにしたほうがよい。そうすれば、スローインやその場面での条件、たとえば、タイミング、味方選手のポジショニング、フェイントなどを学ぶことになる）。さらに、幼い選手たちにスローインをやらせるのは、何段階か早すぎる。プレーを続けていくのが難しくなる。やらせたいことは、数多くサッカーさせることなのだから。

- キックインの場合、相手は3m以上離れる

■ボールがゴールラインを越えた場合

- ゴールラインからプレー再開（ドリブル／キック）

このスライディングはルールにかなっているかな？

第8章　基本としての4対4

■オフサイド

- この基本形ではオフサイドなし。ただし、年長のシニアクラスや大人にはオフサイドを設けてもよいだろう。

■コーナーキック

- 子どもたちはショートコーナーを学ぶようにする。その際、相手選手は3m以上離れる。できるだけ速やかにポジショニングプレーに戻る。短い距離や小さいゴール前で高いボールは使わせないようにする。

■フリーキック

- 汚いプレー、オブストラクション、ハンドのようなファウルの場合、間接フリーキックとする。その場合、相手選手は3m以上離れなければならない（つまり、素早く蹴ることが可能であるから：すぐにポジショニングプレーに戻れる）。

- ボールがゴール前で手を使って止められたならば、ペナルティキックとなる。小さいゴールからの距離は15m、キーパーなしとする。選手がゴール前ではりついてあまり動いていない場合には、「ボールをキープしなければ得点できないぞ、ボールを奪い取りに行け」と指示する。

- ヒント：子どもたちに審判をやらせるようにすると、サッカーに注意を払い続けるようになる。コーチはあくまでコーチであるべきである。

コーチによる特別ルールの適用

- プレーが続いていかない場合、コーチはプレー再開に際して、次のようなルールを適用してもよい。
  - 最初のボールはフリーで
  - ドリブルで入っていくことを許可する

ボールをキープし続けるのが、攻撃できるようになるための最初の条件です

4対4では、決してルールを固定しないようにします。プレーに対して厳格なルールの適用を求めるFIFAのような組織はないのですから。

コーチは（年齢、素質、モチベーションやプレーへのインサイトなどの）面倒を見ている選手たちのインサイトに基づいて、プレーのルールについて正しい選択をすることになります。ですから、コーチはそのグループにふさわしいルールを適用して、選手たちが最大限にプレーできるような用意をしておかなければなりません。

例：選手たちがボールを奪い返すことにそれほど熱心でなく、常にゴール前にはりついている状態が見出される。

コーチは、たとえば、ゴールを大きくして（または高くして）、選手たちが前に出てくるようにし、ボールに向かって守備するようにして、相手がシュートできないようにします。また、コーチングの中で、選手たちを刺激し、「なぜ」ということについてのインサイトを向上させなければならないでしょう。

それをまた、別の方法で行うこともできるでしょう。たとえば、状況を試合の一場面に設定することです。重要な試合の中で、残り1分、得点をあげれば、延長になるといった場面などです。

コーチは、指示や互いに話し合った結果、選手が想像できるようになった特定の行為（ボールを奪うことなど）に向けて奮起させるようなルールに、十分注意することになります。

4対4がクラブ間の大会や年齢別クラスごとの大会の一環としてプレーされるときには、関係者すべてに、あらかじめルールをはっきりと示しておくことが必要不可欠です。

そのような場合には、4対4は練習の手段であることはそれほど重要ではなく、クラブの活動として魅力的な形式だとみなされるでしょう。そうであるならば、よい結果に向けて努力することになります。

確かに選手たちにとって、勝とうというメンタリティーは望ましいものですが、そのためには取り決められたルールを守らなければなりません。

ルールに対処することを学ぶことは、ユースサッカーにおいて非常に重要な学習目標です。コーチや指導者は、選手を客観的に判断するために、大会や試合で勝つことと距離をとらなければならないでしょう。コーチはそうした大会の意味を判断できるようにならなければなりません。

コーチはトレーニングの状況を試合の一場面に設定します。そうしてみんなでやってみましょう！

4対4の内容

　人によって、サッカーのどういった部分を見るかは千差万別です。ある人は目立つ選手に目を奪われ、ある人は1人の選手がキックの際に同じ過ちを犯してしまうのを見るでしょう。そしてまた別の人は、選手たちの肉体的な可能性のみに注目しています。

　しかしながら、コーチの場合、ユースサッカー選手のパフォーマンス向上に興味があるならば、日々のコーチの仕事に必要な情報を取得することによって、より確実な練習構成や方法論に通じることが賢明であり、効果的です。

4対4におけるコーチの任務

A. サッカーの意図が何かを知ること
B. 選手たちが習得しなければならず、サッカーにおいて欠くことのできないテクニカルな面での技能（どのようにボールをパスするか、止めるか、ヘディングするか、ドリブルするか、第7章.p.101参照)の知識とインサイト（理解）
C. 正しいコーチとしてのアドバイスをする、正しい例を示す、子どもたちに何をさせたいか、させなければならないかということ（子どもたちの各年齢ごとの特色についての知識も必要）に基づいて、正しい練習形式を選ぶこと

■基本形式のバリエーション

　4対4のプレーは、ユースサッカーの学習過程における唯一の練習形式ではないと何度も言ってきました。6歳からサッカーを始めたばかりの子どもたちは、まず何よりも基本テクニックをコントロールすることを学ばなければなりません。

　換言すれば、そうした子どもたちはボールを思いどおりに扱うことを学ぶ必要があります。これが何にもまして重要な前提条件です。ボールをまったくコントロールできないならば、どのようなプレーも行うことはできません。ボールがどのようなものか、どのように転がるか、ボールを蹴るとどういう感じか、ボールを身体の近くでキープするとどうなるかなどを、子どもたちが学び終わったとき、基本形式、つまり4対4の中で、すでにあるテクニカル面での技能を向上させることに集中的に取り組むことが意味を持つようになるのです。サッカーを学ぶ中で、ボールをコントロールすること以上の多様な側面に取り組むようになります。ボールをコントロールすること、ボールを思いどおりに取り扱い、ボール感覚を磨くこと、これらはサッカーにおける目的そのものではありません。

　サッカーを学ぶことには、さらにまた別の要素が必要です。ボールは、サッカーの意図が実現されるようになるための一手段にすぎません。さまざまな基本形式の中で、特定のサッカーにおける意図が実現されるようになるのです。どの基本形式においても、その形式に属する負荷や難しくなる要素を克服し、学ぶことになります。

Fジュニアでもペナルティキックに集中

たとえば、1対1に特有な負荷とは相手選手を抜いていくことです（その他の負荷：ボール、相手選手、ゴールを目指すということ）。長方形のフィールドにおける5対2の基本形式に特有な負荷は、「ボールをキープし続け、2人の相手選手のプレスから抜け出ようとすること」です（その他の負荷：ボール、相手選手、特別な規格のフィールド、ゴールを目指すということ）。

　サッカーにおける意図を実現すること、別の言い方をすれば、サッカーにおける結果、成果、効果を追求していくことは、すべてテクニカルな面での技能とかかわっていますが、そればかりでなく、プレーの意図におけるインサイトや選手相互のコミュニケーション（言葉を使ったものばかりでなく言葉を使わないものも含む）にもかかわっています。つまり、TICすべてがかかわってくるのです。

　先述したように、ジュニアクラスではテクニカルな面での技能の学習にポイントが置かれ、シニアクラスではプレーにおけるインサイトにポイントが置かれています。さまざまな基本形式におけるコーチングもまた、この点を目指して行うことになるでしょう。

　基本形式の最も重要な価値といえば、常にサッカーをしているということです。選手たちには、試合をしているのだという意識でエキサイトし、モチベーションが高まり、それがよい学習環境となるのです。

　以下に述べる基本形式4対4のバリエーションにおいて、まさしくバリエーション（ルールを変える、フィールドやゴールの大きさを変える、プレー構成を変える、指示を変える）で、別の特色をもったプレーができるようにします。このプレーは、そのたびごとに、選手たちに違ったことを要求することとなります。つまり、別のことを学習するようになるのです。こうした要求は、テクニカルな面での技能、肉体的・精神的コンディション、選手相互の共同作業やコミュニケーションといった側面に基礎が置かれることとなるでしょう。コーチにとっては、それぞれのバリエーションでの特有な性格を認識し、それに見合うコーチングをすることが必要となります。

　今日のサッカーでは、特にバックパスはペナルティエリア（ファウルに際し厳しく罰則される場所）の外でしか許されないというルールがありますが、このことは、キーパーの任務と機能についても、一般的にも個別的にも純粋なサッカーの能力を発達させることが必要不可欠となってきていることを意味しています。ですから、この4対4の諸形式は、キーパーの練習にとってもふさわしいものとなっているのです。

コーチは、トレーニングでの形式を試合に置き換えて説明します

COACHEN VAN JEUGDVOETBALLERS

一難去ってまた一難！

4対4の構成要素

■プレーの意図（サッカーにおける3つのハイライト）

1．ボールキープしている場合	自チームのゴール近くで、ビルドアップを始める ・特にプレー構成、ポジショニング、互いの距離 ・目的をもったポジショニングプレー、ボールキープ、そしてパス出し／フィードパス 相手チームのゴール近くでは、得点のチャンスをつくり出し得点する
2．相手チームがボールキープしている場合	自チームのゴールから遠いところで、相手チームのビルドアップを妨害する ・特に相手に抜かれないようにする ・互いに距離を詰める（コンパクトなプレー） ・相手にプレスをかける 自チームのゴール近くでは、相手の得点を阻止するようにし、その後ボールを奪い返す。 ・ゴールをしっかりと守り、必要に応じ背後のカバーをする ・相手選手とボールを自分の前に位置させる ・シュートのブロック（ブロックタックル） ・ボールを奪い返す ・ファウルをしない
3．ボールキープが自チームから相手チームに移った場合、またその逆の場合	できるだけ速やかに、考え方や行動をスウィッチする。

4対4での選手の任務

後方の選手

ボールキープしている場合

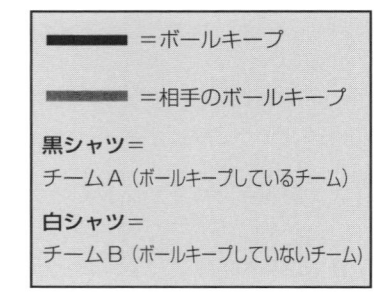

凡例：
- ━━━ ＝ボールキープ
- ━━━ ＝相手のボールキープ

黒シャツ＝
チームA（ボールキープしているチーム）

白シャツ＝
チームB（ボールキープしていないチーム）

図の説明

- ──▶ パス（ボールの軌跡）
- ～～▶ ドリブルする選手
- ---▶ 走る選手の動き

■どういう目的か

- ビルドアップのスタート
- 攻撃にいたり、最終的にシュートを試みる

■何を理解し、行わなければならないか（T.I.C.）

テクニック（T）：
- ショートパスとロングパス
- ボールをもらい、球出しする
- ドリブル
- スクリーニング

インサイト（I）：
- 正しいポジショニング（センター、左右サイド、前後）
- プレーの場を変える
- 前に進むことを考える／してみる
- ボールを取られない－リスクを犯さない
- 横パスがフィードパスの前提となるようにする
- バックパスが可能になるようにする

コミュニケーション（C）：
- プレーの状況を読む
- 状況の把握
- 適切なボールスピード
- パスをもらえるようになる／フリーになる適切なタイミング
- 相手チームのプレーに合わせた味方選手へのコーチング
- 攻撃に向かわせる

4対4での選手の任務

後方の選手

相手チームがボールキープしている場合

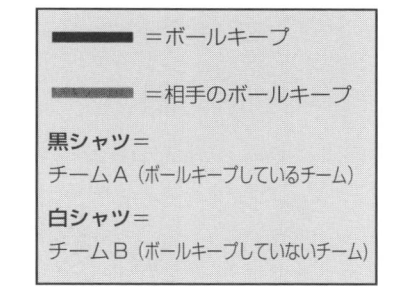

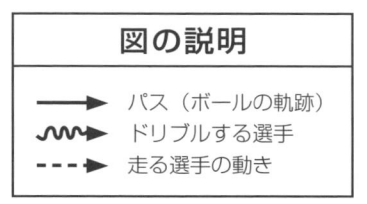

![black line]	=ボールキープ
![gray line]	=相手のボールキープ

黒シャツ＝
チームＡ（ボールキープしているチーム）

白シャツ＝
チームＢ（ボールキープしていないチーム）

図の説明

- ⟶ パス（ボールの軌跡）
- ⟿ ドリブルする選手
- ┄┄▶ 走る選手の動き

■どういう目的か

- 得点の阻止
- 相手チームのフォワードをつぶす
- ボールを奪い返す

■何を理解し、行わなければならないか（T.I.C.）

テクニック（T）：

- 相手選手につく
- 前で相手をチェック
- ブロックタックル、スライディングタックル
- 守備的なヘディング

インサイト（I）：

- しっかりとマークする
- 相手選手の前に出て、状況を先読みする
- 相手に抜かれない
- 背後のカバーをする、あまり中央から離れすぎない、常にゴールを守る
- 最も危険な相手選手へのマークの受け渡し（目前の相手選手のマークに行く）

コミュニケーション（C）：

- 自チームの選手へのコーチング
- 味方選手を励ます

4対4での選手の任務

中盤の選手

ボールキープしている場合

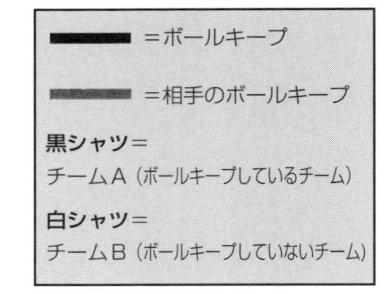

―――― =ボールキープ
▬▬▬▬ =相手のボールキープ

黒シャツ＝
チームA（ボールキープしているチーム）

白シャツ＝
チームB（ボールキープしていないチーム）

図の説明

→ パス（ボールの軌跡）
∿→ ドリブルする選手
--→ 走る選手の動き

■どういう目的か

- ビルドアップ（ポジショニングプレー）から攻撃（得点のチャンスを得る）へ

■何を理解し、行わなければならないか（T.I.C.）

テクニック（T）：
- ショートパスとロングパス
- ボールをもらい、球出しする
- ドリブル、個人技としての相手を抜く動き
- ゴールへのシュート
- ゴールへのヘディングシュート
- スクリーニング

インサイト（I）：
- 正しいポジショニング（スペースを最大限に活用する／互いの距離）
- むだにボールを取られない－リスクを犯さない
- 自分がフリーになるようにする（相手を抜く動き、ワンツーリターン、ポジションのカバー）
- ゴールを目指す（ゴール前に上がる）
- バックパスが可能になるようにする

コミュニケーション（C）：
- ボールの要求（先にフェイントをする／しない）
- 適切なボールスピード
- 前方にいる選手へのコーチング（「後ろに相手がいるぞ」「時間」「ポストプレー」「開け」「自分で持って行け」など）

4対4での選手の任務

中盤の選手

相手チームがボールキープしている場合

```
━━━ =ボールキープ
━━━ =相手のボールキープ

黒シャツ＝
チームＡ（ボールキープしているチーム）

白シャツ＝
チームＢ（ボールキープしていないチーム）
```

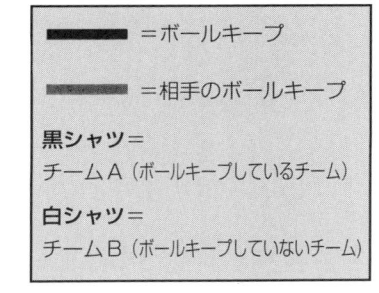

図の説明

→ パス（ボールの軌跡）
⟿ ドリブルする選手
--→ 走る選手の動き

■どういう目的か

- 相手チームのビルドアップの妨害
- 相手チームの攻撃を阻止する
- ボールを奪い返す
- 相手に裏を取られないようにする
- 得点を防ぐ、最も危険な選手を止める

■何を理解し、行わなければならないか（T.I.C.）

テクニック（T）：

- 相手選手へのスクリーンプレー
- 効果的な走り（重心を落とす）
- ボールを取りに行く（スライディング、フェイント）
- ゴールへのシュートブロック
- 機動性、瞬時の反応力

インサイト（I）：

- 正しいポジショニング（前後、内側に「ダブルマーク」、外側に）
- 背後のカバーをする
- 目の前の相手選手にプレスをかける
- フィードパスができないようにする
- 最も危険な選手のマークの受け渡し
- 相手に抜かれない
- 互いにコンパクトにプレーする
- 時には相手選手を取り囲む（バックパスをさせない）

コミュニケーション（C）：

- 相互にコーチング、前方にいる選手には必ず
- 前方にいる選手の守備的な動きを予想する（例：相手をコーナーに追い詰める）

4対4での選手の任務

前方の選手

ボールキープしている場合

━━━ =ボールキープ
━━━ =相手のボールキープ

黒シャツ＝
チームA（ボールキープしているチーム）

白シャツ＝
チームB（ボールキープしていないチーム）

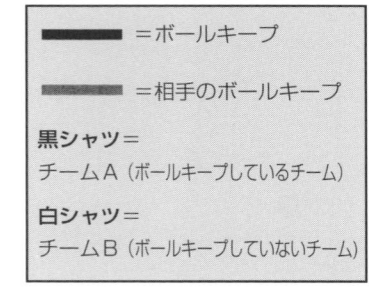

図の説明

→ パス（ボールの軌跡）
⌇→ ドリブルする選手
--→ 走る選手の動き

■どういう目的か

- 攻撃し得点する

■何を理解し、行わなければならないか（T.I.C.）

テクニック（T）：
- ボールをもらってボールの周りをフリーにする
- フェイント
- 相手を抜く
- ゴールへ／シュート、ヘディング、ループ、ロビング
- ポストプレー
- スクリーニング
- パス

インサイト（I）：
- （前線で）スペースを大きくする／保つ
- 自チームのビルドアップをよく読む
- ボールを要求する適切なタイミング
- ボールをキープする
- タッチライン側をオーバーラップしてくる中盤の選手のためにスペースをつくる（離れる）
- ゴールを目指すこと

コミュニケーション（C）：
- ボールを要求する
- フェイント
- 積極的に動く（前線に／ボールをもらいに行く）
- ビルドアップのときに味方選手にコーチング

4対4での選手の任務

前方の選手

相手チームがボールキープしている場合

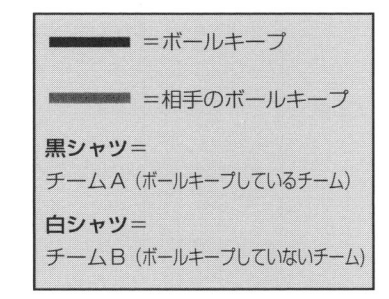

━━━━ ＝ボールキープ
━━━━ ＝相手のボールキープ

黒シャツ＝
チームＡ（ボールキープしているチーム）

白シャツ＝
チームＢ（ボールキープしていないチーム）

図の説明

──▶ パス（ボールの軌跡）
〜〜▶ ドリブルする選手
╌╌▶ 走る選手の動き

■どういう目的か

- 相手チームのビルドアップの妨害
- フィードパスをさせないようにする
- 味方選手が立ち直る／組織し直すために時間を稼ぐ
- 相手チームのビルドアップをサイドに追い詰める

■何を理解し、行わなければならないか（T.I.C.）

テクニック（T）：

- 背後にあるスペースを守る
- 効果的な走り（重心を落とす）
- ボールを取りに行く（時にはあらかじめフェイントする）
- スライディング、タックル。ファウルは絶対にしない

インサイト（I）：

- 横パスさせるようにする、フィードパスをさせない
- サイドに追い詰める／取り囲む／逃げられないようにする
- ボールを持っている選手へのプレス
- ボールへ仕掛ける適切なタイミングがわかる（後方からのコーチング）
- 自チームの選手の近くまで下がる（相手に抜かれないようにする）

コミュニケーション（C）：

- 相手チームがボールをどうしようとしているかという意図を読む
- ほかの選手とコンタクトを取る
- （フェイントの）走りによって、ボールがいつ、どこで奪えるかを示す

4対4のバリエーションの詳解

```
図の説明
▼ ボールキープしているチーム
○ ボールキープしていないチーム
```

■4対4の基本形

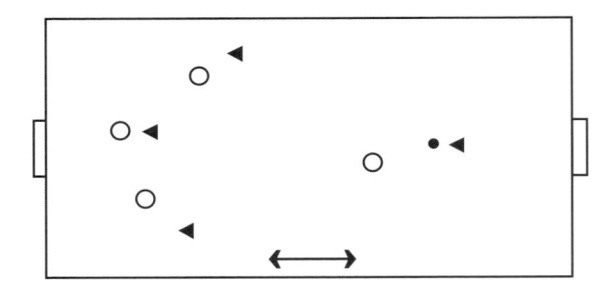

フィールドの広さ（年齢と技能による）
長さ：40m
幅：20m
ゴール：3m以上

■4つの小さいゴールのある4対4

適用されるルール
- 2つの小さいゴールを通過すれば得点となりうる

特性
ボールキープしている場合
- 2つのフィールドを素早く切り替えることによって、得点するチャンスを生み出す

相手がボールキープしている場合
- ポジション的にうまくディフェンスする
- 相手がサイドに展開するようにさせる
- ボールを奪う

プレーの必須条件
ボールキープしている場合
- ボールのスピードを速くする
- ダイレクトパス、または、ボールを止めてパス
- よいポジショニング
- パスを出す適切なタイミングを知る

ヨハン・ネースケンス氏は、子どもたちにサッカーを教えることに熱心に携わっています

相手がボールキープしている場合
- よいポジショニング
- ボールに行く適切な瞬間を知る
- 積極的なディフェンス（相手のビルドアップを妨害する）

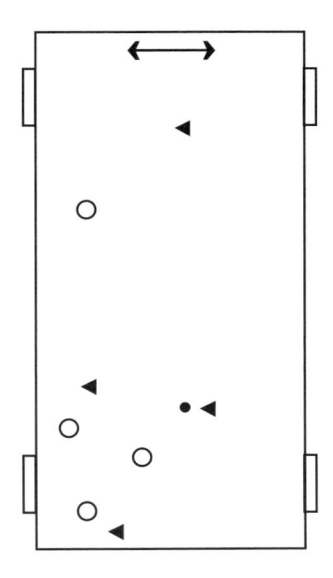

フィールドの広さ（年齢と技能による）
長さ：15-18ｍ
幅：40ｍ

この形式でよく使われる技術・技能

■インサイドキックのパス

なぜインサイドキックか
- 確実性
- 素早く短いプレー（ポジショニング）

技術面での注意点
- ボールの位置によってよいポジションを選択する（見る）
- 軸足
  軽く曲げ、ボールの近くにあり、つま先はたいていパスする方向に向いている
- 蹴る脚
  少し外側に開き、膝、足首を軽く曲げる
- 蹴る足先
  少し外側に開き、パスする方向と垂直になり、つま先を上げ、足首を固定する
- ヒッティングポイント
  インサイドキックで蹴るボール
  ・ボールの下を蹴れば、ボールは上がる
  ・ボールの上を蹴れば、ボールは転がる

■ボールを受ける、運ぶ

なぜボールを受けたり運んだりするのか
- ボールに触らずにいることはできない
- スペースのないところからスペースのあるところにプレーの場所を移動する

技術面での注意点
- ボールと相手の位置によってよいポジションを選ぶ（見る）
- 腕と手以外なら体のどの部分を使ってボールを受けたり、運んだりしてもよい
  ・脚の甲、足の内側、足の裏、もも、胸／腹、頭
- **原則**：まずボールに対してまっすぐに向き、スムーズにボールコンタクトをし、ボールにフレキシブルに対応する。そうすることによって、ボールの勢いを殺しコントロールする
- 腕を使って体のバランスをとる
- できるだけコントロールミスを少なくして、ボールをしっかり蹴ることができるようにする
- ボールを受けたり運んだりする前に、相手がだまされるようなフェイントをしてボールを受けたり運んだりするスペースと時間をつくってもよい

第8章　基本としての4対4

図の説明
▼ ボールキープしているチーム
○ ボールキープしていないチーム

■4対4のラインサッカー

適用されるルール
- 相手チームのゴールラインをドリブルで通過すれば得点となりうる

特性
ボールキープしている場合
- ゴールラインをドリブルで通過して得点する
- ポジショニングで1対1の状況にもっていく

相手がボールキープしている場合
- ポジショニングにうまくディフェンスをする
- 相手がサイドに流すようにする
- ボールを奪う

プレーの必須条件
ボールキープしている場合
- ポジショニングの中でボールを取り扱う
- 素早い動き、ダイレクトパスを出す
- プレーの場所を変える状況の把握、その瞬間を選択、相手を抜く方向、相手のパスのカット、ボールの保護

相手がボールキープしている場合
- ボールから目を離さない
- ファウルをすることなしに相手の得点を阻止する
- 全体の状況を把握する、目の前の相手だけでなくほかも見る（二重のマーク）

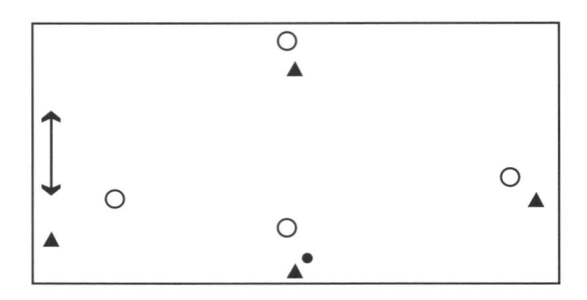

フィールドの広さ（年齢と技能による）
長さ：20m
幅：40m

この形式でよく使われる技術・技能

■ドリブルとドライブ

いつドリブルとドライブをするか
- ボールをゆっくりとしたテンポで狭いスペースに進めるとき
- ボールを速いテンポで広いスペースに進めるとき

技術面での注意点
- 蹴る脚
 ボールをしっかり、そして何度も蹴って、走るテンポと適切な方向性の中で、ゴムバンドがついているボールのように運ぶことができる
- 蹴る足先
 足先と足首に適度な緊張を与える（ボールを遠くに蹴りすぎない）

ラインサッカーではドリブルがアクセントとなる

- ヒッティングポイント
  蹴る方向によって、足の甲、内側、外側を使い分けてボールにタッチする

- 上体
  上半身は少しボールにかぶさり、腕でバランスをとる

- ランニング
  膝を軽く曲げる（全力疾走ではない）

- 注目する点（見る）
  - 周り（プレーの状況）
  - ボールが転がる先のフィールド（でこぼこ）

■インサイドキックのパス

（p.135 参照）

■ボールを受ける、運ぶ

（p.135 参照）

■スライディング

いつスライディングするか
- 次のことをする最後の手段
1. 相手がシュート、センタリングするのを妨害する。
2. ボールキープするようになる。

- スライディングを試みる場合、ボールを蹴り、できれば奪えることを確認する。さもなければやらない

技術面での注意点
トップスピードからボールに滑り込む
- 軸足
  相手の横もしくは後ろ気味のところから、最後のステップで大きく曲げる
- 上体
  体を十分に伸ばす
- 蹴る脚
  蹴る脚を後方にスウィングする（弓のように）
- ボールに滑り込み、フィールドのどの部分かによって、また、相手との距離によって次の選択をする
  - 足先でボールを軽く蹴って方向をずらす
  - 足の甲でボールをパスする
  - 上体が滑っている間に、足先を伸ばし、鍵のように膝を曲げて、ボールキープにいたる

インサイドキックのパスは動きの中で行う

COACHEN VAN JEUGDVOETBALLERS

図の説明
▼ ボールキープしているチーム
○ ボールキープしていないチーム

■2つの大きなゴールのある4対4

特性

ボールキープしている場合
- ゴールする
- ボールの有無にかかわらずフリーになる
- 得点できるポジションにきた味方の選手によいボールを出す
- ゴールキーパーからの流れが重要

相手がボールキープしている場合
- ゴールへのシュートを阻止する
- ゴールキーパーによるシュートの対処

プレーの必須条件

ボールキープしている場合
- ゴールを目指す
- ポジショニングによく気をつける
- ボールがフリーになったらすぐにシュート
- ボールがフリーになるための相手を抜くアクション
- ゴールキーパーからの正確で適切なスピードのオーバースロー、サイドスロー、アンダースロー

相手がボールキープしている場合
- ボールキープしている相手をかたくマークする
- 抜かれない、パスをさせない
- 自分のゴールの方向に引かない
- シュートのブロック
- シュートの対処

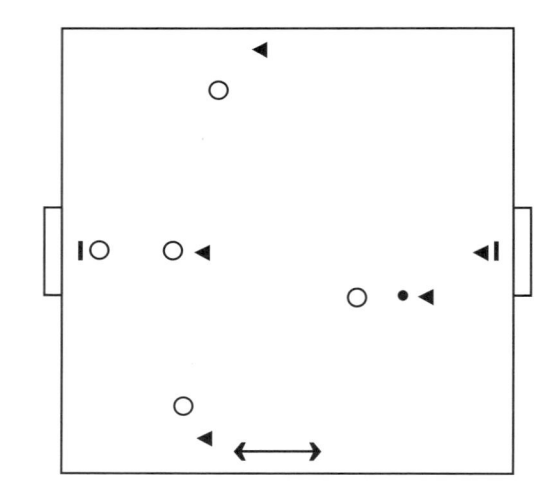

フィールドの広さ（年齢と技能による）
長さ：30 m
幅：30-35 m

トレーニングでの集中

試合の結果につながる

注意：フィールドのどの位置からでも得点できること

この形式でよく使われる技術・技能

■インステップキック

いつ、インステップキックをするか
- ゴールにシュートする

技術面での注意点
- ボールの位置によってよいポジションを選択する（見る）
- 軸足
  蹴る前に大きく踏み込み、ボールをその少し前か後ろにくるようにし、足先は蹴る方向を向き、膝は軽く曲げる。
  - 軸足がボールの少し前→ボールは転がる
  - 軸足がボールの少し後ろで、ボールの下方を蹴る→ボールは上がる
- 上体
  - 後方にそらす（弓の形）
  - 軸足の横のほうに傾き（足の甲のためにスペースをあける）
  - 蹴る瞬間に上体を前にもっていく（一気に）
- 蹴る脚
  膝をお尻より後ろに置き、それから前方にスウィングする。
- 蹴る足先
  - 足首を伸ばし力を入れる
- ヒッティングポイント
  - 状況によって、内側か足の甲全体

■インサイドキックのパス
（p.135参照）

■ボールを受ける、運ぶ
（p.135ページ参照）

Dクラスの年齢では、いくつかのよい指示がすぐに効果を発揮する。左の写真では、技術的に望まれる点が見受けられるが、右の写真からはまっすぐのパスが出たのがわかる。右の写真は左の写真の10分後に撮られた。

第8章　基本としての4対4

図の説明
▼ ボールキープしているチーム
○ ボールキープしていないチーム

■奥行きがあって幅がないフィールドでの4対4

特性
ボールキープしている場合
- ボールを取り返したらできるだけ早くフィードパスをする

相手がボールキープしている場合
- 相手のビルドアップにプレスをかける

プレーの必須条件
ボールキープしている場合
- 相手陣地の奥を考える
- ボールをフリーにすることができる
- フィードパスの準備としての狭いスペースでのよいポジショニング
- 短いワンツーリターンとボールのテイクオーバー
- ビルドアップをする選手と前線にいる選手との連係プレー（コミュニケーション）

相手がボールキープしている場合
- ボールに向かって行ってディフェンスする
- 前線にきている選手へのパスラインをつぶす

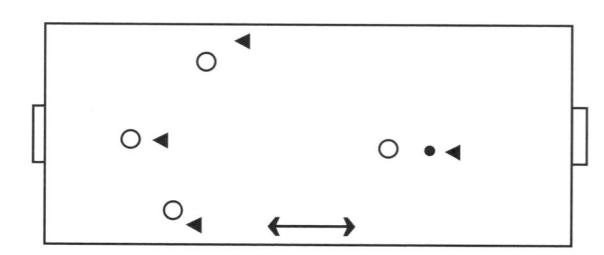

フィールドの広さ（年齢と技能による）
長さ：40 m
幅：10-15 m

この形式でよく使われる技術・技能

■インステップキック

いつ、インステップキックをするか
- ゴールにシュートする場合
- 長い距離にわたってプレーの場所を変える場合

技術面での注意点
- ボールの位置によってよいポジションを選択する（見る）
- 軸足
  蹴る前に大きく踏み込み、ボールをその少し前か後ろにくるようにし、足先は蹴る方向を向き、膝は軽く曲げる。
  ・軸足がボールの少し前→ボールは転がる
  ・軸足がボールの少し後ろで、ボールの下方を蹴る→ボールは上がる
- 上体
  ・後方にそらす（弓の形）、蹴る瞬間に上体を前にもっていく（一気に）
  ・軸足の横のほうに傾き（足の甲のためにスペースをあける）
- 蹴る脚
  膝をお尻より後ろに置き、それから前方にスウィングする。
- 蹴る足先
  ・足首をの伸ばし力を入れる
- ヒッティングポイント
  ・足の甲

■インサイドキックのパス

なぜインサイドキックか
- 確実性
- 素早く短いプレー（ポジショニング）

技術面での注意点（p.135 ページ参照）

■2つの大きいゴールのある4対4

（ヘディングシュートにアクセントがあるので、年長のユースに向く）

適用されるルール

　プレーがどうなっているかによって、コーチは次の基準を設けることができる。
- ヘディングのみ、もしくは16ｍラインの外からのシュートが得点となる
- フィールドの両側にフリーゾーン（幅5ｍ）

特性

ボールキープしている場合
- ヘディングで得点する
- ウィングがフリーになる状況をつくる
- ときどきロングシュートを使う
- ゴールキーパーからの流れが重要

相手がボールキープしている場合
- ゴールキーパーによる高いボールの対処
- ディフェンスのヘディング
- ロングシュートの阻止

プレーの必須条件

ボールキープしている場合
- ウィンガーがよいボールを出せるように、ポジショニングによく気をつける
- スペシャリストが特別な場所を担当する
- 素早くボールを回す
- うまくボールを取り扱う：パス、ボールの受け・運び、相手を抜く、センタリング、ヘディング、シュート
- ゴールキーパーからよい流れをつくる：正確で適切な速さのオーバースロー、サイドスロー、アンダースロー

相手がボールキープしている場合
- ポジショニングでうまくディフェンスする
- センタリングやロングシュートを阻止するため、ボールまでの距離を詰めディフェンスする
- 技術的にうまくディフェンスする：ボールのブロック、スライディング、ヘディング、ボールを奪う（ファウルはしない）
- 高いボール（センタリング）の対処：キャッチング、パンチング、ディフレクティング

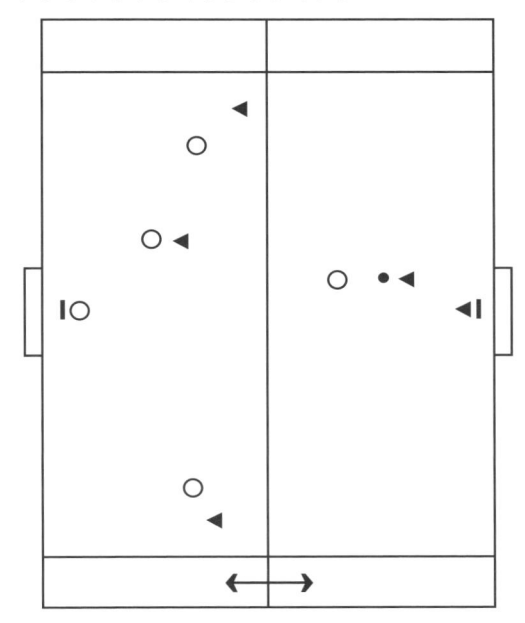

フィールドの広さ（年齢と技能による）

長さ：32ｍ（ペナルティエリア2つ分の長さ）
幅：40-45ｍ

この形式でよく使われる技術・技能

■ヘディング

いつヘディングするか
- 攻撃的にもディフェンス的にも、高いボールに対して

技術面での注意点

〈一般〉

立った状態からのヘディング
- タイミング
  - ボールに触れる適切な瞬間
  - ボールに向かってジャンプする適切な瞬間

COACHEN VAN JEUGDVOETBALLERS

- 弓なり
  ボールに触れる瞬間の前に、上体を後方にそらし、同時に膝を曲げる。
- 両脚
  ・一連の動きは両脚から始まる、膝に力を入れる
- 上体
  ・弓なりの状態から素早くもとに戻るように動く
  ・上体がまっすぐになったときにボールに触る
- 頭部
  あごを引き、首に力を入れる。
- ヒッティングポイント
  前頭部の真ん中

〈特別なヘディング〉
立った状態からターンしてのヘディング
- 右にターンしてヘディングする場合、右脚を後ろに引く
- 上半身をヘディングする方向に回す

まっすぐジャンプしてのヘディング
- 長いラストパスのときは早めに踏み切る
- 踏み切る脚を弓なりにする
- スウィングする脚を大きく曲げる
- ボールはジャンプの一番高いところでヘディングする（最高点）

ジャンプしてターンしながらのヘディング
- 右に回りながらのヘディングの場合、右脚で踏み切り、ターンし始める
- スウィングする脚がジャンプ（高さ）と回転（方向）を支える
- 肩を一気に回転して、弓なりの状態からボールを十分にヒットする

■インステップキック

いつ、インステップキックをするか
- ゴールにシュートするとき
- サイドからのセンタリング

技術面での注意点（p.139ページ以降参照）

数多くの練習がヘディングの技能を生み出す

図の説明
▼ ボールキープしているチーム
○ ボールキープしていないチーム

■奥行きがなく横に広いフィールドでの 4対4（ゴールキーパーつき）

この形式はジュニアクラスのポジション別トレーニングに向く

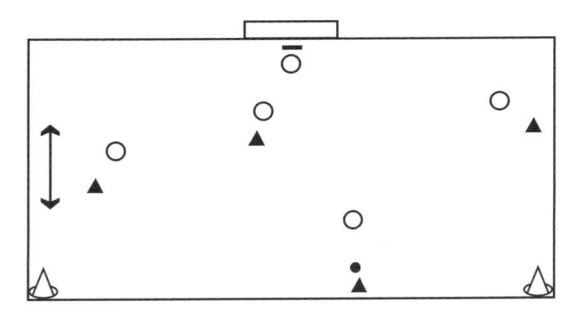

フィールドの広さ
長さ：20m
幅：40m

適用されるルール
- ネットとゴールキーパーのいる大きいゴールが1つ
- もう一方のチームは、横のライン全体（40m）をディフェンスする
- キーパーのいるチームは、ゴールをドリブルで越えたら得点になる

特性
チームA（○）がボールキープしている場合

よいポジショニングと速いボールスピードによって、フィールドの横幅の中で素早くポジションを切り替えて、得点のチャンスを広げる。

ボールキープしている場合、しばしば各選手はマンツーマンでマークされている。その結果、得点できるようにするため、個人技、素早いワンツーリターンを多用する（チームAでは、もう1人ゴールキーパーがいることを忘れてはならない）。

チームB（▼）がボールキープしている場合

チームAがポジショニングでうまくディフェンスする。広いスペース（ゴールラインすべて）をディフェンスする。
- ゴールキーパーがプレーの流れをよく読んで、タイムリーな状況を見極めることを学び、適切な選択をする

ボールキープしている場合／相手がボールキープしている場合、それぞれのプレーの必須条件
ボールキープしている場合
- チームA（○）がボールキープしている場合
  ボールの取り扱いをハイテンポで行う、ダイレクトパス、またはボールを止めてパスを出す
- チームB（▼）がボールキープしている場合：
  ボールを慎重に取り扱わなければならない。相手のかけるプレスが厳しくなるので、個人の技術・技能、つまり、パス、ドリブル、素早いワンツーリターン、そしてインサイトと全体を見わたすことが高いレベルで要求される。さらに、可能性があれば、ゴールにシュートする。

ボールを持って注意深く

第8章　基本としての4対4

COACHEN VAN JEUGDVOETBALLERS

相手がボールキープしている場合

- チームＡがボールキープしている場合：
  チームＡがボールキープしている場合、チームＢの選手は、相手またはボールを厳しくマークしてボールをチェイスできる。というのは、確実にゴールキーパーがゴールを守っており、ディフェンス的観点において高いレベルの技術が要求されるからである（適切な走るスピード、フェイント、適切な瞬間にボールに行く、ボールを奪うためのうまいタックル）。

- チームＢがボールキープしている場合：
  チームＢにとって大切なのは、ボールを奪い返せる瞬間を読むことであるが、慎重さも重要である。というのは、抜かれてしまえば致命的になってしまうからである。ポジショニングでうまくディフェンスし、よく動き、ボールと目の前の相手をよく見る必要がある。

- チームＡがボールキープしている場合、チームＢ内での選手同士のコミュニケーションは十分になされるべきである。いかなる瞬間にも状況から目を離してはならない。常にボールに目を向けて、自分が何を望まれているか、あるいはどのような判断が要求されているかを読むのである。

- ゴールキーパーはゴールのディフェンス以外にも、たとえば、ボールをインターセプトしたあとのビルドアップ、あるいは攻撃への素早い切り替えといったビルドアップに重要な役割を果たす。

ありとあらゆる限りの（ルール内で）手段を使ってのディフェンス

図の説明
▼ ボールキープしているチーム
○ ボールキープしていないチーム

■特に年少のユース（6－10歳）のための2つの小さいゴールとフェンスのある4対4

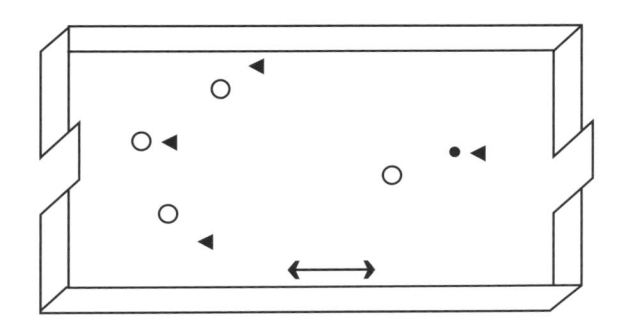

フィールドの広さ
長さ：40m
幅：20m

- 小さいゴール
- フェンスの高さは、たとえば1m（もしくは、体育館の中では、壁をフェンスの代わりに使ってもよい）

特性

- ボールがフィールドの外にほとんど出ないため、この形式は、より年少のクラスにふさわしいものとなっている。非常に短い時間であっても、テクニカルな面での対処法を要求される状況が次々と生じてくる。
- サッカーにおける負荷である「ゴールを目指すこと」が、フェンスによって少し助けられる。間違ってサイドにボールが行ってしまっても、そのままにならずフェンスに当たって戻ってくるので、またゴール方向に向かうことができる。
- この形式はさらに選手たちの創造性に訴えかける。というのは、フェンス経由でボールを出すことができる。つまり、別の補助手段（味方選手のようなもの）となるからである。
- この補助手段があることによって、ボールがタッチラインを越えていってしまう場合とは、本質的に別のプレーが生まれてくる。より年長のユースには、特にラインによって制限されているスペースの負荷が効果的な学習状況となるだろう。つまり、それらのものは、年齢や何が練習されるかに依存しているのである。

プレーの必須条件

- この形式では、「通常の」ポジショニングプレーのほかに、フェンス経由でプレーする（ワンツーリターン）可能性もある。
- 守備的観点では、フェンス経由でのプレーからの「脅威」に注意が払われなければならない（バックライン側のフェンスを使ってよいかどうかは、相談の余地がある）。
- この形式での重要な価値は、非常に短い時間でも、テクニカルな面での技能、ボールのコントロール、つまりドリブル、スクリーニング、ショートパス、ロングパス、トラッピング、フェイント、シュートなどが、非常に多くプレーされうるということである。

フェンスがあることで、インプレーであり続ける

第8章 基本としての4対4

図の説明
▼ ボールキープしているチーム
○ ボールキープしていないチーム

■時間制限のある4対4(例：残り3分)

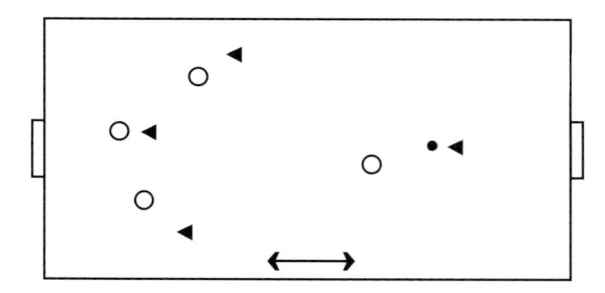

この形式には、すべての4対4のバリエーションが使えます。

特性
- ボールキープしているチームは得点しなければならない（試合で負けている状況だと示唆する）。
- ボールキープしていないチームは、ボールを奪い返すようにしなければならない（試合で1点負けているが、同点になれば延長戦になるというような状況にする）。
- ボールキープしているチームは、ボールを相手に渡さない、または奪われないようにしなければならない（たとえば、1対0で勝っている状況で、時間をかけなければならない）。

注意点
　この形式で今述べたことは、コーチ自身が試合の一場面として設定しなければならない。つまり、コーチは、選手に特定の行動やアクションが要求される状況の雰囲気をつくり出さなければならない。

プレーの必須条件
- 重要な条件は、どういう場面に設定されたかによって変わってくる。
  - 体力的に余力が残っているか（まだ続けられるか）
  - テクニカルな面での技能（ボールを奪えるか／ボールをキープできるか）
  - 心理面（集中力、コミュニケーション、インサイト、根気）
- まさしく時間のプレッシャーの下で、よいパフォーマンスを発揮しなければならないときには、ある種の事柄をどうしてもしてしまう傾向にある。たとえば、積極的な守備→ファウル、攻撃に急ぎすぎる→ボールを取られる、チームメートと協調することが少ない、互いに理解していない→ボールを取られるか2人のディフェンダーがボールを持っている選手にくる→コミュニケーションの欠如。
- 相手チームが、必要があって非常に積極的にボールを追いかける場合、ボールのスクリーニング、相手を抜く動き、短いワンツーリターンなどのテクニカルな面での技能がさらに求められる。
- 特にボールキープしている場合に、スペースを最大限に活用することは、重要な前提条件である。

残り3分、1点差で負けている…

■3チームでの4対4

この形式には、すべての4対4のバリエーションが使えます。

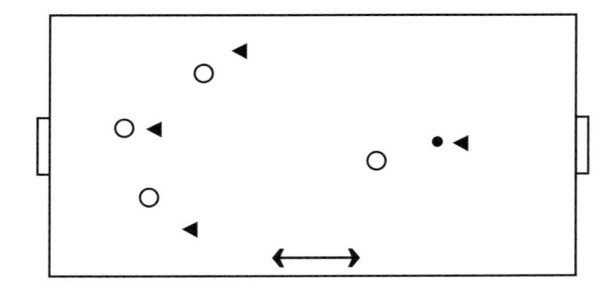

- 得点をしたチームは残り、得点を入れられたチームは、フィールドの外にいるチームと交代する。最高5回まで、フィールドに残ることができる。
- フィールドの外にいるチームは、「仮休憩」として3対1のポジショニングプレーをする。その際、選手のレベルによって、1回かそれ以上触った場合、より多くの回数の場合、プレーのスペースの大きさ、いつ交代するか(たとえばボールを奪った場合)などを話し合って取り決めておく。

つまり：

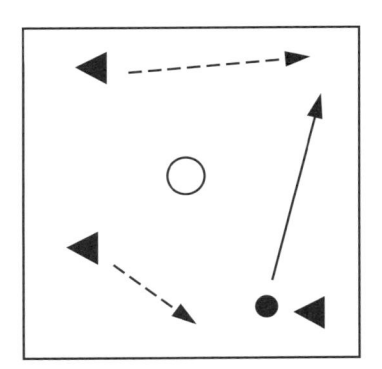

重要な特性

- 得点をすれば続けられ、相手に得点されないようにしなければならないという緊張感によって、練習の雰囲気が盛り上がる。その中での、さらなる負荷はプレーを実行するということである。
- あるチームが続けてフィールドに居続けた（続けて勝った）場合、残りの2チームは、「より強い」チームに勝つことが挑戦となる。この場合、モーチベーションを高めたとしても、プレーをコントロールし、ルールを守るということが大事になってくる。

プレーの必須条件

- 4対4のバリエーションで説明したことと同様

4対4では、多くの競り合いがあります

第8章　基本としての4対4

■4対4の大会

この場合、1人の選手が勝利者となり、1人の指導者・コーチによって組織され指導されます。

特性
- どの選手も、毎回、別の3人の選手とプレーする
- どの試合も別のフィールドでプレーされる
- よって、毎回、対戦相手が異なる
- 選手自身がプレーの進行とルールを守り、試合結果を登録し、指導者・コーチにその情報を提供する
- 自分から進んで行うことが、この大会では非常に重要な条件となる
- 選手たちは、勝利、引き分け、相手に何点取られたかによって、ポイントを与えられる

プレーの必須条件
- 決められた時間内で多く得点することが、最終ランキングにとって重要な要素となる
- 試合の前と最中に、新たなチームメートとフィールド内での任務についてしっかりと話し合う
- 共同作業（コミュニケーション）がうまくなればなるほど、高得点をあげられ、個人でもたくさんのポイントが得られる

　意図、練習の構想、プレーの構成、実施、そして、必要とされる補助手段は細かいことまで気を配らなければなりません。

大会で、緊張感と闘いが生まれてくる

CHAPTER 9

第9章　発展型としての7対7

　以前は、老いも若きもすべてのサッカー選手は11対11でプレーしていました。子どもたちはクラブに所属するとすぐに「深み」にはまってしまったものでした。しかし、オランダサッカー協会（KNVB）のテクニカル部門がサッカー教育に従事し始めたとき、11対11は年少の子どもたちにとってふさわしくないことがすぐに明らかになりました。

　第4章に、年齢別の育成・コーチングの目標について記述しました（p.35参照）。子どもたちはふつう5歳から8歳の間にサッカーを始めます。この年齢の子どもたちは、まずボールを思いどおりに扱うことができるようにならなければなりません。多くの繰り返し、この場合は数多くボールに触ることですが、これが最も重要な習得プロセスであるにもかかわらず、11対11の試合では多くの選手にとってボールコンタクトの機会が少ないことは明らかでしょう。11対11の試合をすると、多くの子どもたちが、試合の間1回もボールに触らないということもあり得るのです。

　年少の子どもにとって11対11がふさわしくないという2つめの理由は、スペースです。11対11では、多くの選手がプレーにかかわれないばかりでなく、年少の子どもたちにとっては、スペースがあまりにも広すぎるのです。互いの距離があまりにも大きく、ほとんど間を埋めることができません。

　サッカーにおいては、得点することと得点を防ぐことが問題となります。選手たちが相手チームのゴールに近づくことができないとしたら、攻撃と守備の関連がなくなり（ボールがフィールドの反対側にいくのに時間がかかる）、もはやサッカーについて何も話をすることができなくなってしまうでしょう。当然、子どもたちは何も学べなくなってしまいます。

　選手の総数（11対11）やフィールドの広さ（十分なプレーフィールド）によって、いくつかのオプション（選択の可能性）が大きくなれば、選手がプレーにかかわることが少なくなり、プレーの意図は実現されなくなります。

　そこで私たちは「11対11は11歳から」を提案することにしました。実際に、E、Fクラスの子どもたちのために毎週行われる試合は、7対7でプレーされています。

Eクラスの子どもたちから、すでに闘いは始まっている

サッカー学習過程全体における
7対7の位置づけ

トレーニングの領域に影響を及ぼすもの：
1. 選手の年齢
2. 選手の経験／サッカー年齢
3. 選手のレベル
4. 練習時間

大人とシニアクラス
11対11（大会の試合／練習試合）
最初から目標を定める、プレー方法を指示する、
フォーメーション　等々

↓

トレーニングでの試合
（11対11）
コーチは審判であり、試合を止め、介入する

↓

トレーニングでのミニゲーム形式
（8対8／7対7）
コーチは、試合を止め、介入する

↓

ジュニアクラス
ジュニアクラスにとっての7対7
（大会での試合／練習試合）
（サッカーにおける3つのハイライトにおける意図と基本コンセプト−
プレースタイルやフォーメーション内での一般的な役割分担）

↓

Eジュニアから大人まで
トレーニングでのプレー形式や試合形式
（4対4とそのバリエーション／数的優位の状況でのミニゲーム形式）
コーチは、教え、ゲームを止め、介入する

↓

↱

Fジュニア2年目から大人まで
トレーニングでの練習形式
基本形式：
- 1対1の競り合い
- 4対4とそのバリエーション
- ポジショニングプレー
  （ボールを追いかけてゴールに向かう）
- ラインサッカー

コーチは、教え、ゲームを止め、介入する

↓

Fジュニアの１年目（前段階）
トレーニングで練習形式は、いわゆる
「前段階」を形成する

ここで、固定的なポジションについて話をできるでしょうか？

サッカーにおける任務と機能を学ぶことに関しての目標

（自チームがボールキープしている場合と相手チームがボールキープしている場合のポジショニング）

自チームがボールキープしている場合の基本形

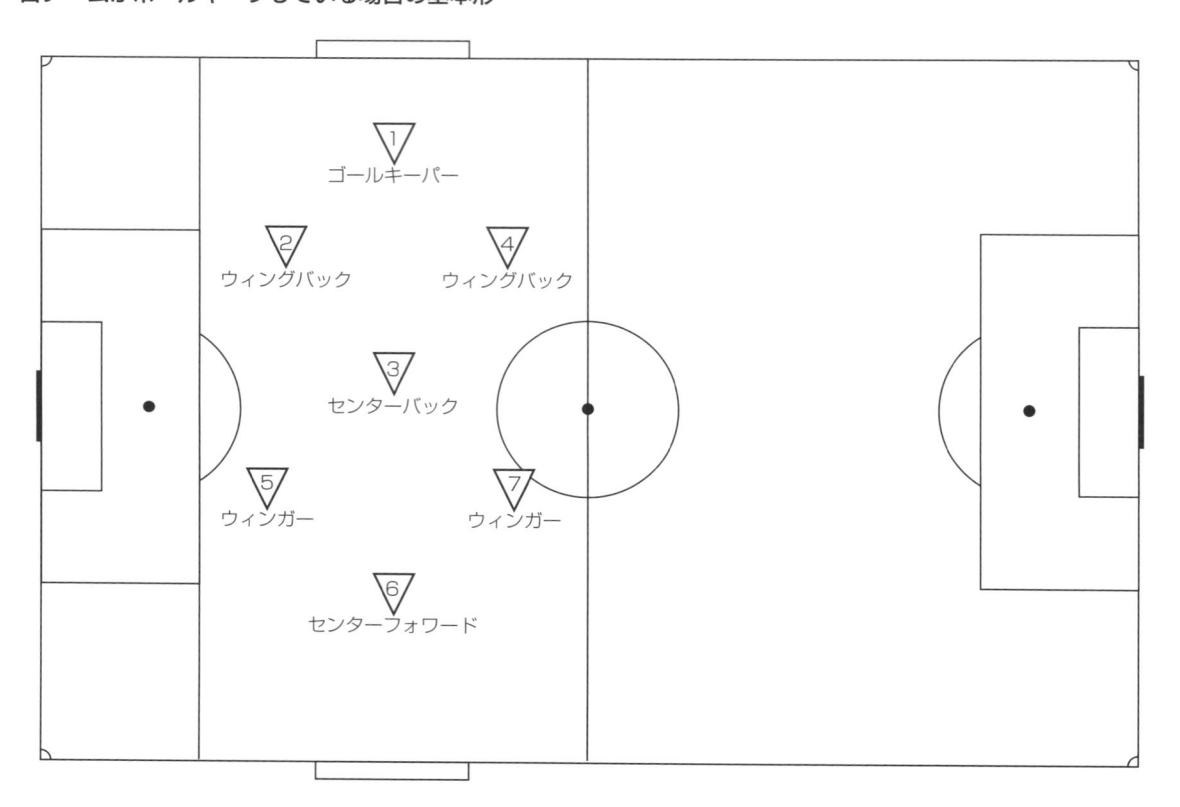

■ 7対7におけるそれぞれのポジションの任務と機能

ポジションごとの役割と機能

ゴールキーパー（1）
- ディフェンダーを見てポジショニング
- スローイン、ショートパス、ロングパスで流れをつくる
- ビルドアップの中心選手としての役目（サッカーに参加するキーパー）

ウィングバック(2、4)
- ポジショニング（互いに離れて、スペースを広く使う）
- フォワードにパスを出す
- スペースがあれば、自分でボールを持って前線に（ローテンポ・ハイテンポで）ドリブルして行く
- 攻撃に参加する

センターバック（3）

- ポジショニング（フォワードとウィングバックの間で）
- フォワードもしくは攻撃に参加するディフェンダーのパスの基点となる
- スペースがあれば、自分でボールを持って前線に（ローテンポ・ハイテンポで）ドリブルして行く
- 攻撃に参加する
- チャンスが訪れれば、シュートを試みる

ウィンガー（5、7）

- ディフェンダーを見てポジショニング（フィールドの奥行きを使う）
- ボールを持ってできるだけ速やかにゴールに向かう：1人で個人技、もしくはゴールに向かっていてフリーなチームメートにパスを出す
- ゴール前で自分のポジショニング（得点できるように、パスをもらう）
- シュートを試みる

ある子どもたちの場合、本当にサッカーらしくなっています

センターフォワード（6）

- できるだけ前線でポジショニングする（できるだけフィールドの奥行きを使い、パスがもらえるようにする）
- シュートを試みる（個人技、もしくはチームメートとのコンビネーションで）
- ゴールに向かう

試合では、すべて自分次第です

第9章　発展型としての7対7　**153**

COACHEN VAN JEUGDVOETBALLERS

僕はキーパーなの

相手チームがボールキープしている場合の基本形

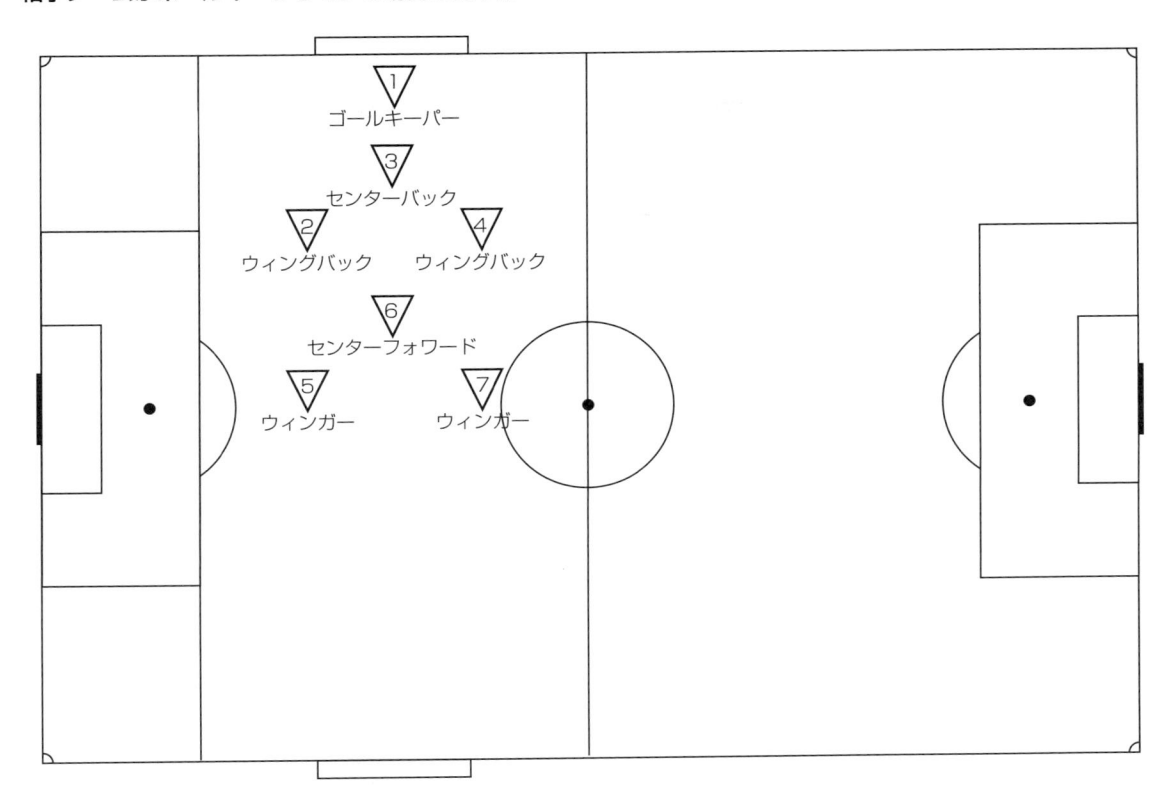

```
         ①
       ゴールキーパー
         ③
       センターバック
    ②        ④
  ウィングバック  ウィングバック
         ⑥
       センターフォワード
    ⑤        ⑦
    ウィンガー   ウィンガー
```

ポジションごとの任務と機能

ゴールキーパー（1）
- 得点を阻止する
- ボール、相手選手、味方選手を見てポジショニング

ウィングバック（2、4）
- 決して抜かれない、得点を阻止する
- 相手チームのフォワードへのマーク
- チームメートを助ける（背後のカバー）
- ボールを奪う

センターバック（3）
- 決して抜かれない、得点を阻止する
- センターフォワードへのマーク
- チームメートを助ける（背後のカバー）
- スペースを狭くする
- ボールを奪う

ウィンガー（5、7）
- 相手チームのビルドアップの妨害
- ボールを奪う
- チームメートを助ける（背後のカバー）
- スペースを狭くする
- 決して抜かれない

センターフォワード（6）
- 相手チームのセンターバックをマークする
- 相手チームのビルドアップの妨害、フィードパスを防ぐ
- ボールを奪う
- チームメートを助ける（背後のカバー）
- スペースを狭くする
- 決して抜かれない

COACHEN VAN JEUGDVOETBALLERS

ボールを持っていくときのバランス！

第10章　ゴールキーパーのトレーニング

　長い間、「キーパーは何をすべきか」ということについて、それほど注意が払われずにきました。それは、チーム内で非常に特殊なポジションであるにもかかわらず、キーパーについてあまり知られていなかったことによります。しかも、キーパーは「変わっている、もしくは変わっていなければならない」という一般的な見方もあって、この問題は容易には払拭されないできました。

　幸いにして、この問題は多かれ少なかれ解決されてきています。今日では、キーパーという特殊なポジションや、メンタルな部分で特別な性格を備えなければならないという意味で「変わっている」ということが理解されるようになってきたのです。

　キーパーはチームの構成要員です。ほかの選手と比べて、チーム内での重要度に差はありません。試合には勝ったり負けたりしますが、キーパーのパフォーマンスが試合結果に本質的に影響を与えない場合もあります。

　チームの構成要員として、キーパーもまたチーム内で最大限に機能できるように、注意が払われなければならないでしょう。キーパーの任務は非常に複雑で、チーム全体から切り離して考えることなどできないのです。

　多くの人がキーパーの任務として考えるような「ボール」を止めることは、それほど単純なことではありません。実際には、チームメートとの完璧な共同作業によって、自分の近くにボールがこないようにしなければならないのです。

　それでもボールが近くにきたならば、うまく球出しをして、自チームが得点できるチャンスをできるだけ大きくするようにしなければなりません。

　実際の練習では、個別トレーニングで特殊なキーパーテクニックやポジショニングプレーを練習することになるのは当然ですが、できるだけ早く実際のサッカーの負荷、つまり、味方選手や相手選手などがいる全体練習の中に組み入れなければなりません。

ユースのキーパー

　ユースのためのキーパートレーニングは、全般的に、ユースサッカートレーニングとしての分類や特色と変わるところはありません。ミニゲーム、もしくは試合形式（たとえば4対4）で、キーパーもふつうに参加させます。

　特殊な性格や専門性（コーチにとっても）に鑑みて、本書では、フランス・フック氏のユースキーパートレーニングの学習過程から最も重要な要素を取り上げるにとどめることにします。

キーパーの最初の任務：ボールを止める

ゴールキーピングとキーパートレーニングについてのビジョン

プレーの目的

プレーや試合が始まる前に、チームにかかわっているすべての人に、最終的な目標が何であるか明らかにされていなければなりません。もし、そうでないならば、その最終的な目標には決して到達することはできないでしょう。

キーパーは、ほかのチームメートと同様に、試合での目標に積極的に貢献しなければなりません。そうすることで、勝利が可能となるのです。

> **この目標が達成される中で、キーパーの任務は2つあります。**
> 1. 相手の得点のチャンスをできるだけ少なくしなければなりません。
> 2. 自チームの得点のチャンスをできるだけ大きくしなければなりません。

これらの任務と並んで、サッカーの試合における3つのハイライトと、それぞれのハイライトに属するチーム全体としてのサッカーの意図をみていくと、キーパーの特殊な任務を正確に知ることができます。

> **試合の中での3つのハイライトとは：**
> 1. 相手チームのボールキープ
> 2. 自チームのボールキープ
> 3. ボールキープの交代：ボールを失ったか、あるいはボールを奪った瞬間

Ⅰ. 相手チームがボールキープしている場合

相手チームのボールキープに際しては、チーム全体として次のようなプレーの意図があります。

- ビルドアップの妨害
- ボールを奪い返す
- 相手の得点を阻止する

全般的な基本コンセプトについては、第3章を参照してください。

相手チームがボールキープしているとき、キーパーの一般的な任務

相手がフィールドのどこでボールキープしているか、その能力や特質によって、キーパーはできるだけ良い判断をしながら行動しなければなりません。
その手段は

- コーチング、組織化、指示を出す
- ポジショニングプレーとフォーメーション
- できるだけ早くボールを奪い返す

集中…

相手チームがボールキープしている場合、一般的な任務と並んでキーパーには特殊な任務があります。

A．プレーが続いている中での特殊な任務

1．コーチング
- ボールがゴールから遠くにある場合
- ボールがシュートできる距離にある場合
- ボールが味方選手とキーパーの間にある場合

2．ポジションを取るために
- フィードパス
- ロビング
- 1対1の状況
- センタリング
- ゴールへのシュート／ヘディングシュート

3．ボールへの対処(テクニック)
- よい体勢にもっていく
- よい体勢をとる
- フットワーク
- ジャンプ
- キャッチング
- 体を張ったセービング
- ティップオフ
- パンチング
- 空中戦
- 1対1

B．プレー再開の際の特殊な任務

1．次の場合の準備
- レフェリーボール
- キックオフ
- スローイン
- フリーキック
- コーナーキック
- ペナルティキック

2．コーチング
- ボールがゴールから遠くにある
- ボールがシュートできる距離にある

3．次の場合のポジショニング
- フィードパス
- ロビング
- 1対1の状況
- センタリング
- ゴールへのシュート／ヘディングシュート

4．ボールへの対処(テクニック)
- よい体勢にもっていく
- フットワーク
- ジャンプ
- キャッチング
- 体を張ったセービング
- ティップオフ
- パンチング
- 空中戦
- 1対1の状況

逆か？

第10章　ゴールキーパーのトレーニング

Ⅱ. 自チームがボールキープしている場合

自チームがボールキープしている場合、チーム全体として次のようなプレーの意図があります。
- ボールキープを続ける
- チャンスを作り出すためのビルドアップ
- 得点をあげる

一般的な基本コンセプトについては、第5章を参照してください。

自分たちは相手チームよりずっと強いのだ

自チームがボールキープしている場合のキーパーの一般的な任務

味方選手がどうしているかによりますが、キーパーの任務は、よいビルドアップを実現して得点できるようにすることです。

キーパーは味方の選手たちが前線に行けるようにしなければなりません。キーパーはマークされない選手ですから、ほとんど、あるいはまったくボールキープになることがないようにしなければなりません。しかし、パスはいつでも出せるようにしなければなりませんし、ゴールから近いところであってはなりません。リスクを負わずにビルドアップしなければならないのです。

つまりキーパーの任務とは
- 前線でのプレーを考え、できるだけ前線でプレーさせる
- ボールキープし続ける
- ゴール近くでビルドアップするときにはリスクを少なくする

自チームがボールキープしている場合、一般的な任務と並んで、キーパーには特殊な任務があります。

1．自チームがボールキープしている場合のゴールキーパー
プレーを開始／再開する

A．ここでボールをインプレーに持っていくために必要なテクニックが、次の場合に必要となります。
- ドロップキック
- ボレーキック
- アンダースロー
- ロングスロー
- サッカーテクニック（バックパスのあと、あるいはボールを奪い取った直後に、ボールを転がしてインプレーにするために必要なもの）

- ゴールキック
- フリーキック

B. プレー開始／再開（選択する）の場面

何をコーチングするか
- ボールに向かって行く選手とのコミュニケーション（言葉や身振りで）
- プレー開始／再開後の選手との連絡や距離の取り方

2. 最終ラインで味方選手がボールキープしている場合

キーパーのポジションは、ボールキープに際して次のようでなければなりません。
- パスをもらえる
- ボールを取られた場合に、新たな状況に適切に対応できる

何をコーチングするか
- ボールキープしている選手
- ボールの周りの選手

3. 中盤もしくは前線で味方選手がボールキープしている場合

キーパーのポジションは、ボールを取られた場合、新たな状況に迅速かつ適切に対応できるようになっていなければなりません。

トレーニングでフリーキックの練習をします

何をコーチングするか
- 最終ライン
- 時には中盤のライン

Ⅲ. ボールキープの交代：ボールを失った瞬間とボールを奪った瞬間

ボールキープの交代に際してのプレーの意図は
- 速やかにプレーの意図をスウィッチすることである。ここでは、迅速に判断することにポイントが置かれる。

ボールキープになったか、あるいはボールを失った瞬間

一般的な基本コンセプトについては第3章を参照してください。キーパーはこのようなハイライト場面で、常に判断できる準備をしていなければなりません。ここでのコーチングとして考えられるのは、できるだけ早くボールを奪い返し、プレー開始や再開にかかわることです。

キーパーの一般的な任務

速やかにⅠからⅡ、ⅡからⅠにスウィッチすること
- 体勢
- コーチング

キーパートレーニング

キーパーは試合の中で、さまざまな負荷や難しくなる要素に対処しなければなりません。それは次のようなものです。

- ボール
- 相手選手
- 味方選手
- ルール
- ゴールを目指すこと
- 緊張・ストレス
- 時間
- スペース
- マテリアル

これらの負荷や難しくなる要素を考慮に入れ、トレーニングでの条件を考えながら、キーパーは自らのテクニック、インサイト、コミュニケーションを発達させなければなりません。ゴールキーピングにおけるこれら3つの要素を、ここではあえて区別していますが、これらは決して別々のものではありません。

COACHEN VAN JEUGDVOETBALLERS

1対1の状況

　キーパーにとって非常に重要なのは、1対1の状況です。選手がキーパーに向かってくるような状況では、誰もがプレッシャーはボールを持っている選手にかかると考えています。その選手は、そのような絶好のチャンスで得点しなければなりません。

　キーパーはそうした状況では、従順な犠牲者です。こういった場合のキーパーの立場は、よくペナルティキックの状況と比較されます。ゴールになってしまえば、みんなが「残念」と言うでしょうし、もし、ボールを止めればヒーローとしてもてはやされるでしょう。1対1の状況をそのように考えるならば、キーパーはまさにいつでも負け犬になってしまうかもしれません。

　しかし、1対1でのキーパーの立場はまったく別のものです。キーパーの持つ可能性によっては、その闘いで勝利者となれる70％のチャンスがあるのです。つまり、1対1の状況になった場合、10回中7回はその闘いで勝利者になれるはずなのです。

　ここでいう勝利者とは、キーパーがボールを弾いたりつかみ取ることばかりではありません。ボールがゴールの上や横にそれていく場合でもゴールをセーブしたということになります。また、キーパーが相手をタッチライン側はるか遠くにボールを持って行かせるのに成功して危険が去ったり、相手に時間をかけさせて味方選手がボールを奪い取ることができた場合も勝利者となったといえるのです。

　では、どのようにしたら1対1の状況で勝利者となる可能性が大きくなるのか、ポイントをあげて説明しましょう。

介入していく適切なタイミングを選ぶ！

■キーパーの視点からの問題点

Ⅰ. キーパーのポジション
次のようになっていなければなりません。
- ゴールが常に守られる
- ボールを奪い取ったり、フォワードに時間をかけさせるチャンスをできるだけ大きくする

キーパーがどのようなポジションを取るかは、その状況次第です。たとえば、
1. キーパーの質
2. キーパーに1人で近づいてくる選手の質、たとえば、
   - 近づいてくるスピード
   - その選手のテクニカル面の質
   - その選手がどの方向からやってくるかという位置
3. 味方選手の位置、その味方選手たち、あるいはその1人がボールの近くにこられるか
4. 天候やピッチの状態

キーパーのポジションについての具体的な指針とヒント

相手選手がセンターラインから1人で向かってくるという場合、キーパーは、原則として、絶えずポジションを替えることになるでしょう。一般的には次のとおりです。

1対1では、一般的に次のようにします。

1. 常に、ボールとゴールの中央を結ぶ想像上のラインの上に立つ
2. ゴールラインの前では常に
   - ロビングをキャッチできるように、できるだけそのラインより前に立つ
   - または、ロビングができないようにできるだけ選手に近づく

以上が、1対1の状況においては非常に大切なことです。

新たなポジショニングをする際に大変重要なことは、キーパーは相手がボールを蹴るとき、新たな状況にすぐ反応できるように、絶えずよい体勢にもっていくことです。

Ⅱ. 体勢、選択、ボールへの対処、その後のアクション
キーパーが理想的なポジショニングをしたならば、フォワードのポジションと可能性が重要な役割を果たすことになるでしょう。それをはっきりとさせるために、さまざまな状況をスケッチしてみましょう。しかし、その前に、1対1の状況で一つの役割を果たす「体勢」について、注目してみることにします。

体勢1 ゴールに向かってくるシュートを危険のないようにする最も基本の体勢

鉄は熱いうちに打て！

第10章 ゴールキーパーのトレーニング

体勢2 キーパーが相手フォワードの近くに立って、ロビングやシュートを取りに行く体勢

体勢3 キーパーがまず何よりもフィードパス、もしくはロビングを危険のないようにすることができる体勢

状況：相手がセンターライン付近から1人でキーパーに向かってきます。さて、どのように対処すべきでしょうか。

この場合、どういう可能性があるか、考えてみましょう。

1. キーパーが理想的なポジションで正しく動ける体勢にあり、一方、ボールを持っている選手は、ボールをはるか遠くのキーパーのほうに向かって蹴ったとします。そして、キーパーがボールを奪えるかどうかを判断できるような場合ならば、キーパーはボールに向かって行き、ボールを取りに行きます。

ボールを取りに行くのは
- 相手選手がボールに触る前に
- 相手選手がボールに触る瞬間に（ブロックタックルという考え）
- 相手選手がボールに触ったあとに（ほとんどの場合、キーパーにとって遅すぎる）

できる限り、キーパーは自チームのボールキープになるように配慮します。しかし、その際、決してリスクを犯してはなりません。というのは、ゴールをまったくフリーにしてボールを失ってしまったならば、得点されてしまう危険があるからです。ですから、こういった危険な状況では、ボールを前方もしくはタッチラインを越えるように蹴り出します。

このアクションのあと、キーパーはできるだけ早く新たなポジショニングをしなければなりません。つまり、新たな状況に備えてペナルティエリア内に戻ります。

2. 相手選手が自分の身体近くでボールをキープしていて、キーパーが近くに行けない場合、キーパーは次のようにしなければなりません。
   - 後方に走って戻り（適切なフットワークに注意する）、新たにポジショニングする。というのは、ボールを持っている選手が近づいてきているからである。
   - 相手選手がボールに触る瞬間、キーパーはよい体勢でじっとしていなければならない。
   - 次に、相手選手がボールに触ったあと、キーパーはボールを奪えるかどうか判断しなければならない。

3. 相手選手が自分の足元でボールキープし続ける場合、キーパーは戻らなければなりませんが、原則として、5mラインつまりゴールエリア内まで、決して戻ってはいけません。次に、そこから飛び出して競り合いに行きますが、どのようにすべきでしょうか。
   - 相手選手が体よりはるか前方に蹴ってしまう瞬間を最大限に活用するために、精神と肉体を常に研ぎ澄ましておく
     a．相手選手がボールに触る前にボールを奪い取る
     b．ボールを蹴る瞬間、もしくはその直後の瞬間に相手の足元を襲う
     c．ポジションと体勢がよければ、相手選手にできるだけ近づき、ロビングやシュートをできないようにする

   そのためには：
   - 相手選手のスピードを落とさせて、キーパー、場合によっては味方の選手のチャンスを大きくする
   - 相手選手をキーパーから見てサイド側に行くようにさせると、キーパー、場合によっては味方の選手のチャンスはより大きくなる
   - その結果、シュートはキーパーに向かってくるか、ゴールを外れるシュートになる

ボールキープになったならば、迅速なスウィッチ、つまりビルドアップできるようにします。ボールがクリアされただけならば、すぐに新たな状況に対処しなければなりません。

■重要な注意点

忍耐

- プレッシャーはフォワードにかかっています。1人以上のディフェンダーのプレスの下でボールを体から遠くに蹴り出してしまったり、状態の悪いピッチ、そこそこのテクニックによって、10回に9回はミスをしてしまうでしょう。そうした瞬間を最大限に生かすため、精神や肉体を常に研ぎ澄ましていなければなりません。
- 多くのキーパーは、あまりに早く「自らを売り飛ばして」しまっています。つまり、あまりにも早くスライディングしすぎて倒れてしまっているのです。相手選手は、キーパーの頭の上を越えるロビングや単純な動きでキーパーをかわし得点できてしまいます。キーパーは、相手選手がボールのどの部分を蹴るか、99.999％確実にわかるときだけ、倒れ込んでいってもよいのです。

  つまり、キーパーがボールを持っていないときに、あまりにも早く倒れてしまうことは、非常事態を除いてよいことではありません。体勢を立て直すのに時間がかかってしまうからです。

- キーパーは、ルールのこと、つまり、1対1の状況でのファウルがどういう結果になるかをしっかりと頭に入れておかなければなりません。ペナルティエリア外でのハンドは、即刻レッドカードですし、ペナルティエリア内外にやってきた相手選手を倒した場合も同じように退場となってしまいます。
- チームメートとの協力が、間違いなく重要になってきます。味方選手の1人がボールの近くにくるチャンスがあるならば、キーパーは原則として、ボールや相手選手に向かっていかないように決断すべきです。

キーパーによるコーチング

- 味方選手に、「競り合いに行ってほしい」とか、「背後のカバーをしろ」というような指示を与えます。協力は大変重要ですから、はっきりと言葉に出して指示を出しましょう。これはトレーニングにおける重要な注意点の一つです。

選択

キーパーは、絶えずいろいろな選択に迫られています。たとえば前に出るか、とどまるか、味方の選手は近くにこられるだろうか、といった事柄です。こうしたことをトレーニングして、たとえ失敗したとしても、キーパーとして選んだ選択に従ってください。

特に最初のうちは、失敗を経験するために、誤った選択をすることも重要です。その後、そうした失敗の数を減らしていくようにすればよいのです。

キーパーとして、我慢しなければならないことが多々あります

キーパーへのバックパス

　1992年度のリーグ戦以降、キーパーへのバックパスに対して新たなルールが適用されました。キーパーは、以前のようにバックパスを手でもらうことができなくなり、これからは足を使ってインプレーにしなければならなくなったのです。
　かわいそうなことにキーパーが直接の対象となったこの新ルールは物議を醸しました。サッカーの足さばきに問題があるキーパーは、このルールに不平をもらし、大いに反対しました。一方、サッカーの能力を備えたキーパーにとっては、このルール変更は、大変喜ばしいものでした。この新ルールに対して、キーパーによってさまざまな反応を見て取ることができました。

　イギリスでは、キーパーはそのようなバックパスすべてをむやみに前に蹴り出すことだと見なしました。しかし、オランダでは、できるだけ多くのサッカー的な対処法が探求された結果、ボールを自チームでキープし続け、新たな攻撃のビルドアップの基礎となるというキーパーの任務が生まれたのです。
　この新ルールに伴う一番大きな問題は、バックパスの解釈です。それは昔も今も変わりません。いつならばボールを手でつかんでもよくて、いつならばだめなのかということです。
　キーパーはこの新ルールによって、まったく違ったことを始めることになりました。それは新たな状況を認識し、できるだけ早く最善の解決法をとるということです。
　多くのキーパーはこれを短期間で習得しました。そしてバックパスに関するこの新ルールは、サッカーの内容をさらに豊かにするものとなったのです。試合で重要な役割を果たすキーパーにとっては特にそうです。キーパーは、よい意味でも悪い意味でも、試合に大きな影響を与えますから。

　次に、多くのキーパーにとって大きな課題である、ゴールキーピングにおけるこの新たな構成要素について、包括的に説明していくことにしましょう。

キーパーが試合に集中しています

■キーパーの視点からの問題点

Ⅰ　キーパーのポジション
ポジションは次のようでなければなりません。
- ゴールを常に守備できるようになっている
- バックパスに対してパスをもらえるようになっている
- バックパスを出す選手とキーパーとの間の距離をできるだけ大きくする（＝時間をかけ、スペースを広く使う）

Ⅱ　バックパスをされたとき
全体の状況を判断します。
- ボールのスピード
- 相手選手と味方選手の位置
- どういう選択をするかによって：ダイレクトパス、ボールをもらう・パスする、もしくはボールをもらう
- ドリブルするかパスするか

■**重要な注意点**

- キーパーによる早目のコーチング
- 決してリスクを犯さない(得点を入れられるよりもコーナーキックに逃げたほうがよい)
- 理想は、ボールを自チームがキープし続けることである。状況に応じてパスする

その方向は：
・フォワード
・ミッドフィルダー
・最終ラインの選手
それができなければ、ボールを遠く前線にクリアします。

- タッチライン側へ：できるだけゴールから遠くへ
- 場合によっては、コーナーキックにさせる
- 相手選手が走って向かってくる場合には、（たとえばフォワードのような）相手を抜く動きをするのではなく、ひたすらボールの周りにスペースをつくり、それからうまくパスするようにする
- キーパーは利き足でボールをもらえるようにする（味方選手との協力で）
- できるだけ早く両足の能力を発達させる。利き足でないほうの足でパスしなければならないこともある
- 味方選手にできるだけ早くパスを出してもらい、多くの時間とスペースを確保する

キーパーにとってもウォーミングアップはとても大切です

- 味方選手はそのアクションのあと、パスをもらうため、できるだけ速く走ってフリーになる（おそらくは最初に相手をブロックする）

キーパーのサッカー能力をどのように発達させるか
キーパーは、バックパスの状況にうまく対処できるサッカーの能力を発達させなければならないでしょう。

何が必要か
キーパーは、まず、バックパスのときは、選手として自らを適応させなければなりません。キーパーがボールを手で持っているならば、キーパーは安全で、ボールはキーパーのものであり、誰もそこにくることはできません。しかし、バックパスの場合、ボールは誰でもプレーできるようになっているのです。キーパーはボールをダイレクトパスする、ボールをもらってパスする、ボールをもらってドリブルしパスする、のいずれかを選択しなければなりません。

また、そうした動作が左右いずれの足でもできるようになっていなければなりません。ボールをどの方向にパスするかは全体の状況によります。その際、全体を見渡すことは非常に大切です。

こうした能力を練習できる形式は、たとえば、
- 3対1、4対2、5対2のポジショニングプレー
- ゲーム、ミニゲーム形式
- ショートパス、ロングパスの特別な形式

重要なのはゴールの問題と、ゴール前では自分の後ろに人はいないということを常に頭に入れておくことです。つまり、最も重要なのはボールがゴールラインを越えないようにすることであり、ボールを再びインプレーに戻すことです。

特にキーパーにとって重要なポイント（ほかの選手にもあてはまる）は、ボールをパスされて、キーパーが立っているラインを越えることがないようにしなければならないということです。さもなければ、相手の得点となってしまいます。

つまり、バックパスを出す選手にとっては、ボールのスピードを調節し、キーパーの利き足のほうにパスし、できるだけ早く（キーパーに時間とスペースを与え）、パスを出したあと、またパスをもらえるようにポジショニングすることを意味します。

キーパーはバックパスに対して準備ができていますか？

キーパーにとっては
- リスクがないようにパスする、つまりできるだけサイド方向に、あまり最前線に向けない
- 迅速に選択する。ダイレクトパス、ボールをもらいパス（ワンタッチ、2回タッチ、自由か、決めておく）

フィードパス

　キーパーがペナルティエリアの内外で、フィードパスやスルーパスに対応する状況はあまり練習されていません。実際にはそういったことは許されません。というのは、この構成要素をコントロールすることは、現代サッカーのキーパーにとって、とても本質的な部分にかかわっているからです。

　アヤックスのように、常に相手チームのエリアで攻撃している場合、ディフェンスと最終ラインとの間のスペースは大きく、このスペースを守備する選手はキーパーであることは言うまでもないでしょう。

　これについてほとんど議論することはありません。しかし、ディフェンスラインの背後のスペースが小さくなると、たとえば、ペナルティエリア分ぐらいになると、多くのコーチにとって、キーパーの役割はそれほど論理的で自明のことではなくなってきてしまいます。しかし、キーパーは常に目の前のスペースをカバーし守備しなければならないのです。

ボールを奪い取ること

　「できるだけ早くボールを奪い取る」、これが相手チームがボールキープしている場合のゴールキーピングやキーパートレーニングの基本コンセプトです。

　このことは、特にフィードパスへの対応によって確認することができます。フィードパスへの対応の際、キーパーはさまざまな要素に対処しなければならなくなり、それによって複雑な状況についても対応できるようになるはずです。

　しかし、一般的にこの重要な構成要素が評価されることはあまりありません。キーパーがタイミングよく前に飛び出して見事にボールを奪ったとしても、相手選手のミスパスに起因しているということで、これくらいは「朝飯前のこと」としばしば説明されてしまいます。逆にキーパーがフィードパスに対して誤った判断をし、相手選手が得点したならば、すべてキーパーが悪いとされてしまいます。これはフェアではありません。

　次のような状況をちょっと考えてみてください。キーパーがずっとゴールライン上にとどまって、見てすぐわかるような大失敗をする危険を犯さないようにしている状況はどうでしょうか。

　こういう選択をした場合、キーパーは「目に見える」ほどではありませんが、相手選手に多くのチャンスを与えてしまっています。その結果、キーパーは数多くの不利な1対1の状況に直面することになるでしょう。そうなると、セーブするチャンスはどうなのでしょうか。

　そのためには、常にディフェンダーがフィードパスを奪い取ることです。1シーズンでは、そのように早い段階で解決できるのが50回、大失敗が1回あるほうが、キーパーが51回もの1対1の状況に直面するよりはずっとよいでしょう。しかし、それはどちらを選択するかどうかにかかっています。

　先に、1対1の状況では、よいキーパーならば70％の確率で勝利者になれるといいましたが、今あげた例では、19点も得点されてしまうことを意味しています。重要なのは、そうした状況をトレーニングし練習しなければならないということです。そのためには、最初に、こうしたサッカーの問題点をポイントごとに分析する必要があります。

スペースをうまくカバーして…

COACHEN VAN JEUGDVOETBALLERS

■キーパーの視点からの問題点

　大失敗してしまうと評価されない、もしくは、そうなったらどうしようという不安から、多くのキーパーはトライする前からフィードパスや、おそらくロビングでのミスに不安をもってしまっています。

　その結果、キーパーは「ゴールライン上での」ポジショニングを多く選んでしまい、その分1対1の状況になることが多くなってしまうのです。そうした1対1の状況において、キーパーはすばらしいセービングをすることで、ヒーローとなれるという気分になっているかもしれません。しかし、得点されてしまったら「残念でした」のひとことで済んでしまっているのではないでしょうか。というのも1対1の状況を勝ち抜くのは大変難しく、それに対しては理解もされるからです。

　キーパーコーチの最初の仕事は、多くのキーパーにとっては大転換を意味するかもしれませんが、こうした考え方のよじれを修正することにあります。

Ⅰ　キーパーのポジション

　キーパーのポジションは、次のようでなければなりません。
- ゴールが常に守られる
- キーパーの前のスペースをできるだけ広くコントロールする

　これら2つの仕事は、別々に切り離して考えることはできません。キーパーがゴールライン上にとどまっている時間が多くなればなるほど、キーパーがコントロールできる目の前のスペースはどんどん小さくなってきます。この場合の利点は、ロビングのボールがゴールにくることがないということですが、常にロビングに対処できるように、キーパーはゴールラインから前にポジショニングしなければなりません。つまり、そうした状況を数多くトレーニングして、ロビングに対する不安を払拭しなければならないのです。

　そうしたポジションは、それ以外にも多くの要素に依存しています。その要素とは、

1. キーパーの質
2. ボールを蹴る相手選手の質
   - その選手の位置
   - 右利きか左利きか
   - 体力
   - スピードに乗っているか、ローテンポか
3. 天候やピッチの状態
4. 味方選手の位置
5. 相手選手の位置
6. どういうボールがくるか

このキーパーは不意を突かれている

Ⅱ　よい体勢

　ボールがゴールから遠いところにあり、原則としてシュートの可能性がロビングだけであるならば、キーパーの姿勢は、フィードパスやロビングを奪い取るために全速力で飛び出していけるような、ステップを広くして爪先立ちになっている体勢になっていなければなりません。

ボールがゴールの近くにあってシュートされるかもしれない場合は、シュートの危険がなくなるようにする姿勢をとることが一番大事です。

Ⅲ　相手選手がゴールに向かってボールを蹴ってきたとき
1．キーパーの頭上を越えるようなロビングの場合
　そのロビングをクリアしなければなりません。

注意点
- よい体勢
- ボールの軌跡の判断
- ターン
- フットワーク
- 場合によっては瞬発力

トレーニングではボールへの対処に注意が向けられる

- ボールへの対処
- 次のアクション・リバウンド
- コーナーキック
- プレーのビルドアップ

2．フィードパスの場合
注意点

a. 次のことを判断する
  - ボールの軌跡
  - 味方選手がボールを奪い取る可能性
  - 相手選手の可能性

b. 決断し、できるだけ早く周りにいる選手にそれを明らかにする（コーチング）

　その決断とは、その場にとどまるか、前に飛び出すか、のいずれかになるでしょう。

とどまる場合
- キーパーは、味方選手の1人、もしくは何人かにボールの近くに行ったときは競り合いをしなければならないことを意識させる必要があります（コーチング）。キーパーは新たにポジショニングしなければなりません。ボールの位置が変わると、またその新たな状況に対処しなければならないからです。
- キーパーや味方選手が、ボールに向かって行ってインターセプトできない場合もあります。そうなると、キーパーは新たにポジショニングしなければなりません。ボールの位置が変わると、その新たな状況（1対1の状況かもしれませんし、ボールがサイドにあるかもしれません）に準備しなければならないからです。

飛び出す場合
　キーパーはボールに向かうことをはっきりと指示しなければなりません。その選択は、味方選手の位置にもかかわってきます。「離れろ」とか「マイボール」というような言葉を使ってはっきりと指示を出しましょう。選手が近くにいる場合、その選手たちは競り合い

第10章　ゴールキーパーのトレーニング

をキーパーに任せ、新たにポジショニングします（特にキーパーの背後のカバーリング）。このように、キーパーは状況を打開するために実際に行動を起こさなければならないのです。

■重要な注意点

- よい体勢
- フットワーク
- ボールに対処し、流れをつくる
- 次のアクション：リバウンド（または新たな状況での新たなポジショニング）
- またはプレーのビルドアップ

重要：決してリスクを犯さない
（非常に重要な試合で、1対0で負けている状況での終了間際を除く）

1. ルール
 ・ハンド－レッドカード
 ・選手へのファウル－レッドカード

2. ボールに対する対処（可能な限り）
 a. 味方選手にキープさせる（前線で）
 b. 前線とはクリアを意味する
 c. タッチラインを越える
 d. コーナーキックにする

飛び出していったあとは、全速力で元のポジションに戻り、ゴールを守備して広いスペースをコントロールできるチャンスがあるようにしてください。それはなぜかというと、キーパーがボールに対処しようとペナルティエリアから出て行った場合、ボールを手でつかむことは許されないからです。つまり、そこではほかの選手のようにボールを足でパスしなければなりませんが、ボールは誰でもプレーできる状態にあるからです。

こうして、キーパーは完璧に理想的なポジションを取ることができます。相手選手がボールを取った、あるいは見方選手がボールを失った（ボールがタッチラインを割り、すぐにスローインされた）場合には、ゴールは基本的にがら空きであり、よい得点のチャンスになってしまいます。

キーパーのプレースキックは、自チームの攻撃に直接つながることもあります

第11章 コンディショニング

　コーチは、選手たちのサッカーパフォーマンスに影響を与え、向上させたいと望んでいます。パフォーマンスについての知識やインサイトは、サッカーパフォーマンス、つまりサッカーそのものを分析するために必要不可欠なものであり、サッカーの負荷（つまり難しくなる要素）一つひとつについて知ること、それに基づいて実践していくことは、サッカーのコーチにとって最も基本的な事柄です。

　コンディショニングトレーニングというと、まっさきに「疲れる、筋肉痛になる、長距離走、身体を温める、汗をかく、ダッシュ、筋力トレーニング」などといったことが頭に浮かぶかもしれません。要するに、コンディショニングトレーニングとは、体力の限界に挑戦させようとするすべての活動をいい、その原則は、身体を強い刺激に順応させることにあります。

　しかし、実際には、身体を順応させる以上のことが要求されます。つまり、サッカー選手のパフォーマンスは、持久力、筋力、スピード、柔軟性、テクニカルな面での技能、戦略面でのインサイト、精神面での心構え、そしてその他の領域すべてを総合したものだからです。

　しかし、こうした要素がそのまま選手のサッカー能力とイコールになるわけではありません。さらに、サッカーでの状況にどのように対処・解決するか、サッカーにおける意図をどのように実現するか、が問われるのです。これには選手のサッカー能力について、分析することが必要となります。それは筋肉の大きさ、肺活量、脈拍、血液の酸素摂取能力、跳躍力といった種類の測定とは別の分析となるでしょう。

　また、100m走や12分間の持久走のタイム（体力測定の結果）もそのまま選手のサッカー能力になるわけではありません。ここでいう分析とは、選手がサッカーの問題を効果的に解決できるかをはかる基準のことを指します。

　サッカーのコンディション（言い換えれば、条件もしくは状態）とは、選手がどの程度まで試合の結果に積極的に貢献できるような状態にあるかを判断する基準です。

> **TIC**
> **（テクニック、インサイト、コミュニケーション）**
> **がしっかりすると、**
> **コンディショニング、もうまくいく**

ザイストのビジョンとコンディショニングトレーニング

　かつて、コンディショニングトレーニングといえば、ほとんどが筋肉を対象にしたものでした。しかしながら、筋肉は神経に従属しており、トレーニングによって鍛えられるのは筋肉自身ではなく、神経なのです。

　サッカーを学び、その中でサッカーの能力を増進するためには、サッカーをある運動に単純化するのではなく、運動の目的、つまり、サッカーの意図を実現することを明らかにする必要があります。

　選手がサッカーにおけるあらゆる状況に対処・解決する場合、その意図するところが何かを知っていて、かつ、ある特定の状況での経験が多いほど、神経がその信号を筋肉に送る伝達速度は速くなります。

サッカーにおけるコンディショニングトレーニング

コンディション＝条件もしくは状態
サッカーにおけるコンディションとは、特に、次のことを意味している。

1. 選手がどの程度、試合の結果に積極的に貢献できるような状態にあるかどうかという基準。

2. サッカーにおける特定の負荷との関係がなければならない。

3. サッカーの意図を実現するようなものである。

4. サッカーにおける3つのハイライトにおいて、選手たちが、意図を実現できるようになっているかどうかの基準の分析。

5. 選手たちの試合における行動を読むこと。つまり、体力測定やシャトルランテストのような単純な測定結果で選手の能力を判断しない。

6. やることに名前をつける。
   ・質：有効性、効果
   ・量：十分に長く、継続して、頻繁に

つまり、トレーニングとは、サッカーの質を体系的に向上させることなのです。

選手のプレーを判断する際には、常に、サッカーでのパフォーマンスについてが述べられます。たとえば、

自チームがボールキープしている場合や相手チームがボールキープしている場合
- より速く、状況に次々と対処・解決できる
- 連続して、次々と
- 相手からの大きい負荷の下で
- 観衆の負荷の下で
- 相手を見て強制されて
- バリエーションと意外性
- 先見の明（予想）
- 自チームから相手チームへのボールキープの交代、またその逆の場合に、速やかにスウィッチする

> サッカー、コーチング、トレーニングは、身体ではなく頭でするものです。

理論を使う

コーチは、どのような原則によって、持久力や筋肉といった要素が発達するかを知っていなければなりません。ここでは、トレーニング論についての一般的な基本コンセプトについてお話することにします。こうした原則をサッカー独自の形式（いわゆるゲーム・ミニゲーム形式）に置き換えることによって、サッカーの能力を発達させることができます。

ボールは僕のものだ！

トレーニング論についての知識のほかに、サッカー選手のトレーニング、コーチングにおいて、どのように人は学び、どのようにサッカーを教えるかについて知ることが重要です。これについては、しっかりとした明らかな解答を示す処方箋はありません。

コーチは、そうした知識を、それぞれの実際の練習に適用しなければなりません。サッカー自体にとってはそれは思ったより難しいかもしれませんが、プレーにおける知識とインサイトはサッカー選手の「コンディション」について語るためには絶対に必要なものです。

ですから、肺活量が大きくなれば（長時間の練習で容易に増えていきます）、選手たちはサッカーがよりうまくなるという訳ではないのです。また、選手たちの足を伸ばす力が強くなれば（これもフィットネスルームで、ある負荷の状況で伸ばせば簡単にトレーニングできます）、よりうまくプレーでき、よりうまくヘディングできるということでもないのです。同様に、選手がより長く、速く走れるようになれば（トレーニングは少し難しいのですが）、選手がうまくなるということにはなりません。

試合を読む

試合を読む、つまり、試合で何が起こっているかを認識することは、一番大切な条件です（第5章・p.43参照）。

正しい形式、方法、練習の仕方、サッカーでの状況の構成することを選ぶ際に、何に基づくかは、特に問題を記述することができる、正しい診断をすることができるかということです。

こうした診断は、「より高くジャンプしなければならない、より速く走らなければならない、身体がより柔らかくなければならない」というようなことに基づいていないということは明らかです。問題は、明らかにサッカーの言葉で表現し、特に選手たち自身に理解できるようになっていなければなりません。また、選手たちは、自分たちに何が足りないかを理解しておく必要があります。

サッカーにおけるコンディショニングトレーニングの実践

トレーニングの実践とは、とにかくすべてがサッカーにかかわっていることです。コーチは、サッカーでの状況をつくり上げ、選手たちがサッカーにおける特定の判断をよりよく、より長く、次々と、より速く、実行できるように刺激しなければならないでしょう。よりよくなるための原則は、より高いレベルを目指して物事をやってみるかどうか、ということに基づいています。

サッカー選手にとって、ボールを奪うためにジャンプすることは、ただジャンプすることよりモーチベーションが高まる

実際には、パフォーマンス（サッカーをすること、試合、トレーニング）の行われる環境が少し厳しいものになるようにしなければなりません。ただし、これは選手たちが何かを始めたい（これが絶対条件です）が、現状より少し上を考えているという限りにおいて有効です。それは、集中力やある種の心構えが要求される難しく厳しい注文だからです。トレーニング論では、いわゆる「過負荷の原則」との関連で説明されます。

今できることよりも、もっと多くやってみることが大切です。そうすることによって、トレーニングはより試合に近づいていくことになります。しかし、実践（試合やトレーニング）にあまり重きが置かれず、この原則に注意しない場合が多くなっています。

第11章　コンディショニング　**175**

COACHEN VAN JEUGDVOETBALLERS

サッカートレーニングの大部分がこの原則に相応していないならば、実際にはトレーニング（＝パフォーマンスの向上）について語ることができず、ある種のレベルの維持（役に立ちうる）、時間つぶし（あまり役に立たない）、退屈（まったく期待はずれ）となってしまうでしょう。

ですから、サッカーのパフォーマンス（試合、特にトレーニングの状況）を厳しくしたり、少し厳しい指示を出した場合、選手がちょっとした意志（集中力）をもてば、それに応えたりできるようになったりしなければなりません。ここでは、コーチはサッカーの意図を追求し続けるように、常に集中していなければならないのです。

> コーチは、サッカー能力を向上させる実践方法として、サッカーのゲーム・試合形式を用います。ただ漫然とやるのではなくて、実践のうえで、サッカー能力を発達させることができるような状況の中で選手たちをコーチします。

コーチは、ここでいくつかの手段を用いることができます。選手たちをある状況下において、ある特定のやり方でサッカーさせるように仕向ける方法です。

実例
- 特定の役割・任務についての指示を出す。たとえば、後方で1対1でのパスの練習、もしくは前方でフォワードにポストプレーの基点の役目をやらせる
- 相手選手の総数を調整する
- 時間やスペース（フィールドの広さ、形）を調整する
- 特定のルールを適用する（オフサイドの有無、など）

サッカーの状況は、選手たちがサッカーパフォーマンスをうまく示して、対処・解決されるように設定されていなければなりません。つまり、選手たちにある特定のやり方でサッカーさせるように仕向けられている状況を設定することによって、判断のスピード、適切な問題への対処・解決法や適切なタイミングを選ぶことによい影響を与えるようになるということです。

当然のことながら、年齢別のクラスごとにそれぞれのポイントがあります。さらに重要なのは、選手たちがどういうレベルにあるか、どういった目標に向かっているのか、そして、練習やトレーニングにどのくらいの時間があるかということです。

コーチは、サッカーの能力を発達させることができるように指導します

ここでもう一度、ユースサッカー選手の発達段階についての分類を示しておきましょう。

A．前段階（5－7歳）

- ここでは、特に基本テクニックを教えなければなりません。

おもに言うべきこと：
「サッカーのゲームができるようになるためには、キック、ドリブル、トラッピングなどが、まずはいくらかでもできるようにならなければだめだよ」
「ボールのコントロール」

B．第1段階（7－12歳）
　　基本プレーの習熟

- サッカーでの状況に対処・解決することを学び、特に、自分自身をその状況に適応できるようにしなければなりません。

おもに言うべきこと：
「相手選手、限られたスペース、近くにいる味方選手といった負荷があっても、ボールにうまく対処したり、適切に流れを作ったり、上手にトラッピングしたり、ボールを体の近くでキープしたり、上手にパスしたりできなければだめだよ」
「サッカー独自の状況でボールをコントロールする」

C．第2段階（12－16歳）
　　試合の習熟

- サッカーでの状況に対処・解決することを学び、特に、チーム内でのポジションやラインの中でのポジション、チームとして適切な対処・解決をどのように選ぶかがわかるようにならなければなりません。

おもに言うべきこと：
「相手を打ち負かすためには、ほかのチームメートと協力できる状態になっていなければならず、自分

相手選手の負荷に対処できるようになること

のしたことがどういう結果になるかということがわかっていることが一番大切なんだ」

D．第3段階（16－18歳）
　　大会の習熟

- 勝つことを学び、よい結果につながるようなありとあらゆる手段を用いること－パフォーマンスが計画的かつ体系的に向上するように考え、意識して練習すること－トレーニングのビルドアップや集中的に行うことが重要になります。試合での練習相手、など。

おもに言うべきこと：
「自分のアクションだけを考えるのではなく、試合の結果につながるようにプレーしろ。自分の任務を守り、ほかの選手をコーチングし、現在の順位や時間をよく考えておけ」
ボールキープの際に：「ボールをキープしてアグレッシブに行け」
相手のボールキープの際に：「積極的に守備しろ、ボールを取り戻すようにトライしろ」

年少のユースにおける
コンディショニングトレーニングの実践

　ユース、特に年少のユースでは、実際の試合結果につながるサッカーの能力の向上とは別の分野の仕事があります。

　年少のユースのためには、選手たち自身により身近で、チームの結果やラインごとの機能、大会での順位にはそれほど関係のない分野の仕事が待っています。幼いサッカー選手のコンディション（サッカーの能力）は、彼らのサッカーにおける発達の中で最初に出会う難しくなる要素もしくは負荷、つまり、ボールに慣れることができるようなやり方や基準に、できるだけ多く置き換えることになります。

　これが、子どもたちのサッカー能力を発達させるために重要な条件の一つです。

　先に「サッカーを学ぶことは、サッカーの意図に向かって努力していくことと常に一緒になっていなければならない」と言いました。つまり、目的がはっきりとしていなければならないのです。

　　　　〜するためのドリブル
　　　　〜するためのパス
　　　　〜するためのシュート
　　　　〜するためのダッシュ
　　　　〜するためのジャンプ

　まさしく、子どもたちにとって最初に難しくなる要素、ボールを上手に扱えるようになることを目指しているこの発達段階では、さらに「コンディショニングすること」、つまり、その他の典型的なサッカーの負荷に対処することを学ぶことも必要不可欠となります。それは、
- 味方選手
- 相手選手
- 時間・スペース
- ゴールを目指すこと
- ルール
- 緊張感

　年少のユース（ジュニアクラス）では、これらの要素に対処することを学ぶことが中心となります。そうはいっても、サッカー独自の状況（ゲーム・試合形式）の中でボール（テクニカルな面での技能）に対処することを教え、それをさらに強調・集中し発達させていくことも同時にしなければならないでしょう。こうしていくうちに、インサイトがさまざまなサッカーの状況で適切な対処・解決を見出すようになり、この課題も意外にあっさりと達成されるかもしれません。

　前述のコンディショニングトレーニングについての考え方、特にユースについて話を少し戻してみましょう。

　当然のことながら、子どもたちが、たとえば学校での体育を通じて、あらゆる運動の体験や体操ができるようになれば大歓迎です。特に、そうした刺激（影響）に敏感な年齢では、できるだけバリエーションに富んだ運動をさせるようにしなければなりません。それは、サッカーのトレーニングでも同じです。その特定の年齢（8－14歳）での子どもたちは、サッカーの経験をどんどん吸収・蓄積し、あとになって似たような状況でその経験を呼び覚ますことができるのです。

　この考え方の基本コンセプトは、子どもたちにこの段階でできるだけ多くのサッカーの状況に直面してもらうということです。ですから、少ない時間しかないにもかかわらず、サッカートレーニングの中で、筋力強化、脈拍を上げる、持久力を上げるといったさまざまな練習をさせて、子どもたちを困らせるのはまったく意味のないことです。

　この年齢のグループの試合を見ると、たとえば持久力や筋力がないことやインサイトに欠けていることで、サッカーの状況がうまく成立していないように思われます。選手たちが重なってうまく始められない、選手

同士が理解していない、指揮されていないといった問題があったとしても、それは、たとえば筋力（またはどの筋力）が足りないということよりも、さらに上の段階での問題なのです。ですから、テクニカルな面での技能が機能するように発達させること、つまり、あるサッカーの状況で何を目標にするかということが、年少のユースのトレーニングでの中心となるのです。

年長のユースにおけるコンディショニングトレーニングの実践

年長のユースや大人においては、とりわけサッカーの能力向上は実際の試合の結果につながるようにします。できるだけ効果的に、さまざまな可能性、特質、チームの弱点に対処できるように指導します。

この関連で重要なのは、選手たちをチーム内でどのポジションにつけるか（選手たちの特性をチームの中でのポジションや機能に一致させること）、チームのプレースタイルをどうするか、味方のボールキープや相手のボールキープの際に、どのようなフォーメーションを取るか、などということです。

前述のとおり、サッカーにおいては、試合を読むことに基づいて、一連の原則に対応するように、問題点・目標の設定・適切な環境（トレーニング・コーチングの状況）を設定し、プレーの意図が（ルールを守って）実現されるように努力することがトレーニングの目標の基本となるようにしなければなりません。たとえば、フォワードとディフェンダーが5対4でプレーする形式がトレーニングされているとしましょう。ディフェンダーには「1人少ないので、できるだけ積極的に守備し、ボールを奪い取るように」という指示を出します。

しかし、この形式や指示が、単に相手にフリーキックを与えることに置き換わってしまったならば、守備の意図やビルドアップ・攻撃へのスウィッチということがねじ曲げられてしまいます。このときコーチは、注意を与え、どうしたらよくなり、より効果的になり、意図にかなうようになるか、例を示してみせます。たとえば、ボールを奪い取るためにどのようなテクニックを使うか、ボールを奪い取ったときのポジショニングプレーなどについてのアドバイスを考えてもよいでしょう。

また、この形式をコンディショニングトレーニングという観点で見直してみるならば、今より厳しい指示を出して内容を充実させることになります。この場合、4人のディフェンダーは、ボールを奪い取るためにできる限りのことをしなくてはならなくなるでしょう。

選手への要求が高くなるというのは、つまり、選手たちに何をやらせ、どう動機づけし、どう最初の指示を守れるようにする（つまり、抜かれることなく、ボールをもらえるようになる）かということです。

こうした指示の下、選手たちがそれをはっきりと意

年長のユースでは、単にボールだけでなくそれ以上のことをすることになります

第11章　コンディショニング　179

識して続けていくと、選手たちの身体には変化が生じてきます。たとえば心臓、肺、血液の循環、筋肉、関節、呼吸などです。

それは心臓、肺、血液の循環、筋力、柔軟性、コンディションを向上させるようなランニング、長距離走、ダッシュをしろというような指示を選手に出すという意味ではありません。肉体は、指示を出す主体である意志が「ボールを奪え」と言うならば、それに突き従うのです。

当然のことながら、それにも限度があります。これを見極めるにはコーチの力量がものを言います。いつ、選手に指示に従う行動を止めさせるか、一つミスをしたあとにまったくできなくなる場合には、選手たちは限界にきているということをコーチは学んで（少なくとも知っている）いなければなりません。選手たちは、より厳しく相手をマークし、ボールを追いかけ、ボールを正しい技術でとらえる、などで疲れすぎている状況にあります。

体力面で選手たちを向上させる（より長く続けられる、より早くボールを奪い返す、よい流れを選択できる）ためには、適切なコーチングをしながら、今しばらくプレーを続けさせ、非常に厳しい環境の下でも、うまく指示をやり遂げることができるようにすることが必要になるでしょう。

コーチの判断基準は、脈拍や何km走ったかという距離や時間ではなく、選手たちがサッカーの指示における目標を実現したかどうかなのです。コーチの見るものは、要求したことの特質、成果、時間内で持ちこたえられたか、特別な指示以外の仕事ができたか（全体を見渡すこと）、何度もトライしていたか、それともすべきことをしないでいたか（プレーに参加せず見えなくなったか）、ほかの味方選手によい影響を与え続けること（コーチング）ができたかどうかということです。

インサイトと理解は、サッカーにおける「コンディション面」で重要な前提です

つまりこうした基準は、どういうトレーニングにするか、形式の目標に密接な関係があります。先に示した負荷をうまく使い調整することで、コーチは特定のサッカーの意図を目に見えるようにしたり、はっきりとさせたり、厳しい練習にしたり、軽い練習にしたり、練習のポイントを変えたりできるのです。つまり、コーチは本質的にコンディショニングトレーニングにも携わることになります。

もう一度繰り返しますが、筋肉自体が鍛えられるのではありません。プレーの意図が認識されているかどうかが問題なのです。肉体はそれについていきます。ですからコンディショニングトレーニングは、フィジカル面だけで考えるべき問題ではないのです。むしろ、理解、感情、肉体の各要素がばらばらにならず一体になっているかどうかが問題です。コンディショニングトレーニングとは、特に理解と意志にかかわるところが大きいのです。それで、目的が達成されるのです。

次に、先に示した順序に従って、構成されたいくつかの例を示すことにしましょう。

順序をもう一度
1. 初期状況
2. 問題の分析
3. 目標の設定
4. トレーニングでの内容と構成の選択
5. コントロールと評価

一般的な対策	効果
・スペースを小さくする	・選手にサッカーの状況に対処・解決する時間が増える
・スペースを大きくする	・時間がある－より長い距離を走ったりパスする
・相手選手の数を多くする	・時間が少なくなり、全体を見渡すことが難しくなる
・相手選手の数を少なくする	・時間が多くなり、全体を見渡すことが簡単になる
・ボールキープしていない相手選手にボールをできるだけ早く奪い返させる	・時間が少なくなり、全体を見渡すことが難しくなる
・オフサイドのルールをつける	・スペースが少なくなり、時間も少なくなる
・ピッチのサイドにボールを十分用意しておく	・どんどん続けられる、すぐに再開できる
・ヘディングだけで得点できる（8対8や、7対7のラインサッカーのような人数の多いミニゲームでだけ可能）	・ウィングを使い、ヘディングの競り合いが増える
・時間制限を設ける（例：残り5分、最後の1分）	・選手たちはより効果的に攻撃したり、ボールを奪ったり、ボールキープしたり、など（状況によって異なる）に仕向けられる

実践例1・2

■例1：シーズン前の準備

1．初期状況
　Aシニアクラスがバカンスから戻ってきて、トレーニング1週目に入った（週に3回トレーニングがある）。

2．問題の分析
　2～3週間以内に、チームは大会のレベルで試合を戦うことができなければならない。選手たちは、何週間も何もしていなかったので、そのレベルで要求される条件からはかなり遅れている状態である。

3．目標の設定
　サッカーのパフォーマンスを大会レベルまでもっていき、そのレベルで問題とされる負荷に対処し、克服することができる（つまり、前後半フルに、試合に勝つつもりでプレーできる）。

4．トレーニングでの内容と構成
　必要なのは、トレーニング論の知識、とりわけ「過負荷」の原則や「運動負荷法」の原則である。

　こうした知識に基づきながら、サッカー独自の形式を選択します。その際、（その形式で）密度を高くせず、長く続けられるようにします（これなら選手たちが楽しんでその練習をやりながら、前の状態に回復する十分なチャンスがある）。

　例：少人数のミニゲーム、5対5、もしくは6対6をあまり広くないフィールド（ピッチの4分の1のスペース）で行う。通常の大きさのゴールがなければ、小さいゴールをつけたり、ラインサッカーのバリエーションにする。

　このプレー構成の中では、プレー時間やインターバルの時間をどうするかも考えることになります。

　この理論的な知識は、コーチとして見たもの（選手たちにやるべきことがたくさんあるかないか、選手たちが走ったあと息切れしているか、ヒーヒー言っているか、何かに寄りかかってしまっているか）に基づいて、設定した目標を達成するための適切な対策をとるうえで必要不可欠なものです。たとえば、状況によっては、選手たちにより多くのことを要求します（たとえば、奥行きのあるフィールドにする、選手の数を減らす、フィールドの幅を広げる、ゴールを大きくする、より厳しい指示を与える）。

　トレーニング再開第1週目では、主要部分のほかに、当然のことながら、パフォーマンスをより高いレベルにもっていくのに役立つようなあらゆる要素が問題とされるようになるでしょう。たとえば、一般的な体操、ストレッチ運動、選手たちが自律的に行わなければならない（コントロールしなければならない）ウォーミングアップやクーリングダウンに含まれるような、一般的なフィジカル面での運動です。コーチは、チーム全体を活気づけ、励まし、アドバイスを与え、雰囲気を

試合に勝てるようになるためのトレーニング…

コントロールしたりするために、その場にいることになります。

このビルドアップの段階で、実際に練習試合をしてみることも確かに意味があります。しかし、たとえば、同じクラブ内での上の年齢のチームを相手にするというような「過負荷」が大きすぎる練習試合であってはなりません。そうなると、選手たちがいくら努力しても、まだトレーニングしていないさまざまな要素が過度に要求されることとなって、選手たちにどのくらい疲れが残るか予想できなくなってしまいます。

このビルドアップの段階も後半になれば、全力を傾けてするような試合は、もちろん積極的にやってほしいことです。ただし、そういった試合も、トレーニング全体のプランの中でしっかりと意味のあるものになっていなければなりません。運動と休憩の比率に十分気をつけてください。

5．コントロールと評価

このビルドアップの段階を進める中で、選手たちをよく観察し、彼らのいうことによく耳を傾けるべきである。コーチは、個人個人やチーム全体がどのくらいの運動量をこなせるかを把握しなければならない。そうした情報を蓄積し、来るべきシーズンでその情報を使うのである。

■例2

ボールを奪い取るために、相手にプレスをかける練習（プレスのプレー）

1．初期状況

チームは、ほとんどの試合で相手チームのボールキープの際に、相手になかなかプレスをかけられず、早い段階で積極的にボールを奪い返すことができない。多くの場合、相手は何の問題もなくビルドアップや攻撃ができてしまう。自チームがボールキープになるのは、自チームのゴール近くで相手がミスした場合だけである。

2．問題の分析

大部分の選手に、チームとして積極的にボールを奪い返せる方法についてのアイデアがほとんどない。何人かの選手は戻るのが遅すぎ、また何人かは必要のないスライディングやファウルをしてしまう。また、ボールに行くのが積極的すぎる選手がいたり、何人かの選手はどういったタイミングでボールを奪い返すことがよいのかわかっていない。つまり、この点がチームの弱点となってしまっている。

3．目標の設定

ボールを積極的に奪い返すためのアイデアや意識を発達させる。チームは、自チームのゴールからはるか前線で、ボールを奪い返すようにならなければならない。

4．内容と構成

ここでも、コーチがトレーニング論の知識を備えていることが重要である。試合で常に出てくる状況（相手チームのビルドアップ）より厳しい状況で、選手たちが自分たちの問題を体験していなければならない（過負荷の原則）。実際の試合での状況よりも単純化し、全体を把握しやすくし、より明らかになるようにする。

ボールを相手から奪うためには、みんなでアイデアを発達させなければならない…

第11章　コンディショニング　**183**

それは、その状況にかかわる選手の数を少なくして行います。そうすることによって、あまりうまくできない選手、うまく協力できなかった選手、テンポを合わせることのできない選手などが「感じる」ことができるからです。欠点は、より厳しくあらわれてきます。

ここでは、4人のフォワードが3人のディフェンダーに対して、キーパーのいる大きなゴールに得点しようとする形式を選んでみましょう。

フォワードのボールキープで、センターサークル付近から始めます。フィールドの幅は、ペナルティエリアの幅とします。3人のチームは、ディフェンダーの仕事（＝得点を防ぐ）をおろそかにせずに、できるだけ早く、そして、できるだけ積極的にボールに仕掛けるようにします。3人のチームへの指示はとても厳しいものになります。それは、
- 状況全体を把握できること
- 適切な選択をすること
- 互いにコーチングすること
- ほかの選手からの指示を聞くこと
- この指示を守り、疲れてきてもそれを果たすこと

このトレーニングでは、攻撃もしくは守備のアクションをいくらか行ったあとは、体力を回復させるために少し時間をとるようにします。この時間に、コーチは全般的もしくは個人的なアドバイスを与えることができますし、また、選手はストレッチをしたりリラックスしたりすることができます（回復を早める）。

この形式もしくは似たような形式（5対4、大きいフィールドでの6対5もしくは7対6）では、実際の運動の時間は比較的短くしながらも、その密度は試合レベルを維持し、全力で、かつ高いモチベーションで集中力をもって練習しなければならないことに留意しましょう。試合での意図も明らかになっていなければなりません。試合での意図とは、ボールを奪い返し、そのあと、たとえばフォワードにパスするということです。全力を傾け集中することによってそれが可能になるようにします。

この問題点に対して、練習の中で別のバリエーションを選ぶこともできます。たとえば、ラインサッカーのさまざまな形式や、個人のレベルが足りない場合では、1対1に必要なポイントを加えたもの（テクニカルな面やインサイト面での要素）でもかまいません。後者の形式では、個人のフィジカル面での可能性が大いに問題となってきます。1対1はあまり長く続けることができませんし、どういう練習をしたあとでも、多くの休憩を組み入れる必要があります。

5．コントロールと評価

実際にトレーニングしたことは、試合の状況の中でテストされなければならない。個人個人でアイデアや意図が明らかになっているかどうかを確かめるためである。

試合中のコーチングでは、まさにフィードバックとして、選手にトレーニングでやったことを思い出させるようなアドバイスを与えるようにする。選手たちは、
コーチから「適切なタイミングとはいつか、誰がより厳しくマークすべきか、誰が背後のカバーをするのか、誰があまりに早くに倒れてしまって、どうしてプレーに入っていけないのか」といったアドバイスを受けることになる。要するにコンディション（状態）は、何回かのトレーニングのあと、試合の場面で上がっていかなければならないのである。

トレーニングの成果は試合でテストされる

つまり、指示がよくなれば、選手たちはより効果的にプレーできるようになるのです。

第12章 イレブンのポジションと機能

イレブンのプレーの仕方

　一般的に、イレブンがプレーする方法は、フィールド内における選手のフォーメーション（システムとも呼ばれます）の中で改めて見ることになります。

　この関連で説明すべきは、たとえば、4-3-3、3-4-3、あるいは4-4-2のフォーメーションです。どのフォーメーションでプレーするかによって、選手はそのフォーメーションでのフィールドにおけるポジショニングに携わることになります。

　あるプレー方法の選択とそれに伴って採用されるフォーメーションは、特に選手の特性と関係があります。さらに、その他のこと、つまり、試合の重要性（ユース選手の育成か、リーグ戦での勝利か）、負荷、リーグ戦での順位などとも関係があります。

　どのフォーメーションでも、多かれ少なかれ独自のフィールドのポジショニングが伴います。また、どのフォーメーションでも、それに属するさまざまなポジションでも、さらに任務と機能とに細かく分けられます。重要なのは、各選手が味方選手の任務と機能を理解していることです。それを前提として、さらに試合の中で実践することになります。

　選手が任務を遂行できるかどうかは、プレーにおけるインサイト、つまりサッカーの状況を理解しているかどうかにかかっています。それと同時に、選手は十分な技術・技能を備え、周りとコミュニケーションをとる能力がなければなりません（TIC）。

　少なくともユースサッカー学習過程の下で、最も論理的なフィールドの分割の仕方、つまりフィールドのポジショニングは、ゴールキーパー、3人のディフェンダー、3人のミッドフィルダー、3人のフォワードです。

　残り1人の選手のポジションは、レベル、試合の意味、学習過程の段階に応じて、以下のようにもってくることができます。

- 3人のディフェンダーの後ろ

- 3人のディフェンダーの前

- 3人のディフェンダーの前、後ろ、中間と移動できる

- 中盤にもう1人、たとえば、「ダイヤモンド」の形にする

- もう1人のフォワード、つまり前線のフォワードより後ろにいるトップ下

　それぞれの任務については、4-3-3のフォーメーションを例にとって説明していきましょう。そのフォーメーションのプレーに含まれる任務と機能は、当然、コーチならば知っていなければならない事柄です。そうでなければ、コーチは選手をサポートすることなどできません。

　本章では、一般的なオランダのクラブチームがプレーしている方法について説明していきます。重要なのは、どんな意味があるのか（あるポジションで何が要求されるのか）、そして、どのような方法でそれらを実現すべきなのかについて、どの選手もきちんと理解していることです。これらは、チーム全体としてのプレーの仕方、ポジションとしてのさまざまなライン、個人の任務からうかがい知ることができます。

重要な要素は

- 基本形

- 意図
  - チーム全体
  - ライン
  - さまざまなポジション

- 状況
  a．ボールキープしている
  b．相手がボールキープしている

> **イレブンのプレーの仕方は、次のことによって決まる**
>
> 1. 結果　サッカーは勝つためにする
> 2. プレーする喜び／学習効果

ビルドアップ、攻撃、前に向かって行くという側面は、ユースサッカー選手のプレーの仕方において重要な位置を占めます。しかしながら、勝つこと（最終的な目標）は、また別の話になります。

Cジュニアクラス以降において、選手のアクションの効果は、大変重要な役割を果たすことになります。その後（16-18歳）、選手はチームのパフォーマンスが、個人のパフォーマンスより優先することを学ぶことになります。

このことは、任務と互いの結びつきがかみあってはじめて可能になります。ユースサッカーでは、選手自身の発達はチャンピオンシップを勝ち取ることより優先されます。コーチにとっては、選手にとってもそうですが、別の目標（サッカーを学ぶこと）があり、そのためにチャンピオンシップも目標となるのです。コーチも選手も、勝つためにサッカーをするのです。選手には高度な必須条件が示されます。選手がその必須条件を満たすことができるかどうかは、試合の中で明らかになります。

> **次の質問については、試合の中で答えが示される。**
>
> 1. 目標は達成できたか（結果があらわれたか）
> 2. 任務は理解されているか（選手がインサイトを見せているか。それを理解しているか）
> 3. 任務はうまく遂行されたか（選手ができているか）
> 4. 共同作業はうまくいっているか。十分なバランスがあるか。十分なコミュニケーションがあるか

一般：
　選択したプレーの仕方をやっていくには、ミーティング、トレーニング、試合後のミーティングで必要な注意を払うことが不可欠である。

フォワードの任務は、何よりも得点することです

繰り返し議論されるべきことは：

- フォーメーション、フィールドのポジショニング、フィールドの分割（誰がどこを）

- プレーの仕方（どのように、ビルドアップ、攻撃、ディフェンスをするか。どの選手が、さまざまな状況下でどのような役割を果たすか）

- さまざまなポジションの任務と責任（個人的、ラインとして、チーム全体として）

- ポジショニングのクオリティー。イレブンが繰り返し練習するルーティンワークになるべきで完璧を目指す（ポジショニングの意図についてのインサイト）

- 1対1の競り合いに勝つ（いわゆるこぼれ球の競り合いを含む）

- ポジショニングの最終段階における効果（センターとウィングでスコアリングチャンスをつくったか）

- チャンスを生かす、得点する

基本形、標準的な構造

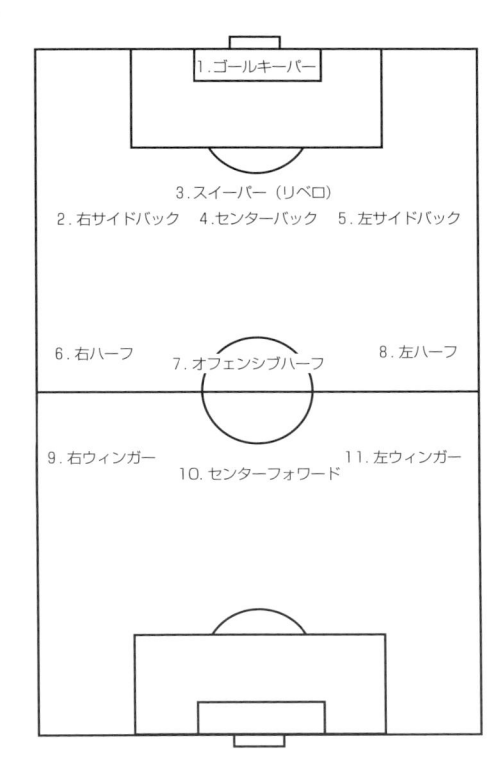

1. ゴールキーパー
3. スイーパー（リベロ）
2. 右サイドバック　4. センターバック　5. 左サイドバック
6. 右ハーフ　7. オフェンシブハーフ　8. 左ハーフ
9. 右ウィンガー　10. センターフォワード　11. 左ウィンガー

任務についてはっきりと説明することが何度も繰り返されます

第12章　イレブンのポジションと機能

チーム全体

■ボールキープしている場合（ビルドアップ／攻撃）

- 特にポジショニングに従事する、ポジショニングのクオリティー、ポジショニングのリズム。

- ポジショニングの意図は、とりわけフィードパスが出せるようにすることである。

- フィールドのポジショニングが重要。特に中心にいる選手とサイドにいる選手との距離（近すぎず、遠すぎず）。

- ポジショニングは、とぎれない集中力とシャープさ（互いに関与している、一緒に考える）が要求される。目を離さない。

- ルーティンワークでは特に完璧を目指す－誤ったパスをしない、不必要にボールを失わない、不必要なランニングをしない、適切なボールスピード、完璧なパス、適切な脚で蹴るなど。

- いくつもチャンスをつくるためにボールにできるだけ多く触る（ポジショニング）。

- チェイシングのあとボールを奪った際、急ぎすぎずにプレーすることが重要である。あれこれ別の集中力が要求される。したがって、アグレッシブすぎず、誤ったボールを出さない（適応力の切り替え）。

- センタリングのあと、ペナルティエリアでの動き、十分なプレス、ボールがくるのを待っていない、可能性を探る。

- 相手が遠くから戻ってくる場合、それだけビルドアップに時間がかかる（本当に不可能ならば、フィードパスをあげない）。

- 前線での可能性に注意する。終わりのないサイドパスという泥沼に入り込まない（前線に集中する）。

- ボールを持っている選手と前線にいる選手たちとのコミュニケーション。

- 攻撃の原則は、とりわけウィングとセンターフォワードが前線に行くことである。

- 6人の選手（2、3、4、5、6、8）
3人のフォワードと攻撃に参加するミッドフィルダーがプレーしやすいように機能する。

■相手がボールキープしている場合

- **基本コンセプト**：ボールをできるだけ早く取る－できるだけ自軍のゴールから離れる。
条件：よい組織、各自の理解とインサイト、そして集中力。3つのライン、つまり、全員がここで任務を担う。

1. - フォワードもディフェンスに参加する、左右のウィングが素早く体勢を整えて相手を挟む。
   - プレスしなければならない選手をサポートする。
   - ここでも適切なポジションを選択する（時には数メーター単位で）。

2. - 最終ラインのサポート、3人のディフェンダー＋リベロ。
   - ボールキープしている選手をかたくマークして抜かれない。
   - 連鎖反応：適切な瞬間にある選手がボールに行くようにする。残りの選手はそれにあわせなければならない。最初の2人がうまくいかなかったとしても、3人目、4人目（ある種の連鎖反応）で、最終的にボールを奪うべきである。
   - 相手が自軍のゴールにくることをできるだけ少なくする。
   - 相手のビルドアップによくついていく：相手チームが攻撃の形になっている。すると、反撃に弱い。

ボールを奪い返す機会をうかがう。
  ・1対1の状況が効果的である。それでボールを奪う。パスの可能性を封じる。罠にかけて反撃に出る。

● ゴールからできるだけ遠くでディフェンスする。

● オフサイドトラップについてあらかじめ決めておく（1人の選手がそれを統括する）。あるラインに多くの選手がいればいるほど、それはより複雑になり、より危険になる。

● 一般：自軍のゴールから遠くでプレーして、どの選手も自分が担当するゾーンに相手がボールを持たずに入ってきたとしてもその相手と対決する。

● センターサークル／ハーフウェイラインまで相手を押し下げる。あるいは全体的に押し上げる。

● ハーフウェイラインの手前（センターサークルの近く）で早目につぶしに行く。

● 各自が参加する－チームの団結力で素早い切り替え。

● 相手が長いフィードパスや下手なサイドパスを出すときは、ボールをチェイスするよい瞬間である。特にボールがベストの形で出されていないとき（周りの「逃げ道」を封じる）。

● ボールを奪い返す手順
  ・ルーティン（ポジションを選択する、狭くする、引く）
  ・状況を把握する
  ・中盤のプレスとディフェンス（スピードアップと相手の封じ込め）
  ・妨害する
  ・チェイスする
  ・ボールを奪う

● 常に、ハイテンポで妨害やチェイスをするのではな

い。よいタイミングを選択して、完全に（p.188「連鎖反応」参照）、自分でイニシアチブをとり、相手を難しい状況に追いやる（たとえば、ビルドアップの弱いサイド・選手）。

ラインごとの任務

```
ディフェンス        1
                    3
              2  4    5
```

■ボールキープしている場合（ビルドアップ／攻撃）

● 不必要にボールを失わないこと。
● 速いボールスピード、素早くプレーする場所を変えること。
● ビルドアップでミスをしないこと。
● よいポジショニング、スペースを最適に使うこと（相手チームのフォワードに関しても）。
● 味方選手をフリーにさせる目的でプレーする。
● 互いによくコーチングすること。
● 互いによくコミュニケーションをとること。
● ボールを失った場合には何をすべきか、よく気をつけていること。

ボールに仕掛けにいく適切なタイミングを待つ。この場合、ディフェンダーは遅すぎる

第12章 イレブンのポジションと機能

中盤
6　7　8

- 自分のゾーンでのよいプレー、あまり早くに前線に行かないこと、フィールドでのポジショニングを最適にする。
- 不必要にボールを失わないこと、必要以上にドリブルしないこと。
- 9、10、11のフォワードの役に立つような役割。つまり、役に立つようなプレーをする。
- スコアリングチャンスを作ることを常に考えておく。

フォワード
9　10　11

- 3人のフォワード
- 最適のポジショニングをする（フィールドをできるだけ広く使う）。
- ディフェンダーがフィードパスを出す場合、10番がボールをあまり早くに要求しないこと。
- 3人のフォワードについて、個人の能力を生かしてできるだけバリエーションをつける。こういったプレースタイルがとても重要だが、危険も伴う。
- フリーになる方法にバリエーションをつける。
- センタリングの場合、4人がペナルティエリアに入らなければならない（たとえば11がセンタリングすると、10、9、7、6はペナルティエリアに入る）。
- ビルドアップをする選手とコミュニケーションを最大限にとる、ビルドアップの発達をよく読んで、前線に出る瞬間を予測し、後ろからのパスを受けられるようにできるだけ都合のよい状況を作り出す。
- とにかく得点を取ることを目指す。

■相手チームがボールキープしている場合（ディフェンス／妨害）

ディフェンス
```
       1
       3
    2  4  5
```

- 目の前で起こっていることに関して、互いによくコーチングする（テイクオーバー、交代、オフサイドなど）。
- 自分のゴールに近ければ近いほど、2、4、5はかたいマークをしなければならない。
- 3人のディフェンダーは、1対1の状況にもっていかないようにしなければならない→その他のディフェンダーとミッドフィルダーの責任。
- クレバーなディフェンス－ファウルをしないようにする。
- 体を使ってディフェンスする、技術的にうまくしてファウルをしないようにする。

体を使ってディフェンスしてもファウルをしない！

中盤（ミッドフィールド）
6　7　8

- 2人のミッドフィルダー（たとえば6と8）がコントロールする。前線に出すぎず、ウインガーの前に行くタイミングを間違えない。
- 1人のミッドフィルダー（たとえば7）は、センターフォワードとミッドフィルダーとを結びつける機能をもつ。
- クレバーに頭を使って、不必要なファウルをせずに、激しくディフェンスしすぎないようにする。
- 3人のミッドフィルダーのうち1人がかたいマー

クをしなかったら、問題が出てくる。相手には逃げられる。
- 相手にだまされないように、相手にプレスをかけ続ける。
- 体を使う。
- 相手のフェイントにだまされないようにする、相手に背を向けない。
- 中盤はフォワードとよく連絡する。自分のゾーンにいる相手選手をよくマークする。ゾーン内で彼につく。
- 「挟む」（＝ボールに行って二重のマークをする。またはスペースをつぶす）。サイドにいるミッドフィルダーが「挟む」：相手が攻撃／ビルドアップする場合、6と8はフィールドの反対側に行く。

フォワード

9　　10　　11

- 相手がボールを回すときに自分の中盤まで戻って、センターサークルぐらいまで下がる（状況によって違う、時には全体が上がる）。
- 互いによくコンタクトをキープすること、ポジションのフィーリングをもつ（ポジションをボールのところに合わせる）。
- 相手のビルドアップを予測する、フィードパスを予防する。
- ボールをチェイスし始める適切な瞬間を選択する（その瞬間を知る）。
- 9、10、11は相手の4人のディフェンダーに責任をもつ。

ポジションごとの個人の任務

■ボールキープしている場合（ビルドアップ／攻撃）

ゴールキーパー
- ポジショニングにうまく参加する。
- パス、アンダースロー、オーバースロー、サイドスロー、またはゴールキックでよいリスタート。
- 味方選手とよくコミュニケーションをとる。

リベロ
- 指示を与える。
- プレーの場所に帰る、前に上がることを考えて進む。
- ボールを回すことでの重要な役割。
- いつでも味方がバックパスできるようにする。

3人のディフェンダー（左右のサイドバックとセンターバック）
- ボールキープの場合に、ビルドアップをよくするためにサイドに展開する（ポジショニングでの重要な役割）－フォワードをサイドに行かせる、スペースをつくる。
- ボールを失った場合には何をすべきか、よく気をつけておく。

2人のミッドフィルダー（左ハーフと右ハーフ）
- 特にウィンガー、ディフェンダーとリベロとの関係でよいポジショニングをする。
- 攻撃最終段階時にペナルティエリアに入る（ヘディングの力）。
- 中央からサイドへうまくスウィッチする、危険なサイドパスをしない。
- ドリブルしすぎない（ポジションから離れてしまう、ボールを失う危険が多い）。
- 左右のウィンガーの前の前線に上がることが多すぎたり、それがいつもであったりしてはならない。

オフェンシブハーフ
- センターフォワード（10）に仕える。
- （背後のスペースを考えて）前に行きすぎないようにする。
- ビルドアップ／攻撃の場合に、よいポジショニング。
- 得点を取れるポジションに行く。
- 得点を取る。

2人のウィンガー（左ウィンガーと右ウィンガー）
- 反対側からのセンタリングの場合、ヘディングする→サイドにとどまらない→センターに行く。
- センタリングの成果は重要、センタリングしなければならない。

- 特に最終段階でセンタリングしなければならない場合に、よいコミュニケーション。
- 得点を取る。

センターフォワード
- 得点を取る。
- 得点を取れるポジションに行く。
- フィードパスを受けられるようにする。
- ビルドアップを読む。
- 左ハーフと右ハーフ、そして左ウィングと右ウィングのためにスペースをつくる。

■相手がボールキープしている場合（ディフェンス／妨害）

ゴールキーパー
- 得点を阻止する。
- アクティブのままでいる、集中力。
- 状況をよく読むこと。
- 相手がフィードパスを出す場合、前に出ることを考える。
- センターバックの役割／スペースをつぶす。
- ディフェンスに指示を与える。

リベロ
- 得点を阻止する。
- 指示を与える、全体の状況を把握する→フリーの役割で。
- 二重のマークをする。
- 相手が長いフィードパスをする場合に、適切な瞬間にスペースを取る（その瞬間を知る）。

3人のディフェンダー（左、センター、右）
- 得点を阻止する。
- 自分のゴールに近ければ近いほど、かたいマークをする。
- オフサイドトラップをかける準備する（その後ろに引きすぎない）。
- 内側をカバーする。
- 挟む／二重マークをする。
- 1対1の競り合いによく注意する、アグレシッブだけではなく技術的にもよくする、早くだまされないようにする、相手に背を向けない、ファウルをしないようにする。
- アグレッシブが必要不可欠、しかしファウルをしないようにする。

センターバック
- コントロールの役割、できるだけバランスを保って前にパスを出しすぎないようにする。
- フリーになって上がってきた相手をマークする。

2人のミッドフィルダー（左ハーフと右ハーフ）
- まず守備的に考えて自分のゾーンでよいプレーをする、相手の前のスペースをつぶす（スペースへのフィードパスをつぶす）。
- 役に立つようにする。
- ボールをチェイスする場合、よく参加して相手に逃げられないようにする。

2人のウィンガー（左右）
- 自分の相手（サイドバック）に責任をもつだけではなく、中盤のスペースも守備する、内側に挟んで必要なときに自分の相手と一緒に後ろに下がる。
- 相手（サイドバック）のビルドアップのときに、よいパスとフィードパスを許さない。
- 相手のビルドアップがサイドで行われている場合、挟んで、そして中央に行く。
- 自分の直接の相手よりほかの選手のほうが危険になる場合には、テイクオーバーする、たとえば10番が前線にいる間にセンターバックが上がってくる。
- 相手のセンタリングを妨害する。

センターフォワード
- 左右のウィングとしっかり協力して、相手のビルドアップを妨害、抜かれない。
- ボールに行く瞬間を適切に選ぶ。
- 妨害だけで終わらない。
- 左右のウィングにチャンスを与えるため、相手に背を向けない。

リベロの任務の詳解

オランダ元代表監督リヌス・イスラエル氏

ある特定の任務についてさらに細かく説明するために、オランダ元代表監督リヌス・イスラエル氏によってあげられた例を以下に述べてみましょう。氏自身のトップレベル（国際試合、欧州カップ勝利）の経験に基づいて、リベロの任務はどうあるべきか、また、この特別なポジションをするためにどのような必須条件が満たされなければならないかを説明しています。

■相手チームがボールキープしている場合

リベロの任務

相手チームの力によって、バックラインの前・中・後ろで、二重のマークをする。

Ⅰ．バックラインの前にいる場合
1. フリーになるミッドフィルダー、またはセンターバックを止める。センターバックの協力の有無にかかわらない（相手をさらに先へ回したり、先に行かせたりする）。
2. この選手がプレスをかけて、相手のパスをカットできそうな場合、インターセプトするか、相手にバックパスさせるようにする。それがフィールドのどこであるかは相手の力によって違う。
   - 弱い相手→相手のハーフのほうに行く。
   - 強い相手→自分のハーフに戻る（おそらく自分のペナルティエリアの直前まで）。その前にプレーして相手をマークしないと、まったく意味がなくなる。

Ⅱ．バックラインの中にいる場合
1. 左右のサイドバックとセンターバックにあまりスペースを与えないようにする。このポジションからでも前に上がってきた相手選手を止めることもできる。それはこの選手が、自分のポジションからどのくらい離れて、相手のボールを受けるかによって違う。
2. 左右のサイドバックとセンターバックの二重マークをよりよくできるようにする。

Ⅲ．バックラインの後ろにいる場合

いつも二重マークをするようにする（もし味方の選手が相手フォワード、ミッドフィルダーによくプレスをかけられる－よいマークとデイフェンスができる－ならば、いつでも1人がフリーになる可能性がある）。

リベロの必須条件（相手がボールキープしている場合）

味方選手のコーチングをするので、リベロには全体を把握する力があるはずです（ゲームは彼の目の前にあります）。

場合によってセンターバックを前に上げます。

最終ラインの要になります。フィールドをできるだけ狭く使って、プレーもできるだけコンパクトにします。

それは相手の強さ、相手のスピード、自分のチームのスピードによって異なります。

組織：リベロが責任を取らなければなりません。

特定のクォリティー
- よいスライディング
- よいヘディング
- プレーをよく読める、よいポジションを選択する、必要であればサイドに行く。

第12章 イレブンのポジションと機能　**193**

- リベロがサイドに行く場合には、フィードパスをインターセプトしなければならない（95％ボールキープになる）。
- 適切な瞬間に後ろのスペースを守る（よいインサイト）。
- ゴールキーパーとリベロとのよい連係：ペナルティエリアの内側と外側のシュートをブロックできるようにする。
  - 適切な瞬間にシュートをブロックできるポジションをとる。
  - 体を広げて、ボールをよく見ている。
  - ニアポスト、ファーポストをカバーすることをゴールキーパーに指示する。
- ゴールキーパーと相手選手が1対1になったとき、二重マークする。
- 1対1の競り合いに強い（競り合いに勝つかまたは少なくともサイドパスかバックパスさせるようにする）。
- オフサイドトラップの指示を出す（リベロが責任を取る）。

　リベロのいくつかの機能を発達させるために、ユース選手に、ある期間ディフェンダーとしてサッカーをさせることをすすめます。というのは、地上戦でも空中戦でも1対1の競り合いで勝つという練習をしなければならないからです（知る、予想する、タイミング）。

■ボールキープしている場合

リベロの任務

1. ゴールキーパーから短いボールが出る場合、リベロはいつも次のことに気をつけます。
   - 相手チームの2人のフォワード→3人のディフェンダー（2人のディフェンダーがマーク＋リベロ）
   - 3人のフォワード→4人のディフェンダー（2人のサイドバック＋ディフェンシブハーフ＋リベロ）
   よいビルドアップのためにもう1人（リベロ）を用意する（よいポジショニング）。
2. ゴールキーパーから長いボールが出る場合センターラインとの連絡をとる（ヘディングで戻ってくるボールをインターセプトする）。その連絡の際、ディフェンスに指示を出す。
3. できるだけ適切なボールスピードでパスすることがリベロに求められる（サイドバック／ミッドフィルダーに短いパスを出してもよいし、またはフォワードにパスを出してもよい）→相手選手にビルドアップを妨害する時間を与えないようにする。
4. 時には、余っている1人として（ボールの後ろで）中盤に参加し、スペースがある場合にはフィニッシュする。
5. 味方の選手（ディフェンダー）にパスすることは重要。サイドチェンジしたりポジショニングをコントロールする（コーチング）。

リベロの必須条件（ボールキープしている場合）

1. ゲームを読む、フリーの味方の選手はどこにいるか
2. パスのためのスペースが早くわかる
3. 味方選手にコーチングする、誰にパスするべきか
4. 技術
   a．よいキック
      - インステップキック：長いパス、まっすぐのパス
      - インサイドキック：まっすぐ
   b．よいヘディング（コーナーキック、または相手のペナルティエリア近くでチャンスがある、少しサイドからのフリーキック）
5. 心理的／精神的／インサイト
   a．試合が不利な状況にある場合、チームを活気づける。または、一生懸命努力して相手のペナルティエリアに入る。
   b．勝利者の精神力（負ける気がしない）

第13章　ジュニア／ユースの位置づけ

　本章では、ユースがサッカー全体の中で占める位置について述べていきます。

ユースサッカーの柱

　現在、6歳から18歳まで、男女併せておよそ40万人のユースサッカー選手がいます。ユースサッカーはいくつかの柱に基づいています（下図参照）。

　いくつかの質問形式で、それぞれの柱がサッカー全体をどのように支えているか説明していきたいと思います。

A．組織

- さまざまな年齢のグループに特別な配慮がなされているのですか。
- ユースは発言権や連帯責任があるのですか。
- クラブはユースのプランをもって活動しているのですか。

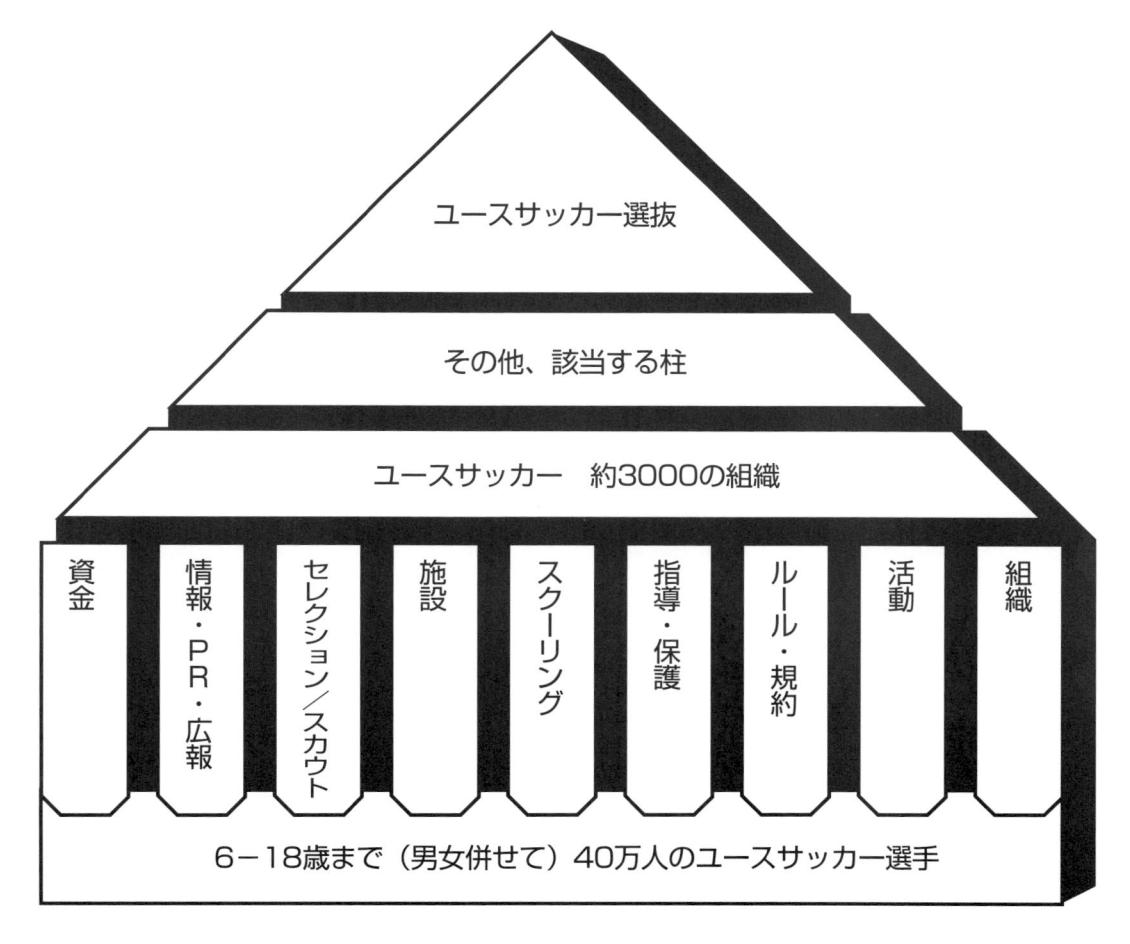

ユースサッカー選抜

その他、該当する柱

ユースサッカー　約3000の組織

資金｜情報・PR・広報｜セレクション／スカウト｜施設｜スクーリング｜指導・保護｜ルール・規約｜活動｜組織

6-18歳まで（男女併せて）40万人のユースサッカー選手

COACHEN VAN JEUGDVOETBALLERS

B．活動
- ユースはどのくらいの頻度でプレー・練習していますか。
- どのような特質が、トレーニングと結びついていますか。
- トレーニング・試合以外にどのような活動がありますか。
- ユースも自由に施設や道具を使うことができますか。たとえば、クラブでストリートサッカーをするためにそうすることができますか。
- ユース部門のサポートや継続を目指して、どのような活動がなされていますか。

C．ルール・規約
- ルールはさまざまな年齢の選手に、十分にふさわしいものになっていますか。
- ルールは規定どおりに適用されていますか。
- ユースに例外的なルールがありますか。それらは、ＫＮＶＢ、地域、クラブによってしっかりと適用されていますか。
- ユースサッカーのためのルールや規約が、ユースの選手に十分に説明されていますか。
- スポンサーとの契約は、ユースも対象にしてユースの利益になっていますか。

試合前にあいさつしましょう

D．指導・保護
- すべての活動に対して十分に指導されていますか。
- 経営が十分に専門化されていますか。
- ユースに、独自に貢献できる余地がありますか。

E．スクーリング
- 育成の可能性がよく知られて、それが使われていますか。
- クラブ内部で講座を開講できますか。そこにユースが参加できますか。
- ユース育成基金のようなものがありますか。そこにスポンサーがついていますか。

F．施設
- クラブの施設が十分にユースに対応していますか（フィールドの大きさ、ゴールのサイズ、ロッカーの高さ、シャワー、掲示板など）。
- ボールや練習道具が、ユース独自の要求に応えられるようになっていますか。
- クラブハウスがユースでもこられるようになっていますか、それとも「酒場」になっていますか。
- 男女それぞれに十分なケアがなされていますか。
- 施設は、一年中ユースのメンバーが自由に使えるようになっていますか。
- クラブ独自のスポーツホールを備えていますか。

G．セレクション／スカウト
- クラブの中でどのようにセレクションしていますか。
- どの年齢で、実際にサッカーのパフォーマンスに着目していますか。
- どのような選抜基準を設けていますか（テクニック、インサイト、コミュニケーション）。
- 選抜されなかった選手も十分にトレーニングしていますか。
- 選抜グループから外れた選手をどのように指導すべきですか。
- 代表チームに向けての指導はどのようなものですか。

H．情報・ＰＲ・広報
- すべてのメンバーに、クラブで起こっていることを

知らせる情報誌がありますか。それは、ユースでも読めるようになっていますか。
- 新メンバーがクラブのスタイルについて、あらかじめよく知ることができるようになっていますか。
- ユースがアイデア、希望、不満、情報をクラブ誌に発表することができますか。

I．資金
- 支出について明らかになっていますか。
- ユースの会費で何が行われましたか。それに見返りがありますか。
- ユース部門に独自予算が組まれていますか。
- ユースに、（ライセンスのあるコーチのような）専任の職員がついていますか。
- 資金が、大人、シニア、ジュニアの指導、トレーニング、道具、その他について、均等に配分されていますか。

J．その他、該当する柱
- クラブ内で、サッカーとフットサルとの比率はどうなっていますか。
- プレステージを目指す活動とレクリエーションを目指す活動との間によいバランスが取れていますか。
- 海外での大会や合宿のような、その他の活動がありますか。

- 組織が、ＰＲ、メンバー増加、スポンサー、活動、その他について、外に開かれていますか。
- トップ(ユース)選手に対して、学校などについての特別の指導がされていますか。

■トップ

　ピラミッドのトップは、ユース選抜の選手たちで構成されています。その中の一部が代表チームを構成することとなります。つまり、地域代表のチームと、比較的人数の少ないオランダ代表チームとがあることになります。このピラミッドでは、よいトップを輩出するためには下部構造（柱）が、しっかりしなければなりません。

　しっかりとした柱となるように活動している健全な組織は、代表チームに能力のある選手をどんどん輩出し、自分の組織のシニアクラスによい選手を大勢送り込んでいます。ユースに対してしっかりとプランニングしている組織は、それぞれの柱のところであげた質問にしっかりと回答できるはずです。

　つまり、各組織はいろいろな選択をしなければならないのです。その選択は、資金面にもかかわっています。たとえば、ユースのコーチに対する報酬などです。

勝つことは、ゲームで一番面白いことです

COACHEN VAN JEUGDVOETBALLERS

■外国人選手

　本当は、この言葉を使うつもりはありませんでした。サッカーの世界は、外国人であろうとなかろうと、一緒になって一体化していくことを、理解をもって見事に証明しています。外国人もふつうにサッカーをしています。これは、どのレベルでも明らかです。

　子どもたちを見渡してみると、さまざまな民族や文化の背景をもった子どもたちがさまざまな形で集まっています。誰もが入っていけるサッカーの活動だからこそ、そうした子どもたちが集まっているのです。それはジュニアクラスからシニアクラスまで一貫しています。最も典型的な例は、オランダ代表チームです。

　サッカーをするうえでは、互いに楽しみ、試合をすることが大事なのです。この目標は、肌の色、文化の違い、信仰、男女、国民性といったものをはるかに超えた高いところに位置しています。

　KNVBの基本コンセプトは、「サッカーをすること」です。このスポーツ組織、つまり、サッカー協会は、次のような使命を帯びています。

a．プレーができる
b．プレーを学べる
c．プレーをして楽しい

サッカーをすることで人々は一緒になります。
それは、大人の社会でも同様です。
何も問題はない、同じ人間なのだから。

サッカーをすればみんなが楽しめる

ユースメンバーの勧誘

ユースの新メンバーの勧誘は、まだどのスポーツをするか決めていない子どもたちを対象に行われます。それは6-12歳の子どもで、男女を問いません。

また、身体の不自由な子どもや、特定の民族や文化的背景をもったグループの子どもたちを対象にすることもできるでしょう。小学校の先生方にしっかりと説明して、PR活動を行います。

■一つの例

ユトレヒト州にあるバウデンベルグ町では、毎年、春先にバウデンベルグサッカー大会を開催し、6つの小学校の6-12歳までの子どもたちがトーナメントを行っています。

2日間の大会では、次のようなプログラムが組まれています。

男女混合チームが、年齢別に7対7で(ハーフコートで)45分間の試合を行います。そのほかに、ペナルティキック大会、サッカー技能テスト、屋台などの活動があります。最初の年(1985年)には、およそ300名の参加者があり、そのうち100名が女子でした。

毎年、参加者の数は増えています。その割合は、学校に通っている子どもたちの35％にものぼっており、この種の活動としては、高いパーセンテージになっています。今でも、新メンバーを生み出しているのでしょうか。

そうなのです。しかし、それはこのようなPR活動とともにフォローアップの活動(たとえば、トレーニングに参加できる機会があるなど)と結びついている場合に限ります。

実際に選手たちが集まっているところ。楽しい。集中し、コーチに注意を向ける

活動を成功させるための条件

- 前もってのプランニング
- 適切な役割分担をしてグループ分けする
- マニュアル作成とその遵守
- 学校関係者に前もって説明する(資料提示)
- ほかのスポーツ組織との協議・協力
- 両親、教師、売店、悪天候に注意を払う
- フォローアップ活動をプランする
- 次につなげるようにするためには評価が必要不可欠

ただ始めればよいというものではなく、活動の成功はさまざまな面での準備にかかっている。

第13章 ジュニア／ユースの位置づけ

COACHEN VAN JEUGDVOETBALLERS

■クラブの方針はユースの方針である

　近年、ＫＮＶＢのテクニカルスタッフは、ユースサッカーの向上推進に努めてきました。

　とりわけ、この本や４対４をタイトルとしたビデオが、その結果として公になりました。サッカーというスポーツに責任を感じているすべての人が、ユースサッカーの向上に協力しなければならないという考えをもっています。門戸は開かれましたが、実際のところはまだまだです。「ユースには未来がある」といわれますが、それはまさにサッカースポーツについても同じです。

みなさんのユースの方針はうまくいっていますか？

ユースコーディネーター

　私たちはさまざまな活動を通じて、クラブでアイデアを採用してもらえるようイニシアチブを取ってきました。それでわかったことは確実な窓口がない、まさしく「ミッシングリンク」でした。

　クラブとＫＮＶＢを結ぶコミュニケーションのラインはあまりにも長く、あまりに多くの中継点を通っていきます。ある人物に会うためどんなに多くの中継点が必要だったか、そうした中継点を通らなくてよいチャンスはどのくらいあったでしょうか。結果としてわかってきたのは、クラブでユースを支える熱心な人（ボランティア）は、自らの仕事の意味について何も知らないということでした。

　ＫＮＶＢは、子どもたちが幅広くサッカーを学べるように、ユース選手にオランダでの進歩を利用してもらいたいと考えています。ですから、クラブに「ユースコーディネーター」の設置をすすめています。これは決して新しいことではありませんが、ユースサッカーがオランダサッカー全体の中で重要な位置を占めていることを認めている各クラブにとっては、とても必要な役職です。

　コミュニケーションのラインを短くするほかに、私たちの経験から、ユースサッカーの利益を守ってくれる人材が組織の中にいるということが重要だと思います。その人がテクニカル面すべてに責任をもつのです。たとえば、ボールの種類や数、クラブ内での４対４の活動、ユースコーチが学校でも同じ指導ができることを保証することから、ユース指導者とコンタクトを取り、彼らのために情報提供のミーティングを開催することまでなどが、それにあたります。

　その人材は、組織の幹部とユース部門（ユース幹部、経営陣、コーチ、両親）との間を媒介することになり、ユースコーディネーターは組織外からの照会先にもならなければなりません。

ユースコーディネーターは、現在、対応先のないところ、たとえば、ＫＮＶＢ専任の地域コーチとのコンタクト（たとえば、4対4、マネジメント講座、ＫＮＶＢユースプラン、選抜チームなど）や、ほかの組織（大会、合宿、共同事業）、学校（課外活動のサッカー、ＰＲ活動など）とのコンタクトを取ることになります。つまり、クラブ内でユース選手の学習環境を向上させるという目標を達成するために、テクニカルな面での知識を備えた人材にいろいろなお願いをするという意味がここではっきりとしてくるでしょう。

　さまざまな指導者会議、地域での会議、ＪＶＴ育成や特定のグループの会合（たとえば、少女サッカーや女子サッカー）を通じて、ここ数年の間に、クラブにはたくさんのコネクションが生まれてきました。

　こうしたコネクションを生かせるように希望しています。そうなるためには、テクニカルな知識を備え、クラブやＫＮＶＢとのあらゆる点に精通した人材が、その仕事に従事するのがよいでしょう。やがては、仕事はこれだけでは済まなくなるはずです。

クラブの仲間と

ユースコーディネーターの機能と立場を、チーフコーチと比べることができます。多くのクラブはチーフトレーナーに多くの予算を割いていますから、時間をかけること、そして特に仕事の質が問われることについて、この比較は正しいのです。

ユースコーディネーターの仕事

ユースサッカー選手とＫＮＶＢの間でうまくコミュニケーションがとれるようにし、ユースに役立つ、商品としてのサッカーを向上させる目的の情報や実践方法を提供するようにする。

仕事の領域は、

- ＫＮＶＢユースプラン

- ４対４

- サッカーの合宿／サッカーの日

- ユースコーチ／ユース指導者（ＪＶＴ／ＪＶＳＬ／ＪＶＢＬ）や審判の会議への出席

- ＫＮＶＢ／クラブのプロモーション製品の宣伝

- 場合によっては、ユース部門内でＫＮＶＢと共催でテーマミーティングを開くこと

- ユースサッカー関係者にＫＮＶＢの情報伝達

- 少女サッカーの推進

ユースコーディネーターは、選手／コーチとしてのテクニカルな知識を備えていることが望ましい。

フェアプレーの判断

次に述べる２種類のサッカーの試合によって、世界は２つに分けられるでしょう。

一方の試合では、サッカーファンはいわば釘づけになり、ピッチでは、魅力的で攻撃的なサッカーが展開され、エキサイティングで、プレーする喜びで満ち溢れ、選手たちは全力を尽くし、選手同士が理解しあってプレーしています。もう一方の試合では、両チームとも前に出て燃えるようなところがほとんどありません。両チームとも０対０であればよいというのが明らかで、プレーでどんなリスクも犯そうとしません。

このような比較で、どちらがより上手にサッカーをしているかを決めるのは難しいことではありません。サッカーファンがどちらの試合につくかは明白でしょう。しかし、どちらのチームがベストプレーをしているかを決めるのがずっと難しくなるような数多くの状況もあることでしょう。そのチームは、常に勝とうとしていません。それは、サッカーがそれほど簡単に勝敗の予想がつくスポーツではないからです。

何をもって、美しく魅力的なサッカーというのでしょうか。効果的でよく組織され、タイトなディフェンスをして、そこから電光石火のカウンター攻撃をするようなチームをいうのでしょうか。

　良質のサッカーとは、すばらしいコンビネーションプレーや個人技があって、見る者を楽しませ、美しいプレーであるということがいえますが、その美しさにもかかわらず、残念ながらゴールが生まれないということもありえます。「プレーはその美しきに死す」と、かつて1960年代のブラジルのサッカーについて、あるスポーツジャーナリストが書いたことがありました。

フェアプレーの判断＝
サッカーの質の判断

　サッカーの質は、非常にさまざまに判断することができます。それ自体、何が悪いということは判断できません。きれいにプレーされている限り、そうした意見の多様性は、サッカーの発達に刺激的に作用しています。人それぞれ考えていることがあれば、意見の一致を探ることもできるでしょう。

　サッカーの質（＝フェアプレーの程度）の判断は、勝敗といった考え方の中にだけ位置づけられるものです。しかしながら、それは、結果があらわれてくるプロセス（どういうプレーか）の判断から構成されるのです。プレーがサッカーというスポーツの本来の意図に従って、うまくプレーされればされるほど、よい結果につながるような確実性がより多く組み込まれていくのです。

　その中で、チーム（選手の質）のできること（あるいは、できないこと）や試合の重要性にあわせて、さまざまなプレーコンセプトに注意することになります。ここで大いに気をつけなければならないのは、ある部分的な特質を一般論として語った場合、選手が実際に何をするかということとのつながりが難しいものとなってしまうことです。

ぶつかり合いは、サッカーで必ずしも避けることはできません

　そうしたことの例が、相手への敬意を示すこと、プレーする喜び、健康への配慮などです。チームが、サッカー本来の意図に従ってプレーできる状態にあることを認めて、話をするとよいでしょう。これは、たとえば攻撃しようという意志、ルールを守ってボールを奪い、その後再びビルドアップできる能力などです。

　ファウルをしてしまうと、相手のフリーキックになってしまい、プレーの意図は決して達成できなくなります。その意図とは、ビルドアップし攻撃するためには、常にボールキープしなければならないということです。この点に選手たちは非常に敏感です。

　重要なのは、「試合に勝つ」という目標のためには、なぜファウルをするのがよくないのか、選手たちがわかるようになるということです。

組織内でのセレクション

組織内でのセレクションは、いまだに問題を残しています。特に、セレクションの基準がどこにあるか、明らかになっていない場合がそれです。本節では、この主題について、組織内でのユースコーチの手がかりになるような内容に紙面を割きたいと思います。

うまい選手はうまい選手とプレーします

■なぜセレクションか

選手たちを選抜チームへとセレクションにかける意図は、そうした才能ある選手に、自分たちにあったレベルでさらに発達する可能性を提供することにあります。

うまい選手は、うまい選手同士でプレーします。すべての選手にとって遠征先での試合は、選手たちが何とかできるレベルでの試合です。ですから、よりよいパフォーマンスに刺激を受けるのです。

あまりに低いレベルでプレーしている選手は、退屈し怠けます。一方、どうにも対応できないレベルでプレーしなければならない選手は、サッカーの発達がもはや問題にならないくらいにプレッシャーに押しつぶされ、「ぜんぜんだめだね」と注意ばかりされてしまいます。

いずれの状況でも選手は何も学べません。それがひどくなると、選手はサッカーをやめてしまいます。

- あまりにも低いレベルでプレーさせられると：非常にだらしなくなる、ボールスピードがあまりに遅くなる、練習時間になっても「練習へとスウィッチできない」、ゴールを目指してプレーしない、インサイトが少なくなる、など。
- あまりに高いレベルでプレーさせられると：プレーの意図の中で状況に対処・解決するのではなく、相手の後ろについて走っていく、時期を考えずにスライディングする、相手のシャツをつかむ、など。

これはすべて、試合でのやる気にかかわってきます。前に述べたように、選手たちは、何としても学びたいという気持ちをもって、一生懸命に頑張らなければなりません。ですから、どの選手も、自分に見合ったレベルでプレーするようになっていなければならないのです。

うまい選手が、うまい選手同士でプレーするのは、子どもたちに「勝ちたい、よいパフォーマンスをしたい」という意識が生じ始める年齢からにすべきでしょう。

それは、一般的に、だいたいDジュニアからになります。もし、クラブがあまりに幼い年齢でセレクションを実施するならば、それは選手個人のためというよりは、むしろ、クラブ・両親・コーチのためで、セレクションされなかった子どもたちばかりでなく、セレクションされた子どもたちのやる気にまで悪い影響を与えることになるでしょう。あまりに幼い子どもたちには、まだまだそうした区別ができないのです。

ここで、能力のある少女のための男女混合サッカーの可能性について、少し述べておきたいと思います。14歳まで、できることならば16歳まで、男子と女子は一緒にサッカーをすることができます。

少女にとっても、これと同様の基本コンセプトがあてはまります。通常、女の子はほぼ14歳にして、女子サッカー（＝大人のサッカー）でプレーするかどうかの決断を迫られます。というのは、彼女が少女サッカーでうますぎるからか、女子チームが彼女を「使える」からです。しかし、これは彼女のサッカーの発達のためにはなりません。能力ある選手の個人としての発達は、クラブの利益となります。ですから、この少女には男女混合サッカーが一番よいといえるでしょう。

■スカウト：どこを見るのか

組織内でのスカウト、つまり選抜チーム（D1、C1、B1、A1、大人の選抜チーム）にくる選手を追いかけることは、真剣、かつ十分に注意して行わなければなりません。男女を問わず、選手たちにはどの選抜チームも重要で、将来の目的になっています。十分に注意を払いつつ選手をスカウトする場合、次のような注意点があります。

- 才能とは何を意味しているのか（どのような基準なのか）
- どの年齢を意図しているのか
- どの時期でそういわれるのか（すべての年齢か、もしくは特定の年齢、たとえばAシニア－16-18歳）

スカウトとの協議で次のことが問題となります。

- 組織内でのセレクションの目的とやり方（ユースサッカー選手の発達における重要な手段）
- 才能のスカウトに関する基準（年齢との関連）
- ユースの大会の位置と機能

■選抜チームの目標

10歳の子どもに、トップチームの選手のようなパフォーマンスを期待できないことはみんながわかっています。しかしながら、問題は、今その子どもに何は要求してよいが、何は要求してはいけないかということにあります。

Dジュニアの選抜チームの活動目標は、それより上のクラスとは異なり、その年齢特有の特徴（目標としての発達）と結びついたサッカーの基本的な側面（テクニカルな技能、インサイト、コミュニケーション）の発達に、より多くのポイントが置かれることになるでしょう。年齢が上になれば、チームとしてのテクニカル面や戦略といった側面や、試合に勝つという側面を発達させることがより問題となってきます。

選抜チームの選手の目標：オランダ代表のユニフォーム！

■プレーのインテリジェンスとサッカー

「サッカーの才能」について語る場合に、ユースサッカー選手の知性の価値と関連づけることは、大変興味深いことです。IQ、つまり一般的な知性値が高い、もしくは特別な心理学的特性や特質があれば、サッカーの分野、つまり、サッカーでの行動に重要な役割を果たす可能性が高いからです。

ここで、知覚（多くを拾い集め、重要な要素を抜き出し、サッカーの状況を速やかに認識し、それらについて考える能力）、認識、解釈の方法について考えることにしましょう。知覚と認識が、サッカーを進めていく要素となります。これは、スタートの合図が必要要素となっている陸上競技とは対照的です。サッカーの発達の中で、そして才能を発掘するためには、サッカーの環境、競争意識を高める雰囲気を作り上げることが最初の仕事となります。そうした環境の中で、才能のある選手たちは、最大限に発達するチャンスを得ることになります。

特にクラブにとっての任務は、
- よい大会
- クラブで十分にトレーニングできる
- 地域選抜チームやオランダ代表チームに招聘された選手へのサポート
- レベルや年齢にふさわしい適切なコーチング

よいスカウトとは

スカウトをする人々にとって重要な要素とは、そうした人々自身が、サッカーについてのインサイトをきちんと持っていなければならないということです。サッカー界での豊富な経験が必要となります。

チクリとくるようなスローガンを使うならば、

> 「スカウトすること？...スタジアムの管理員でもできるでしょう（でも、ずいぶんと長くやっていなければなりません）」となるでしょう。

ここで言わんとしているのは、どのように子どもたちがサッカーをしているのか、やる気や子どもたちの望んでいるものについてインサイトを持っているかどうかが問題になるということです（スタジアムの管理員はたいていのことなら知っているものです）。

どのようにこの試合に勝ちにいくのか？

■スカウト：その実際

　実際には、スカウトするとは、選手たちがどのようにサッカーの状況に対処・解決しているかを観察するということになります。
- 選手たちがどのような特質を見せてくれているか。サッカーの状況に対処・解決するどのような才能を備えているか。
- できるだけ大きく、試合での勝利に積極的に貢献するために、選手にどういう能力があるのか。
- 選手は、プレーしているポジションで決まっている任務を果たしながら、サッカーの問題に対処・解決できているのか（第9章参照）。

　かつて基準と呼ばれ、セレクションの際に使われていたものは、選手のサッカー能力について、ほとんど情報を提供することはありませんでした。走るスピード、体格、身長、ジャンプ力、ランニングスタイル、テクニカルな技能、根気や試合での冷静さ、などといったさまざまな側面は、サッカーをするうえで重要な要素ですが、しかしながら、それらがサッカーの状況の中で選手評価に十分な手がかりを与えてくれるわけではありません。今、まさに基準といえるのは、選手がサッカーの試合で何を見せてくれているかということです。問題にしているのはサッカーの能力であって、根気、体力、スピード、柔軟性、精神力などではないのです。

　長い間、肉体的な基準が、選手の判断において決定的な意味を持ってきました。しかし、ユースのサッカーにおいては、選手は常に成長過程にあるはずです（成長期、ある年齢における運動負荷、社会性の発達、学校など）。一番大切なことは、選手たちが今後プレーを理解できることを示せるのか、プレーの意図についてのインサイトがあるのか、そしてそれをわかっているのかということになります。こうしたことに基づいて子どもたちを指導し、その指導に基づいて子どもたちに才能があるのか、それほどでもないのか、まったくないのかを判断することができるでしょう。

　実践において、「理想的な」サッカー選手など存在しないのと同様に、サッカーの状況に対処・解決する「理想的な方法」もないといってよいでしょう。選手たちは、さまざまな可能性の中で任務を果たさなければならないのです。

　年少の選手にとっては、「任務の定義づけ」はより大ざっぱなものになって、あまり細かいところにこだわらないようになるでしょう（たとえば、「その選手はボールを上手に奪える」などです）。それに対して、年長の選手では、あるポジションの中でのよりきめ細やかな側面（たとえば「その選手はボールを奪って、しっかりとキープし、速やかによい流れを作ることができる」など）により比重が置かれることになります。

　セレクションの基準は、先にあげた3つのサッカーのハイライトにおけるプレーの意図やそこでの基本コンセプトをこなしているかどうかにかかっています。メインである目標、つまり試合に勝つことと、それにかかわるその他のことには、しばらく眼をつぶっておきます。

セレクションの試合に臨んでいるKNVBのコーチたち

■いくつかの例

　ある選手がディフェンスのポジションについており、ボールキープの際にはよい流れを作れる最善の選択をしているが、何回かにわたって元来の任務である守備

（＝相手の得点を阻止する）に失敗したならば、その選手はその任務にふさわしくなく、ディフェンダーとして、まずスカウトされることはないはずです。しかし、おそらくはさらに発達することもありえるでしょうし、ほかのポジションで使えるかもしれません。

非常に小柄でやせた選手が、中盤の走りでの競り合いに勝つことやボールを取ることはほとんどないが、決定的なパスをフォワードに送ったり、ボールの周りにうまくスペースをつくっている場合、その選手は中盤での重要な任務を果たしビルドアップに使える選手で、ほかの選手がバランスを取るために中盤での別の任務を果たして補うようになるでしょう。

まさに、こういう重要な才能をもつ選手たちは、より高いレベルで発達するチャンスを得なければなりません。このように、たくさんの例を考えることは当然のことですが、実践においてやってみなければなりません。

セレクションの活動

かつて、よい選手を養成するために特別のトレーニングが検討されていました（特に旧東欧圏）。また、フィジカル面やボールコントロールの技能などすべてが試されるテストが企画されたりもしました（スイスやオーストリアのいたるところで現在でも行われています）。

こうした活動で最も重要なことは、いとも簡単に、知覚、つまりサッカーの基本が欠落してしまっていることです。

ゴールを目指す

つまり、ダッシュするためにダッシュし、ジャンプするためにジャンプし、ボールを空中でキープするためにボールを空中でキープし、強いシュートを蹴るために強いシュートを蹴ることになってしまっているのです。しかし、これらはサッカーで要求されることではありません。試合でのサッカー（＝ゴールを目指すこと、たとえば得点になるようにテクニックを使うこと）との関係はそこには存在しないのです。

それでも、特別なセレクション活動が必要ならば、プレーの構成やルールを調整することによって、選手たちが試合に勝つことに貢献できているかどうかに焦点が当てられるような、サッカー独自の状況を考えるべきでしょう。たとえば、ゴールをめぐっての攻防となる1対1の状況、もしくはミニゲーム（4対4とそのバリエーション）などです。

才能のある選手をスカウトすることは、それほど簡単な任務ではないことが明らかになるでしょう。本当に天才的な選手ならば、自然に上がってくるでしょうし、そこに何の問題もありません。彼らは早い段階でその能力を示してくるからです。判定するのが難しいのは才能の質であり、将来の選抜チームのメンバーになるであろう残りの9人を判断することなのです。

■オランダユースプラン

クラブの才能ある選手は、KNVB選抜チームに招聘されて、トップに向かっていく次のステップを踏むことになります。

オランダでは、ここ25年間使っている一つのシステム・セレクションの方法があります。そこでは、才能のあるサッカー選手を発掘・スカウトし、地域レベルでセレクションにかけ、そこでトレーニング・指導して、最高の選手としてオランダ代表を作り上げていくのです。これをオランダのユースプランと呼んでいます。

数年前から、こうした任務のために、KNVB専任である20名のプロコーチが地域レベルで活躍しています。彼らの任務は、毎年行われる才能豊かな選手（男女を問わず）のスカウト、セレクション、トレーニングで、その年齢別カテゴリーは、「U12、U13、U14」の少年と「U12、U14、U16、U18」の少女となっています。

毎年、オランダの12の地域で、上記のカテゴリーごとにそれぞれ16名の選手が選抜されています。

■オランダユース代表

トレーニングやコーチングのほかに、こうした選手たちは、地域代表チームを形成して大会を行います。コーチたちは、彼ら全体の仕事として、試合からさらによい選手たちを選び、フォローし、オランダ代表選考委員会（ザイストのスタッフ）に通知するのです。コーチたちは、それぞれの地域の多くのアマチュアクラブやプロクラブとの関係をさらに保っていきます。

KNVBのコーチであるネースケンス氏とレイカールト氏

COACHEN VAN JEUGDVOETBALLERS

男女混合サッカー

　子どもたちは、性別や現存する先入観とは関係なく、一緒に育ってきたという経験に基づいて互いを判断します。男女混合サッカーは、男の子と女の子を一緒にプレーさせるということで転換をもたらしたのです。
　こうした理由で、18歳（Aシニア）までは、オランダ代表のAシニアを除いて男女一緒にサッカーをすることになっています。顕著なのは、男女一緒にサッカーをしていると、現存する先入観がすぐに解消され、男女相互によい影響を与えるようになったという点です。
　性別ではなく、個人の能力によって男女混合チームを支配する雰囲気が決まってくるのです。男女混合サッカーの選手たちは、サッカーの能力で判断されるのです。「女の子はサッカーができない。男の子は大丈夫」というのはもはやあてはまりません。例外なく少女もサッカーをしています。体力面でも、少年に劣ることはありません。
　男女混合チームでプレーしている13歳のパウリーンちゃんは、自分をどう考えているか、次のようにはっきりと言っています。「私のように、男の子たちの中で長くサッカーをしていると、男の子と何も違うところはありません。私たちは一生懸命プレーし、上手になっています。みんな同じなのです」
　少女サッカーは型破りというより、ある意味烙印が押されたものと考えられていました。少女だけを相手にサッカーをしている少女たちはみんな、一般的に男子のほうがよりサッカーがうまいと考えています。それに対して、男女混合チー

およそ15歳ころから、男子と女子の体力面での差が顕著になり始めます

ムでサッカーをしている少女たちは、自分に対してよりよいイメージをもち、自分たちの能力についてより自覚しています。

同様のプロセスが、指導にも見られます。混合チームのコーチは、サッカーをしている少女たちについて、微妙な違いをほのめかしながら、次のような意見を述べています。「男の子たちは、規律や勤勉さについて、女の子から学ぶことができます。そのためにも、女の子が男の子とサッカーをするのはよいのです」

行動の改善

最後に、男の子と女の子はピッチの外でも行動がよくなるようです。特に男の子は、女の子に見習って、ピッチの中でも外でも、一様に明るく行動するようになります。

このように、少女はサッカーの発達に対して、全般的によい貢献をしているのです。男子が将来のトップパフォーマンスに向けてよい準備ができないのではないかという一般的な危惧をよそに、男子と女子は互いのよいところを学び、人間に対してより広く豊かな見方ができるようになります。

ＫＮＶＢは、子どもたちがそこから出発し、誰もが男女の差に関係なく、好きなことができるようになるべきだと考えています。これが10年前と比べて、進んだ点です。

人々は、各個人にどのような能力があるのか気づくために、いろいろな人が集まったグループの中で、互いの能力を目の当たりにしなければなりません。

近年珍しいことではなくなってきましたが、女子校や男子校がなくなってきているのもこの考えに基づいているのでしょうか。

男女混合サッカーは、男子・女子それぞれのサッカーの発達に貢献しています

COACHEN VAN JEUGDVOETBALLERS

男女混合サッカーとその実際

混合：

- 男女の間で、素質／才能の差をつけない

- ジュニアクラス、6－12歳、次の能力に差をつけない
  - 体力／運動能力
  - 精神面
  - 社会性

- Cシニア、12－14歳
  女子のほうが男子より強く、速く、大きく、たくましくなる

- B／Aシニア、14－18歳
  男子のほうが、15歳ごろから女子より強く、速く、大きく、たくましくなる

- 男女混合のサッカーは、男女の一般的な発達ばかりでなく、サッカーの発達にもよい。それは互いの長所を取り入れるからである。

*女子と男子と一緒にプレーさせるかどうかの決断は、女子の数が爆発的に増えてきたことによります。これは、少女サッカーの将来にとって重要な基礎となります。

しかしながら、Bシニアで男女混合のサッカーをすることは、議論を引き起こすことでしょう。

以下に、男女それぞれの発達にとって、多くの場合、男女混合サッカーが有利に働く理由についての議論を紹介しましょう。

議論

■テクニカルな面で

- 女の子が（小さいころから）、男の子と一緒にふつうにサッカーをしていると：女の子のほうがサッカーの発達が早い。というのは、一般的に男の子よりも早く思春期を迎えるからである。

- 14歳の少女は、大人の女性とは別のサッカー学習過程の段階にいるが、同年齢の男の子と同じ段階にいる。

男女それぞれに同じ要求

- 14歳の少女は、女子サッカーにはまだふさわしくない。実際には多くの場合、大人のチームの2軍に入れられるが、その子の発達のためにはならない（チームの中でサッカーの能力が足りない＋才能が発達するような結果になるためには、より体力が必要）。

- 国内レベルや国際レベルでの女子サッカーの発展への積極的な働きかけ。14－16歳という重要な時期に、才能のある選手がクラブレベルで発達することができる。

- 14歳の少女は、可能性、野心、やる気に見合うレベルに分けることができる。Bシニア（さらに分類があれば、B1、B2、B3など）－場合によっては、15－18歳のシニアクラスの少女を女子（大人）クラスに入れる。

- 14歳の少女は、一般的に14歳の少年よりもスポーツの発達が早くなるので、チーム内の男子の発達に非常によい影響を与えることができる。

■体格／体力面で

- 大人の女子は、一般的に14歳の少女よりも大きく、強く、速く、たくましいなどといえる。

- 大人には、より長いトレーニング歴（スポーツをしている年数）があるので、14歳の少女よりも、サッカーでの特別な持久力をより多く有している。

- 12－14歳の少女は、一般的に同年齢の少年よりも大きく、強く、より持久力を有している。14－16歳の時期になると、その差は縮まってくる。

- 14歳の少女は思春期にあり、まだ成長の途中である。成長期にある少女の運動負荷のうえで、トレーニングや試合での運動量を大人の女性にあわせることは不可能である。しかし、判断次第では次のことが可能である。トレーニングを飛ばす、トレーニング中に特別に長い休憩をとらせる、選手交代する（試合にフル出場させない）など。こうしたことは、選手の肉体的な発達のためにはならない（過負荷は、痛みを伴ってくるか、気づかないうちに、けがの原因となる：筋肉損傷、腱・関節の炎症、背筋痛など）。そのうえ、サッカーをする（トレーニングや試合）時間が少なくなる。発達段階に合ったトレーニングやプレーをすれば、サッカーをする時間が少なくなることはない。

■教育的／発達心理学的な面で

- 男女一緒にプレーしていくことは、より完全で多面的な発育によい影響を及ぼす（共学の学校教育と比較できる。たとえば、女子校や男子校がなくなっていく傾向にある）。

- 人格面でのスポーツの発達は、同年齢の仲間と同じように進んでいく。子どもは思考や行動で、「友だち」をつくるために、強いて背伸びをさせられることを望まない。

- 少女たちは、意識して少年とプレーする（し続ける）ことを選択する。こうした少女たちは、スポーツや社会的なキャリアの中でどうしたいか、しっかりとわかっているようである。またこうした少女には、スポーツをさらに続けていきたいという決意がある。感情的な面で、すでに職業の選択をしてしまったともいえる。

- 男女混合サッカーをしている少女たちは、より自覚がある。何をしてよいのか悪いのか、何を望んでよ

対等の競り合い

いのか悪いのかがよくわかっている。少女だけを相手にサッカーをしている少女は、自己のイメージについて曖昧としているというのが顕著である。

■社会性の面で

- 友だちと一緒に上がっていく（チームメートと。このチームに属しているとくつろげる）。

- 混合チームの男子と女子は、互いに現実的な視点をもっている。先入観がなくなるようである（男子と女子は性別ではなく、サッカーの能力で互いを判断する）。

- 先入観がなくなり、グループ内によりバランスのとれた雰囲気が生まれる。それによって、トレーニングでのポイントを変えることができる（個人のパフォーマンスよりもチームとしてのパフォーマンスを目指すなど）。

■クラブ組織として

- クラブは、少女を一人前のメンバーとみなす。何人かのメンバーが辞めていくことで、Bシニアチームでの大会開催の問題が生じている。

- シャワーなどの問題は、実際において解決されているようであり、障害として指摘されることは二度とないであろう。

- 近くに少女サッカーがない。17の地域で15－18歳の大会がない（たとえば、少女・女子メンバーが辞めた場合に補充を義務化する。というのは、クラブ内に15－18歳のチームや、女子チームが構成されないからである）。

- アンケートによってわかったことは、少女たちが14歳で大人の女子チームでサッカーをすることにステップアップしなければならなくなったとき、サッカーをやめることになるということである。だから男女混合サッカーによって、15－18歳の少女サッカーの発達が停滞しているということはない。むしろ、男女混合サッカーの普及が、女子サッカーのレベル向上ばかりでなく、クラブメンバー全体にとっても、大変プラスになるといえる。

ボールを追います

SUPPLEMENT
付録 ジュニア／ユースの教授法と方法論

なぜ教授法なのか

教授法（ディダクティーク）について、オランダ語大辞典は次のように説明しています。

> **didactiek' (didaktiek)**（＜ギリシア語、ラテン語）、女性名詞、1．教授の技術－知識や技能の意図が取り扱われる教育学の一部－また、特別な分野との関連で：didactiek van de natuurkunde（自然科学における教授法）－2．詩学における教訓的な方向性
> **didac'tisch (didaktisch)**、形容詞、副詞、1．教訓的な、教育のある－-didactisch gedicht, leerdicht　教訓詩－ didactische reclame、わかるまで話すこと－2．教授法にかかわっている

数多くサッカーをすることでサッカーを学んでいきます

　数多くサッカーをすることでサッカーを学んでいきます。それを重要な基本コンセプトとして、子どもたちに「4対4」を紹介するとき、これは重要となります。実際の、広いピッチで行われる11対11の試合では、子どもたちがサッカーを習得していくための条件は少なすぎます。

　11対11では、子どもたちはほとんどサッカーをすることがありません。つまり、サッカーの状況が含まれることはほとんどなく、プレーの意図は子どもたちにとって明らかになっていません。選手たち自身がほとんどプレーにかかわることがなく、ほとんどボールコンタクトもないのです。

　要するに、あらゆる面で、子どもたちの学習過程のためにならないのです。ユースサッカー選手の学習過程をより発展させるために、ＫＮＶＢのテクニカルスタッフは、ユースサッカートレーニングのために、いくつかの練習形式（基本形式）を考案しました。それは、非常に試合に近いもので、サッカー独自の形式によく対応しているものです。

　その形式には、常に次のことが保証されています。

- サッカーの意図が明らかになっている

- 実際のサッカーの構造が保証されている（ゴールからゴールへ）

- できるだけ多くの人数がかかわる、つまり、サッカー選手にやる気がみなぎっている

　さらに、サッカー独自の形式の力で、一度始めれば、どんどん続いていくことになります。子どもたちはサッカーをし続けますから、数多く繰り返すことになります（学習原則）。

トレーニングは、1分たりともむだにはできません。クラブでの実際のトレーニングでは、限られた時間を最大限有効に使うことが課題となります。

できるだけ多くのことを学ばせなければなりません。先に示した基本形式は、サッカーを学ぶための重要な手段です。しかし、コーチ・指導者はこの形式を使って、さらに仕事を進める必要があります。コーチ・指導者は、基本形式そのものにおける「学習補助的」特性によって、学習過程に、ある種特別な要素を導入する準備ができていなくてはならないのです。

コーチ自身の素質や才能、トレーニングでのポイント、コーチの指導スタイル、コーチ自身のサッカーの経験は別として、指導をする人のために、トレーニング（指導）し学習を進めていくためのいくつかの規則があります。

この規則は、教授法における経験則とも呼ばれますが、コーチは、実際にトレーニングを行う際、これを拠り所にします。本章では、教授法（ディダクティーク）について述べていきますが、これは言い方を換えると、教育、教授、指導の理論ということになります。

コーチ・指導者は、トレーニングに先立って、サッカーの学習過程に関連し、学習結果を規定するようなあらゆる側面から考えをまとめておきます。こうした側面は、決まった順序の中で、次々とあらわれてきます。

コーチは、選手をどのように指導・コーチするのか自覚していなければなりません。コーチは常に「メッセージは理解されているだろうか」と、自問自答します。それでは、決まった順序におけるさまざまな段階を説明していくことにしましょう。

■何度もめぐってくること

A. さまざまな段階やそれに関連する質問についてのサッカー独自の注意点

B. 日々の実際的なトレーニングから例を記述すること

この記述も一つの例であり、一つのモデルにすぎません。現実は、より複雑になり、紙の上に書いたことより簡単になることはまずありません。

子どもたちはサッカーをすることでサッカーを学んでいきます。コーチはその手助けをするのです

最初の状況：コーチはどこから始めるか

Ａ．サッカー独自の注意点

コーチは、トレーニングで何が行われるか、頭の中にあるものをトレーニングが行われるタイミングや場所に置き換えて、あらかじめ考えておきます。また、実際の場面ではどこを考慮に入れなければならないかを自問自答します。

ここで次の側面を取り上げましょう。

1. **クラブのスタイル**
   - クラブのスタイルはどういうものか
   - ユースプラン、ワークプラン、上層部の企画があるか
   - クラブがパフォーマンスに対して積極的かどうか
   - 選抜チームに関して、どのような指導がなされているか
   - その他

2. **選手**
   - どの年齢のクラスか
   - 選抜されたユースか否か
   - どのレベルにあるか
   - 何人の選手がいるか
   - そこに何人のキーパーがいるか
   - 何人の欠席者がいるか
   - 気分、雰囲気はどうか
   - 何が期待されているか

3. **トレーニングの行われる環境**
   - どのくらいの時間が使えるのか
   - どのようなピッチなのか（芝、砂、クレーコート、ピッチの一部）
   - 十分な数の良質なボールがあるか
   - （大小の）ゴール、ポール、コーンなどを移動できるか
   - ジャンパーは大丈夫か（破れたりしていないか）
   - 天気予報はどうか
   - 同時、直前、直後にトレーニングする別のグループのコーチとの打ち合わせ

4. **シーズン中の段階（学習過程）**
   - 自分の教えるグループが、ユースサッカー学習過程のどの段階にあるか
   - 現時点での指導／コーチングに対するやる気や感受性はどうか（学校が休みの間／シーズンの終わり／学校の課外活動／天候の影響など）
   - 選手が将来に何を期待しているか

この選手は何を目指しているのかな？

5. **コーチ自身**
   - コーチとしての知識
   - サッカー選手、コーチとしての経験
   - トレーニングしているグループへの興味
   - 指導のスタイル
   - トレーニングするための技能とインサイト

- 創造性
- さまざまな背景をもち、さまざまな環境にいる選手に対する態度
- さまざまな才能をもつ選手への態度
- ほかのユースコーチと協力する準備
- トレーニングを始める前の気分
- 前のトレーニングや試合で起こったことの影響

B．日々の実際のトレーニング例

ad1．クラブのスタイル

選手は、クラブ内のDジュニア全体から選抜された選手たちである。クラブにはDジュニアのチームが4つある。

クラブには、うまい選手はDジュニアから一緒にトレーニングして、大会ではできるだけ高いレベルでプレーしなければならないという基本コンセプトがある。クラブにはこうしたことが行われるユースプランがあり、ユースのコーチはできるだけそれにかかわるように取り決められている。

クラブの新メンバーには、このユースプランによって、インサイト、意図、クラブのスタイルについて高い要求が課されている。コーチは、拘束なく働いているのではなく、契約書に従って仕事が任されており、ユースコーディネーターは、通常の協議その他を通じて、プランどおり進んでいるかどうかを監視している。

ad2．選手のグループ

グループはDジュニアであり（10－12歳）、その内訳は、11人の2年目の選手と5人の1年目の選手となっている。1年目の選手は、サッカーの能力、今までの成績への貢献度、プレーで見せるインサイト、サッカーをする際のモチベーションや熱心さに基づいて選抜されたメンバーである。

このグループで、才能豊かな選手たちは、非常にモチベーションが高く、クラブで決められている週2回でなく、できれば週に3、4回はトレーニングしたいと望んでいる。チームは、地域の最高クラスで戦っており、現在、第2位である。常に試合には大差で勝っている。そのため、より大きい負荷という観点から、トーナメントや練習試合ではCシニアと戦っている。

トレーニングでは、全16名の選手からグループが構成されているが、1人が病気で、2人いるキーパーのうち1人が突き指しており、トレーニングには参加しているものの実際に試合に出ることはできない。リーグ戦の前半戦はほぼ終わりに近づき、ウィンターブレークが目前である（週に1回は、屋内でのトレーニングになっている）。

チームは、すばらしく、学ぶことの多い時期を過ごしてきており、選手の気分も最高である。選手たちは、地区トーナメントの代表となるため、4対4の練習を楽しみにしている。グループは次のトレーニングを楽しみにしている。そこでは、いくつかのなじみの形式（目標完成に向けた5対2、3対2、4対3と4対4）の中で、ポジショニングプレー（この年齢でしっかり学ばなければならない構成要素）をテクニカルな面で仕上げることのほかに、クラブ間での4対4の大会に照準を合わせることになる。

ウィンターブレークの間に何をしましょうか？

その大会は、通常のトレーニングの時間が終わった後、クラブ内のほかのDジュニアの子どもたちと一緒に行います。

ad3.コーチ

コーチは、クラブのトップチームの元選手で、最近、ユースサッカーコーチの資格を取得した。長年にわたり、センターのミッドフィルダーとしてトップチームのキャプテンを務めていた。そのコーチが感情を込め、長々と自分の過去について話すとき、その話題はいつも「ポジショニングプレーを読む」ということである。今年が、Dジュニアのコーチとして2年目である。

独自のサッカーの経験から、いつも5人の1年目の選手に目をかけている。トレーニングは週末に行い、特に4対4の大会に対してしっかりと準備している。

ピーター君8歳：「僕のいるチームには、トレーニングですべてできちゃう男の子がいるんだ。そいつはいつも自慢しているんだ。ただ、毎週土曜日に試合があるんだけど、ぜんぜんだめなんだ。コーチはそれについて何も言わないけど、僕はあまり面白くないんだ」

目標：コーチは何を達成したいのか

コーチの言ったことをいつもしなければいけないの？

A．サッカー独自の注意点

コーチは来るべきトレーニングの目標を決めます。このグループが学ばなければならないこと、何を向上させなければならないか、何を維持しなければならないかを数え上げます。ここで、「最初の状況」（p.217参照)で述べたことが、重要な基本コンセプトになることが大切です。

トレーニングの結果にとって非常に重要で決定的なことは、設定された目標がはっきりしていて、グループ内の選手たちに容易に伝わるということです。

注意 よいサッカートレーニングにするためには、最初にサッカーの問題点をしっかりと形式化することです（つまり、何が欠けているか、どこで失敗となったかです）。記述は正確に行わなければなりません（p.55以下参照）。

多くのコーチは、子どもたちの発達段階にそぐわない目標に向かって努力させています。それは悪いトレーニングであるばかりでなく、選手たちや指導にも苛立ちを生じさせます。さまざまな学習段階におけるコーチとしての目標に、しっかりと目を向けておきましょう。

コーチは次のことに基づいて、トレーニング目標を公式化します。

1. 最初の状況についてのインサイト
   ・どの年齢、才能、野心か
   ・何を学んだか、大会のレベル

2. ユースについての知識（年齢特有の特徴）

3. サッカーについての知識（意図と基本コンセプトをもって、サッカーにおける3つのハイライトを分析する）

4. ユースサッカー学習過程についての知識、ビジョン、姿勢

B．日々の実際のトレーニング例

コーチはトレーニングのために次の目標を考えます。

ad1.最初の状況

ポジショニングプレーの向上、特に互いに協力してプレーすること。選手たちはこの点において、一人ひとりがチーム内でのポジションでしなければならないことやできることについて、統一的なアイデアを持っていなければならない。相手チームがボールキープしている場合、特にそうである。つまり、選手たちは互いの長所や短所を知り、互いにコミュニケーションをとることを学ばなければならない。

注意1

サッカーにおいて、コミュニケーションをとることは常にテクニカルな技能やプレーのインサイトとかかわっています。ですから、ピッチで叫んだり話し合ったりすること以上の力を発揮することになります。たとえば、ボールのスピード、味方選手の突然の飛び出し、ボールのクリア、ある動きの中に隠されている暗号（手をあげる、地面を指さす、うなずくなど）をよく見て、認識することなども含まれます。

テクニック、プレーのインサイト、コミュニケーションは3つに分類されてはいますが、実際は別々に存在しているわけではありません。これら3つは互いに影響し合い、依存し合っているのです（T.I.Cについては、第1章・p.9参照）。

注意2

「サッカーとはボールを使って何かをすることだ」と理解する段階を経て、Dジュニアの子どもたちに「サッカーでみんなが共同する」という側面を印象づけることができるでしょう。サッカーでよりよい結果を得るためには互いが必要になるのです。

みんな一人ひとりボールを持った？

ボールを思いどおりに操る…

また、2人の選手はせっかちすぎて、コントロールを焦り、ミスしがちです。速さを望むあまり、ボールをしっかりとコントロールしたり、よいポジショニングをしたり、ある状況からしばし離れる（この2人にとっては辛抱するのが一番です）ことなどに時間を割り当てることができないのです。この年齢での全般的・一般的な目標設定の中で、トレーニングの目標設定はコーチによって公式化されますが、それとともに、特定の選手たちが学び向上するための個人的な目標設定も取り上げられることになります。これは、状況や選手のグループによって変わってきます。何かをできるようになるための条件とは、コーチの知識とインサイトなのです。

ad3.サッカーについての知識

トレーニングでは、ディフェンス、つまり、相手がボールキープしているときのプレーに特別な注意を払わなければなりません。

ad2.ユースについての知識

目標の設定は、年齢ごとにその特有な特徴に合わせます。先に図式で見たように、たとえば、Fジュニアでは、ボール（ボールはどういう感じか、どう転がるか、どう弾むか）や、プレーの基本的な意図（ボールキープしたら得点し、相手のボールキープになったら得点を防ぐ）に慣れることが取り上げられます。

例として取り上げているDジュニアでは、プレーの意図（サッカーにおける3つのハイライト）との関連で、ボールをコントロールすること(テクニック)が取り扱われています。ボールを使ってたくさんのことができる選手もいますが、ゴールを目指してプレーすることをしっかりと学ばなければなりません。

しかし、密集して全体が見渡せない状況において、ボールをあまり上手にコントロールできない選手もいるでしょう。また、キーパーはうまくボールを止めることができても、前に出て、たとえば味方をコーチしなければならない状況を認識する点で、まだ多くのことを学ばなければならないでしょう。

ユースについての知識… 子どもたちがシュートをミスした場合にも

特にDジュニアで、選手個人個人がボールを追いかけ、多くのエネルギーを注いでいるわりには効果が小さすぎるということが、しばしば見受けられます。

その選手たちは、ボールを奪い取るタイミングがわかっておらず、選手同士で協力することがほとんどありません。

特にポジショニングプレーやミニゲームの中で、コーチは、自らの知識や特に意図している状況を認識することに基づいてアドバイスする必要があります。

ad4.ユースサッカー学習過程に関するビジョン、知識、態度

子どもたちがどのようにサッカーを学んでいくかについての知識やインサイトに基づいて、ここで取り上げた目標設定を選ぶことになりました。次に、何度も繰り返すことができ、とても楽しいに違いないサッカー独自の状況に、子どもたちが直面するようにもっていきます。

コーチは、与えられたトレーニング・練習時間内で、できるだけ多くの学習効果が得られるように、その可能性を探っていきます。コーチ自身の心構えや態度が重要なのはいうまでもありませんが、コーチは辛抱を覚悟して子どもの世界に入っていくことにもなるでしょう。また、選手たちを未熟なままにして、決してコーチ自身の成功に利用するような態度をとってはなりません。

要約すると、コーチはトレーニングの目標設定を次のように行います。

相手がボールキープしているときには、ボールを奪い返すことを選手たちは学ばなければなりません。重要な瞬間は、個別的に強調しなければなりませんし、次のことについて、チーム全体としてのアイデアがなければなりません。

- 意図は何か、つまり、ボールを奪い取ること（ファウルはしない）

- どこで（ピッチのどの部分で）それをやるべきか

- 誰がどの役割を果たすべきか

- 何が、テクニック面や体力面で要求されるのか

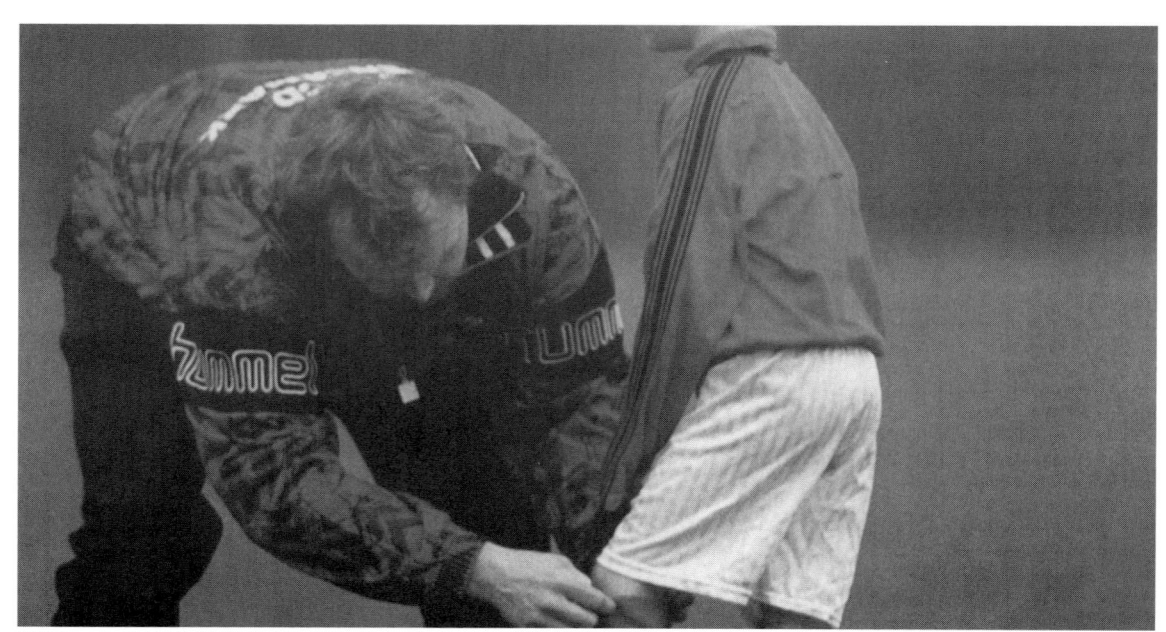

時には、コーチは保護者のように身なりにも気をつけてあげることになります

実際：コーチはどのようにトレーニングするか

A．サッカー独自の注意点

実際のトレーニングを日常的に行っていく中で、コーチが直面し、知識・インサイト・態度・技能に基づいて対処するような、いくつかの側面があります。

コーチの知識・インサイト・態度・技能
1．トレーニング前：・時間どおりにあらわれる、フィールドの準備、道具の準備 ・選手を集合させる、出席簿の記入、ロッカールームでの役割 ・選手たちにトレーニングの意図、内容、方法、取り組み方をはっきりと説明する
2．トレーニング中：・トレーニング中のプレー構成やメニューの進行
3．トレーニング後：・道具の片付け指示 ・選手とのミーティング、ロッカールームでの役割 ・次の試合／トレーニングへの展望

B．日々の実際のトレーニング例

コーチは、トレーニングで期待すること、どのような付帯条件を考慮すべきか、トレーニングの意図をしっかりと念頭に置いておくことなどについて、イメージを作り上げておきます。コーチが考えたようにトレーニングを進めること、設定した目標が達成できるように条件を整えることに注意を傾けます。

ad.1.トレーニング前

コーチは時間どおりにやって来て、先週ユース部門の上層部と話し合ったことに従って、道具係に新しいボールを調達してもらうよう依頼します。これは規格4のボールが少なすぎて（規格5だと約300g重くなる）、特定の練習形式がうまくできなかったことによります。さらに、Dジュニアのほかのコーチと協力して、トレーニング後の1時間を4対4の大会に当てることを話し合います。

目標達成のためにも道具は必要です。たとえば、ゴールの代わりにするポールや、フィールドの境界となるコーン、十分な数のボール、試合の組み合わせや試合結果を掲示するための掲示板などです。

最初にやって来た選手たちも、道具を準備するのを手伝います。コーチは、トップチームの元選手で、子

イェルン君9歳：「新しいコーチが来たんだ。とてもたくさんのことを学べて、とても楽しいよ。一緒に冗談を言えるんだけど、トレーニングでは一生懸命やらなければならないんだ。コーチは怒らないで、指示を出してくれるんだ。コーチはすばらしいよ。もっと上手にサッカーをすることを学べるんだ。僕は、この前、3回もゴールできて…」

どもたちにとっては理想の父親像でもあります。コーチはそれほど目立つことなく、選手たちの行動がよくなるように配慮しているのです。

　トレーニング前のミーティングは、先週の試合についての話から始まります。その後、ある選手のシューズと靴紐についての話になります。コーチは、学校でサッカーをしている子どもたちの話を喜んで聞き、それから、フォワードの選手が、毎週、汚く臭いシューズをかばんから取り出して、「シューズをきれいにしている時間がなかった」と言うと、声を荒げて注意します。さらに、お父さんが病気の子にその具合を聞きます。そして、レモネードのビンを使って、先週の土曜日、どのようにして相手の3点目のゴールがあげられたかを示します。最後に、レガースはあまりきつく締めてはならないこと、Dジュニアは高いスパイクでプレーしてはいけないことを注意します。

まとめ
　コーチは存在感を示し、勝敗にこだわる雰囲気になるように心がけます。その日は、最初にトレーニングが、その後4対4が行われます。「ほかのDジュニアも参加するんだ。いいな」。コーチは、その日のトレーニングで何をするのか、どのようなトレーニングになるかの指示を出し、次に先週の試合を例に出して、何を向上させなければならないかも示すようにします。

　「この場合、特に相手がボールを持っている場合、もっと上手に互いに協力することが大事なんだ。ボールを奪い返せるようにしなければだめなんだ。
　今日は、最初に5対3、それから4対3、そして最後に4対4だ」

　選手たちは、集中して注意深く聞いています。そして、コーチの質問に対して、自分の言葉でどこが問題かを答えることができています。

ad.2. トレーニング中
　選手たちは、シーズン初めに約束したように、2人で1個のボールを持ち、自分たちだけでウォーミング

膝を曲げてもよい

アップをします。これは10分間のウォーミングアップで、ショートパスやロングパス、距離を短くしたり長くする、ボールに向かう・離れる、スペースにボールを要求する、などで構成されています。つまり、サッカーの才能をさまざまなバリエーションをつけてやってみているのです。

　コーチはその様子を見て、あちらこちらで注意を与えます。それは次のようなものです。「ボールのスピードが速すぎる」、「ほかの選手がボールを要求したときにパスを出すのだよ」、「よいタイミングでボールを要求するんだ、味方がまだパスする準備ができていないときじゃだめだよ」など。

■5対3の練習形式

ウォーミングアップの後、最初の練習形式（基本形式）となります。1人の選手が、もう一度、何を上手にしなければならないか聞いてきますが、コーチはそれに答え、そして、すぐに最初の形式を始めます。

ここでのメニューは5対3のポジショニングプレーです。スペースは、かなり広い右コーナーで、3人のディフェンダーは互いに協力することを余儀なくされ、ボールを奪い取るチャンスがあれば、そのタイミングをしっかりと認識するようにします。

この練習の状況で用いる方法論は、

- まず、決められた意図の中で、できるだけすみやかに始める。

- ディフェンダーの3人は、あまりボールの近くにこられず、ボールから離れたところに追いやられている。そうなったならば、コーチは練習を止め、3人が何回ボールを奪ったか質問する。3人はあまり……と答える。

- コーチはどうしてそういう状況になったか質問する。ディフェンダーは、スペースが広すぎると言う。そこで、コーチは「みんながあまり協力していないと思うよ。トムとロブが2人で一生懸命走っていっても3人でボールを取ることはないよね。いつ、ボールを一番上手に取ることができるか、いつ、ボールを追いかけなければいけないか、いつ、それをしてはいけないかを、3人で決めておかなければだめだよ。右コーナー隅に相手のフォワードを追い詰めて、ある特定の方向に向けさせるんだ。相手は狭いところでドリブルするから、そこでフェイントをかけるんだ。さあ！」と具体例に従いながら、アドバイスを与える。

- 練習は再開される。コーチは、いくつかの場面に介入し、練習を止めたり、もう一度繰り返させたり、スローモーションにしたり、選手たちに質問したり、自分がやって見せたり、最近テレビであったビッグゲームで実際にあった例などを示して、選手がはっきりとわかるようにする。

- コーチは3人（ディフェンダーのこと、フォワードと交代もする）のために、実際のゴールを与えて、よりやる気にさせる。たとえば、ボールを奪ったとき、直接ゴールに入れて得点させ、ボールを奪うことの成果にかかわるようにする。ボールを奪う、取ることに意味がある。

- 常に、さまざまなサッカーでの技能について、テクニックの使い方を強調する。それは5人のフォワード（パス、ボールをもらう、ポジショニングする）や、3人のボールを取りにいくディフェンダーに対して（フェイント、スライディング、タックル、しっかりと立つ、ボールのないときの動き、すぐ動けるようにすること、用心すること）も行う。

- ファウルしたら、絶対にボールは奪えない。

- 特にこのトレーニングでは、コーチは、フォワードがどうなっているかをよく見続けることによって指示を出す。もし、5人にちょっとでもミスがあったならば、3人が協力して打ちかかるタイミングになる。

- コーチが練習を止めるときは、選手が見せたことについてのアドバイスを与えるときである。名前を呼び、例を示し、その選手にやってみさせるか、コーチが選手をチェックしていることをわからせる。現実と乖離した抽象的で状況に合わない理論的な話では、誰も恩恵をこうむらない。

- コーチは、この形式の中で、「ボールを奪うという学習状況」にある3人のディフェンダーにとっての負荷を、より高いものにしたり、より低いものにしたりするいくつかの手段を使う。フィールドの広さや形を変えたり、5人のフォワードに特別の命令

を与えたり、試合形式にしたりすることでそれができる。

- コーチは設定した目標を常に守るようにして、適切なタイミングで、適切な注意を、適切な声のトーンで行うことによって、選手たちが楽しくモチベーションを最大限にもち続けられるようにする。

■４対３の練習形式

５対３の後、大きいゴールにシュートすることで終わる４対３となる。

同じ目標の中で、３人のディフェンダーは、ボールを奪い返そうとすることのほかに、まず相手に得点されないようにしなければなりません。

- まず、コーチはできるだけ速やかにこの形式を始めさせる。フォワードのポジショニングプレーが、あまりにもハイテンポになり、ディフェンダーがあまりに容易にボールを奪ってしまっている場合、ディフェンダーの練習に対する興味をつなぐために、フォワードをコーチしなければならない。

- ディフェンダーがすぐに得点する。その得点は、ボールを奪い取ったときに、たとえば、遠くにいる（想像上の）フォワードにフィードパスを出すことである。

- 多かれ少なかれ、コーチには、ディフェンダーの仕事をより難しくしたり、より簡単にしたりするための手段がある（スペースを調整するなど、しかしここでオフサイドのルールを使ってもよい）。

- コーチは時間を見て、ポジションの交代（ディフェンダーがフォワードになる、もしくはその逆）になるようにする。特にＤジュニアにとっては、実際の試合との関係を示し、何人かの選手の特性を生かすこととなる。

■４対４のミニゲーム

続いて４対４に移ります。ここでは、先に行われた２つの基本形で強調されたポイント、ポジショニングプレーで取り上げられた要素、ボールを奪い返すことなどがもう一度反復されることになります。

コーチは、常に直前の練習で選手がどういうプレーをしたか、この前の試合で自分が選手に与えた注意と、この４対４のミニゲームの状況とを関連づけて示すことになります。

注意１　教授法的条件

コーチは、トレーニングの際に、いくつかのいわゆる「教授法的条件」を満たしているかどうか監視することになります。

ロバート君11歳：「この前の試合であまりうまくプレーできなかったんだ。というのもずっとお父さんのことを考えていたからなんだ。それで、ボールをうまく蹴れなかったんだ。コーチに交代を命じられて、途中退場になったんだけど、コーチはどうして僕のプレーが悪かったのか理由をぜんぜん聞いてくれなかった。ロッカールームでは、お父さんがもう２週間も入院していることばかり考えていた。この試合が終わったら、この足ですぐお見舞いに行くんだ」

- コーチは選手への説明の中で、実際的な状況にアピールする。直接指示して、例をあげる。
- コーチはグループを整列させたり立たせたりして、説明の間、選手たちがコーチとは関係のないことから生ずる事柄（たとえば、観客やほかのトレーニング）で気を散らせないようにする。
- グループが決して太陽に顔を向けないようにする。
- コーチは風下に向かって話をする。特に大きい声で広いピッチに届くようにするときにそのようにする。
- コーチは、解決しようとしている問題や状況を選手自身の問題となるようにする。時には、選手に自分の言葉で話させてみる。
- コーチはトレーニング中、気づかないことはないと選手にわからせる。絶えず状況を読み続け、時には大声を出す。必要とあれば、ホイッスルを吹く。

注意2　演技力

コーチの演技力がすばらしいと、インストラクター、影響力を及ぼす人物としての役割で成功するチャンスがより大きくなります。当然のことながら、演技力はコーチの才能にも左右されますが、トレーニングウェア、よく手入れされているシューズ、その他外見上のものすべてが、演技を助ける小道具となります。

よいマナー、辛抱、ユーモア、熱心さ、物事を相対化する能力、これらがユースのコーチの演技力において、重要な要素となる特質・特徴です。コーチは、特に子どもたちにやらせるのであって、自分の領域だけで仕事をするのではないということをわからせなければなりません。

■4対4の大会

トレーニング終了後、すべてのDジュニアが参加して、はじめて4対4の大会が行われます。その大会では、ＫＮＶＢの教則本（『4対4、一緒にやってみよう』）で示されているように、個人が勝利者となり

両親たちが鈴なり

カリン君10歳：「僕のお父さんは、試合が終わった後、僕よりずっとぐったりしている。お父さんたちの中で、一番大声で叫んでいるんだ。何を叫んでいるかはよく聞こえない。終わった後、いつも僕がどうしなければいけなかったかを聞かされるんだ。いつも、うんうんと頷いているけど、何を言っているかさっぱりわからないんだ。そんなによく知っているのに、どうしてお父さんはサッカーをしないんだろう（そうすれば、おなかもへっこむのに）」

ます。つまり選手が、各個人で得点して、最終的には個人が勝利者となるわけです。この企画は、これから数カ月の間にあと3回、開催されます。

計4回の大会での得点上位者4人が、地区大会の代表となります。

- 大会の説明は短くし、ピッチや道具はすべて準備できているようにする。

- 1回戦のチーム分けをして、すぐに始められるようにする。クラブのＡシニア6人が（ピッチごとに）インストラクターとなる。

- 大会は冊子で示されているように進行し、1試合10分とする。

- コーチ・指導者は全体を見て回り、選手を励ましながら、ボールをすぐにセットすることや、得点する

ためにはボールをすぐにプレースすることなどをアドバイスして回る。

- 終了後、参加者全員が記念品をもらえるようにする。4回目が終わったときは、少し面白いものになるようにするのが望ましい。たとえば、4つそろって、クラブロゴや4対4のロゴとなるようなタオルなどである（スポンサー探しやオリジナリティのあるものを）。

注意3　トレーニング終了後

選手と一緒に道具を片付け、掃除をします。

コーチは、ロッカールームの内部にもよく注意しておきます。シューズはきれいにしてあるか、ロッカールームやシャワーをふつうに使っているか、「ボールがきた、こない」で、嫉妬や喧嘩がないかどうかなどに注意します。

それから、「評価」といわれるものへ最初の一歩を踏み出すことになります。

評価：トレーニングは役に立ったか

A．サッカー独自の注意点

サッカーの世界では、行ったこと、どのような成果が得られたか、チームのプロセスがどうなっているかについて振り返ることは、未開発の領域です。これは次のように説明されます。結果の基準は非常に主観的であり、多くの要因に依存しているからです。

それでも、毎回のトレーニングが終わった後、順調にいっているか確かめてみることは意味のあることだと思います。

トレーニングは、コーチがあらかじめ考えていたとおりに進みましたか。

いくつかの、常にフィードバックしてくる質問が、ガイドラインとして、評価の役に立ちます。これらは、ユースサッカーの学習過程の目標から派生してきます。つまり、

1. サッカーの問題になっていましたか

2. 十分に学べましたか（テクニカルな技能、インサイト、コミュニケーション、ＴＩＣ）。多くの繰り返しがありましたか。効果がありましたか

3. トレーニングを大いに楽しめましたか

4. グループのことを十分に考慮に入れていましたか（年齢、野心、才能）
（サッカートレーニングで求められる条件）

B．日々の実際のトレーニング例

コーチは、道具を片付けながら、選手たちとトレーニングについて話し合い、コーチが目標として設定したことを選手たちが学んだかどうかをつきとめようと試みます。

トレーニングでのいくつかの場面を振り返り、批判的な注釈を加えることで、コーチは選手たちに意見を求めます。子どもたちは、自分たちがどう体験したか、考え方を提示し、1人は、何人かの選手がいいかげんにやっていたことが何回かあったと教えてくれたりします。

コーチは、ロッカールームでもう一度、トレーニングの意図が何であったか尋ね、選手たちの体験や指摘と照らし合わせます。当然のことながら、こういったミーティングは、「教師ぶった」やり方ではなく、非常にくつろいだ感じで何気なく行うのがよいのです。個人個人の選手にも注意を払い、ある者は誉められ、ある者は小言をもらい、ある者は軽い冗談を言ったりします。ここでも、選手のやる気や雰囲気がよいものになるように心がけます。

最後に、コーチは次の試合に向けての展望を述べ、選手たちに次にいつ集まるのか確認し、解散します。そして「疲れたが、やるべきことはやった」と考えながら、コーチもシャワーに行きます。

4対4のインストラクターを交えて、トレーニングや4対4の大会について、打ち合わせをします。そこで、土曜日に行われる4対4のチームメンバーの組み合わせがダブらないようにすることを確認し、ほかには当然のことながら、交代の順番についても考慮することになります。Dジュニアでは、必ず半分が交代になるように、誰もが同じ回数、プレーの順番がくるようにします。

帰宅してから、コーチはもう一度トレーニングを振り返ります。個人ばかりでなくチームとしての選手グループの進歩についてメモを取ります。

トレーニングは、1分たりともむだにできない

場所	話	する
例	説明	自分でする
やってみせる	注意	練習する
見せる	はっきりと指示	試す
		トレーニングする
		磨き上げる

追記：できるだけ速やかに始める

次のステップを踏むことで、選手たちのグループはより速やかに始められる（長々とした説明で、貴重な時間を失わないようにする）

1. 選手たちのグループ分け（ジャンパー／ミニゲーム用のジャケット）
2. 選手たちの整列
3. プレーの意図を説明する
4. フィールドの境界を示す（コーン、ライン、標札を置いておく）
5. ルールを短く具体的に示す（多すぎないようにする）
6. 質問させる（みんなわかったかな）
7. 質問に答える
8. プレーする
9. プレー／練習形式を、負荷を調整するために中断する
    - より大きい／より小さいスペースに
    - より多くの／より少ない選手数にする
    - 新しいルール
10. トレーニング形式に区切りをつける（残り1分／最後の得点）
11. 行った練習形式について、短く振り返る／まとめ／総括する

付録　ジュニア／ユースの教授法と方法論

方法論

サッカーを教えること…簡単なことから難しいことへ、そして、もちろん、数多く練習すること

　サッカーを教えることは、子どもたちが習うほかの技能と同じように、段階を踏んでいきます。格言ともいえるかもしれませんが、このプロセスは、簡単なものから難しいものへ、単純なことから複雑なことへと進んでいきます。

　ここでは、前にも触れたサッカーの熟達について話しましょう。

　サッカー年齢は、実年齢と並行しています。2年間サッカーをやってきた8歳の子は、クラブに入ったばかりの少し年上の子よりも、サッカーの発達では先に進んでいることでしょう。サッカーコーチの目標は、この点にも合わせなければなりません。すでに2年間サッカーをしている子どもは、基本形式を理解しプレーすることができる途上にあるはずですが、サッカーを始めたばかりの子どもは、その前段階から始めなければなりません。

　子どもたちにサッカーを教えるために、コーチが踏んでいくステップを「方法論」と呼んでいます。これは、教授法（ディダクティーク）の構成要素となります。

　形式を単純化することや厳しくすることを可能にするために、個別に注意を払ってみましょう。

■方法論の意味するところ

　理解をさらに深めるために、いくつかの注意点を並べてみましょう。

- 教授法（＝教える技術）の構成要素としての方法論

- 目標を達成するための対策をとる、固定的で熟慮された方法

- 段階を踏んでいく道筋

- 教える／コーチする方法

- 出発点として、特定の方法「ザイストのビジョン（オランダサッカー協会の公式見解)」に従う

- 順序正しく、規則正しく

- ステップ・バイ・ステップの前進を約束する
  次の方法論：
  ・サッカー形式（1対1から11対11まで）
  ・コーチ
  a．個人的（一般的なテクニック面での注意から、その選手がプレーするポジションに付随する特別な任務まで）

この選手たちはまだ前段階にいます

b．チームビルディング（サッカーにおける3つのハイライトにおける全般的な基本コンセプトからチームビルディングまで）

■コーチは「見る」者である

　前述したように、「見る」ことがコーチの基本です。コーチが眼にするもの、「見る」ものがコーチングの出発点になります。コーチは、選手たちがしていること、できること（＝習う、うまくなる、教えるなど）に備え、知識・インサイト・技能については、次の側面を備えていなければなりません。
- サッカー
- 子どもから大人までの発達段階
- 学習過程、どのように子どもたちはサッカーを学んでいくのか
  ・動きを習う
  ・教授法（ディダクティーク）→方法論（＝手段の学習）が重要な位置を占めている
  ・コーチング

コーチの言うことに集中します

■さまざまな基本形式の基本コンセプトと目標

　基本形式は、自チームがボールキープしているとき、相手チームがボールキープしているとき、それが交代するとき、それぞれのハイライトでのサッカーの意図から取り出したものです。

　重要な学習規則は、プレーが続いていくこと、言い方を換えれば、意図が実現し続けていくということです。この点が、学ぶということに関するこの形式の長所であり、対処・解決すべきサッカーの状況を数多く繰り返すことが条件となっているのです。そうすることで、子どもたちは試合に勝つためのテクニックを使うことを学ぶのです。

　サッカーをすることはいつも少しずつ違っていますので、子どもたちが練習することはとても重要です。インサイドキックできれいなパスを出すということが問題ではなくて、相手選手をすり抜けて味方選手にボールをパスするということが重要なのです。つまり、子どもたちは、テクニックに慣れることでフレキシブルに学ぶべきなのです。おそらく、そのような状況での立ち足は、規定どおりにボールの側ではなく、ボールのすぐ後ろに置くべきでしょう。そうすると、ボールが立ち足から離れてもチームメートにわかるようになるはずです。

　プレー形式や試合形式での方法論は、試合で要求されるあらゆるテクニックをフレキシブルに使えるようになるために重要なものです。より単純化すること、もしくは厳しくすること（より簡単にするかより難しくするか、よりシンプルにするかより複雑にするか）が方法論です。

図式にすると次のようになります

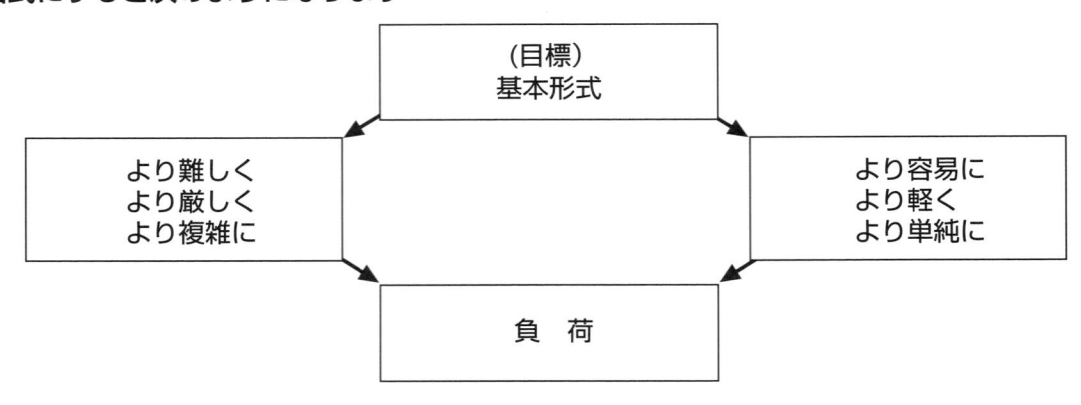

```
              ┌─────────────┐
              │   （目標）    │
              │   基本形式    │
              └─────────────┘
             ↙              ↘
┌──────────┐                  ┌──────────┐
│ より難しく │                  │ より容易に │
│ より厳しく │                  │ より軽く  │
│ より複雑に │                  │ より単純に │
└──────────┘                  └──────────┘
             ↘              ↙
              ┌─────────────┐
              │   負 荷     │
              └─────────────┘
```

- 味方選手の総数
- 相手選手の総数
- プレーするスペースの規格
- ゴールを目指すこと
- 時間
- 緊張
- ルール

　上の図では、基本形式（目標）が出発点となっていることを示しています。この形式自体は、不可侵のものではありませんが、目標は固定しなければなりません。選手たちがあるプレーをできていないときは、負荷を変更することによって、また違った形式を作り上げなければならないでしょう。そうして、この目標が引き立ってくるようにしなければなりません。コーチは、選手たちのプレーをよく読みます。そして、時には対策をとり、負荷をどのように適用するか決定します。

基本形式の方法論

実際の試合から派生した基本形式

1対1
5対2
ラインサッカー
4対4（＋そのバリエーション）

何を学ぶかは次の側面に基づく

T テクニカルな技能
I インサイトと意図
C コミュニケーション

発達段階（年齢、経験その他）にかかわるあらゆるもの

　コーチはあるしっかりとした体系に従って、基本形式を取り扱います。その中で、いつも次のような要素に立ち戻ります。

→　**サッカーの構成要素を学ぶうえでの目標**

→　**独自の基本形式**

　・形式の意図
　・形式のプレー構成
　・プレーフィールドの規格
　・フォワード／ディフェンダーの総数
　・ルール
　・試合もしくは練習用の形式

→　**最も重要な学習規則**

→　**コーチの知覚（コーチが見るもの）**　　・いくつかの特徴的な状況／イメージを問題設定に置き換える

→　**コーチは、学習目標に該当するようにプレーを調整する**　　・目標に向けて努力することとの関連で、何が欠けているかを選手たち（子どもたち）にはっきりとわかるように、問題を公式化する（問題が選手たちのものになるようにしなければならない）

→　**学習目標との関連で、コーチは学習効果を最大にするように対策をとる（方法論的ステップ）**　　・ある形式を使って練習する際に、選手たちに与える一般的または個別的なアドバイスのほかに、コーチは、その形式を調整して負荷を修正するなどの可能性を模索することになる。要するに、目標設定どおりに別の形式が出てくるような、方法論的なステップである。

図式では

```
            ┌─────────────────────┐
            │      基本形式        │
            └──────────┬──────────┘
                       ▼
    ┌──────────────────────────────────────┐
    │ 目標「何を教えなければならないか」   │
    └──────────────────┬───────────────────┘
                       ▼
```

コーチの知覚するもの	コーチの知識、インサイト （＋問題の設定）	対策／コーチのコントロール （方法論）
自問：「目標は実現されているか」	Yes（1）うまく進んでいる。プレーがプレーになっていて続いている。ルーティンどおりの動きになって、選手たちだけで進めていっている	→テクニックの使い方を指示する。 試合の要素を組み入れる。
	Yes（2）簡単すぎる、だらだらとやっている。意図／形式が単純すぎる	→負荷を大きくしたり、厳しくしたり、複雑にする
	No　プレーが進んでいかない、続かない。選手が学ぶ機会が十分にない（繰り返しがない）。選手たちに十分なモチベーションがない	→負荷を小さくする、プレーが始められるように対策をとる

フリーキックのときにも、よく見続けていないと！

方法論
基本テクニックから試合へ

- **基本技能＝ボールのコントロール**

  （スローテンポの）　ドリブル　　　ショートパス　　　コントロール　　　ヘディング
  （ハイテンポの）　　ドリブル　　　ロングパス　　　　ボールへの対処

- **目標のある練習形式→ボールのコントロールを学ぶ**

  ・目標としてのボールから手段としてのボールへ（副次的な方法論）

  目　標：どうボールを感じるか、どのようにボールが転がるか、どのように弾むか、どのくらいの力で蹴ればよいのか

  手　段：ボールを使って何かを目指す
  　　　　例：・何かをターゲットにして蹴る
  　　　　　　・ほかの人が近くにこられないようにボールを身体の近くでキープする

- **目標のある基本形式→実際の試合での負荷が多くあるような状況の中で、ボールをコントロールすることを学ぶ**

  1対1　　　　5対2（p.236例参照）　　　　ラインサッカー　　　　4対4

- **ミニゲーム・試合形式**

- **試合**

COACHEN VAN JEUGDVOETBALLERS

例：

```
                    ┌─────────────────────────┐
                    │ 基本技能                │
                    │ ・ショートパスやロングパス │
                    │ ・ボールのコントロールや対処 │
                    └─────────────────────────┘
                              ↑
                            4対1
                              ↑
              3対1→奥行きがあり幅の狭いフィールド（長方形）
                              ↑
                         **より簡単に**
                              ↑
                    ┌─────────────────────────┐
                    │ 5対2                    │
                    │                         │
                    │ 負 荷：　ボール         │
                    │         相手選手        │
                    │         味方選手        │
                    │                         │
                    │ 基本形式　フィールドの規格 │
                    │           ルール        │
                    └─────────────────────────┘
                              ↓
                         **より難しく**
                              ↓
                            3対2
                              ↓
                            4対3     ゴールへのシュートで終わる
                              ↓
                            4対3     はるか前線のフォワードへのパス
                                     ＋得点になるようにプレーする
                              ↓
                         攻撃　対　守備
                        （数的優位にする／しない）
                              ↓
                    ┌─────────────────────────┐
                    │         試　合          │
                    └─────────────────────────┘
```

負荷のあるプレー　　　　　　　　　　　　　　→ T.I.C.

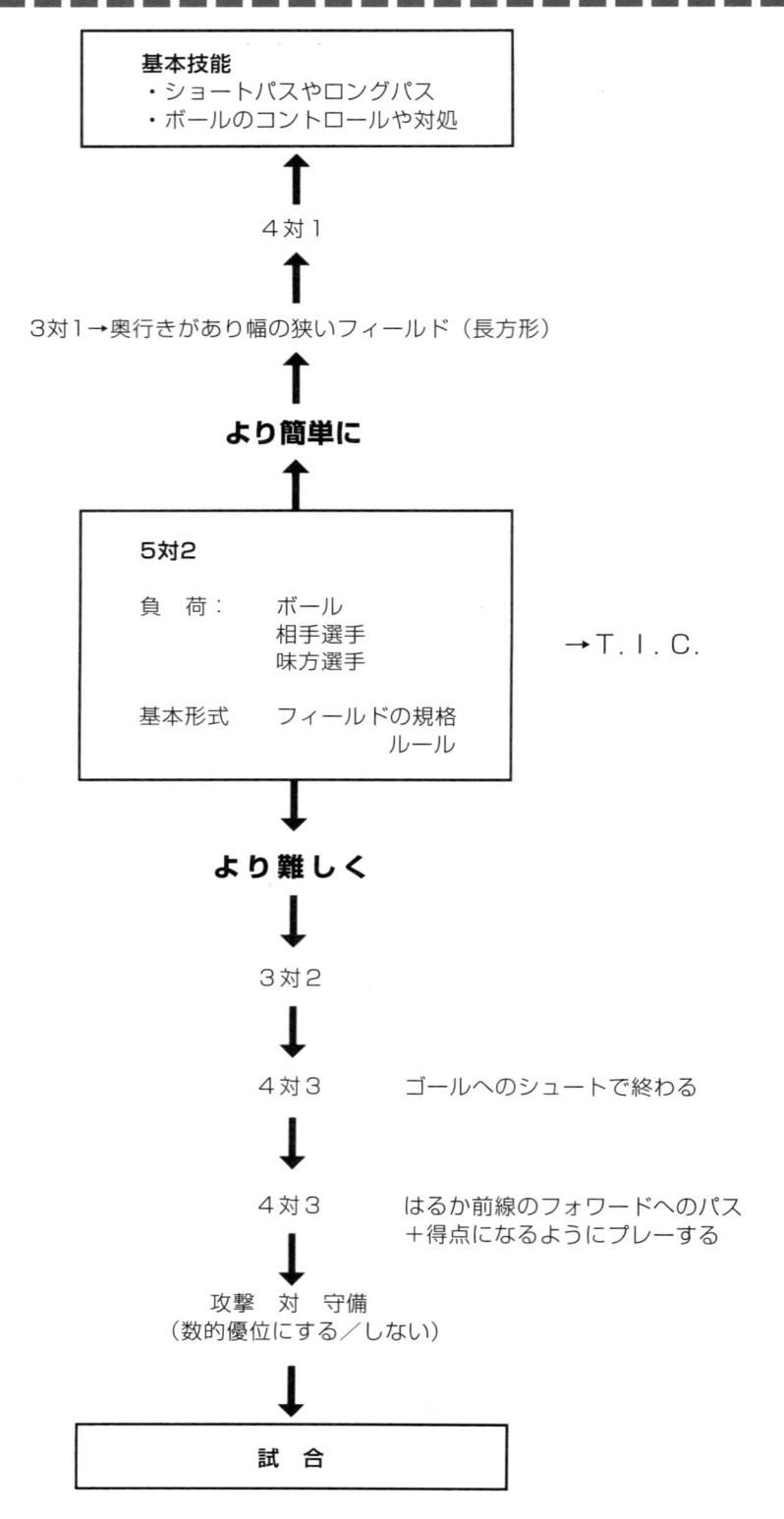

形式における方法論的段階のほかに、コーチは、試合ばかりでなくトレーニングの最中にも、その方法論を自らのコーチングに使うことになるでしょう。しかしながら、問題は、どの段階で、選手たちやコーチ自身にとって、はっきりと全体がわかるようになるのかということです。方法論的な質問リストはこの点で役に立つものになるでしょう。段階的なプランがあり、それに沿ってコーチはトレーニングを進めていきます。学習の基本条件(集中力)から詳細(たとえば、年長のユースで、どの選手がピッチの内外でリーダーシップをとるか)にいたるまでカバーしています。

　ジュニアクラスでは、コーチングのポイントは、7、つまり、テクニックを使う(テクニカルかつ運動面での実行性)におかれることになるでしょう。ジュニアクラスで、5・6があまりできていないならば、その選手たちはまだそのレベルに達していないということです。それでも、そこに位置させているのは、シニアクラスでは、別の要素が、試合・トレーニングが進んでいくために、より決定的になるだろうからです。もちろん、そのことも、選手のレベルや経験によります。

方法論的な質問リスト
どの道筋に沿って、コーチはトレーニングを体系化するか

1. **集中力**
   - 勝敗にこだわる雰囲気があるか
   - 学ばなければならない／やらなければならない任務に注意されているか

2. **「見る」**
   - 重要な事柄が知覚されたか
   - 多くのことをあまり見ていないか、それとも少ないことを多く見ているか

3. **意図**
   - 選手たちは意図に気づいているか。どこが問題か理解しているか
   - 選手たちは自分で意図について理解できるか
   - 状況が把握されるか
     (サッカーの問題－何をトレーニングするか－が何か知っているか、いつ、それが試合に反映されるか)

4. **構成、フォーメーション、ポジショニング**
   - スペースをうまく生かしているか
   - 選手たちは互いを見て、よいポジショニングをしているか

5. **ポジション**
   - 選手たちは正しい場所にいるか
   - 選手たちはそのポジション／なすべき任務にふさわしいか

6. **コミュニケーション**
   - 互いにコンタクトを取っているか。互いに注意しているか
   - 互いに「理解」しているか
   - 選手の判断が互いに一致しているか

7. **特別な任務の遂行**
   - ハンドリングの成果：目標は達成されたか
   - テクニカル・運動面での実行性の質：どう見えるか
   - プレーの意図実現との関連でのテクニカルな面での技能についての注意

8. **特質、才能、短所**
   - これらを最大限に生かしているか
   - これらがみんなに知られているか
   - チーム内でさまざまな特性にバランスがとれているか

9. **互いの役割分担**
   - 誰がリーダーシップ／責任を取るか、誰がついていくのか
   - みんながそれぞれの役割／任務や、その結果を受け入れているか

238

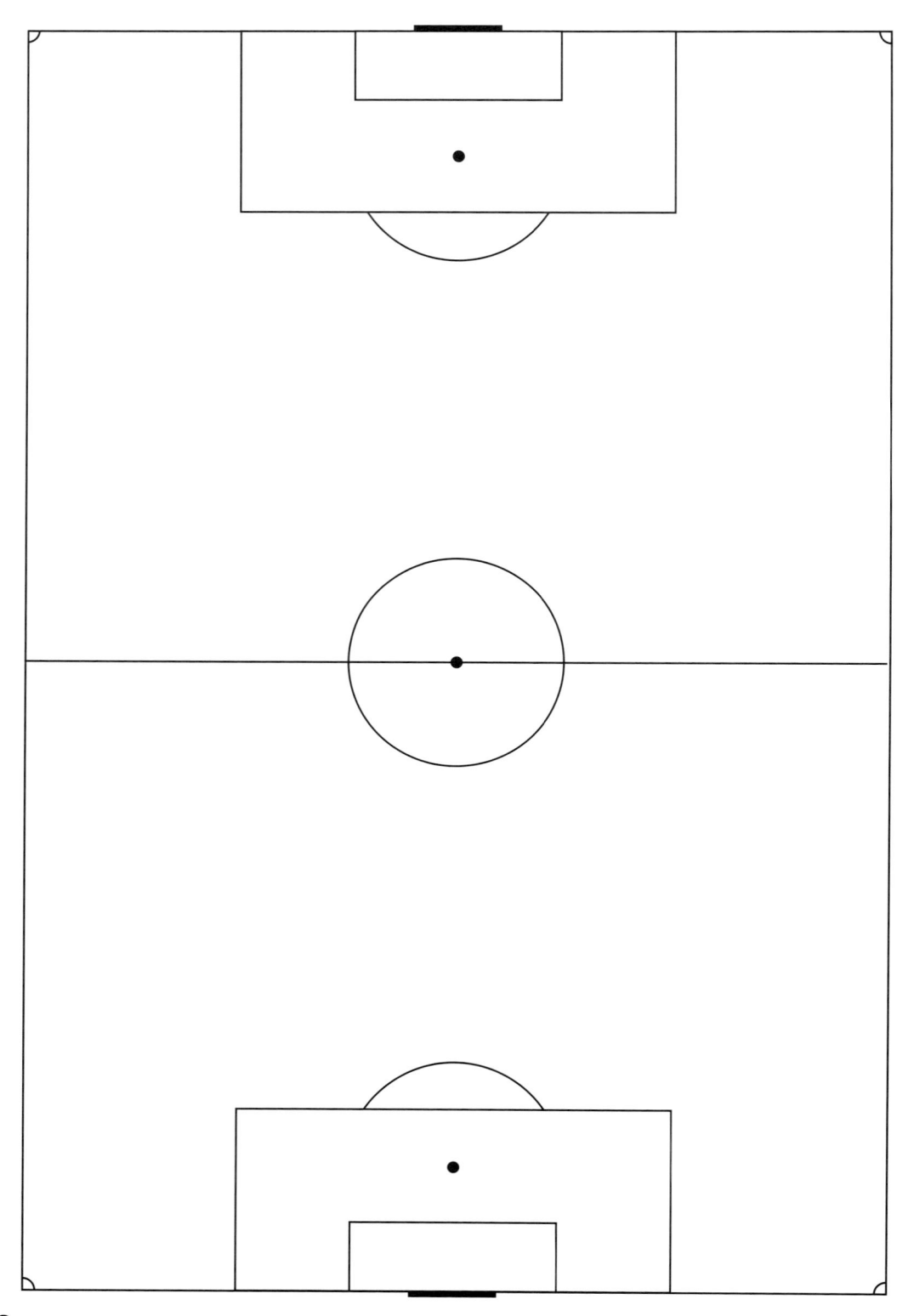

試　合 _____

日づけ _____

スターティングメンバー

1. _____
2. _____
3. _____
4. _____
5. _____
6. _____
7. _____
8. _____
9. _____
10. _____
11. _____

交代選手

12. _____
13. _____
14. _____
15. _____
16. _____

ボールキープの際の注意点　　　　　　　　相手チームがボールキープの際の注意点

付　録　ジュニア／ユースの教授法と方法論　**239**

［監修者紹介］

田嶋幸三（たじま　こうぞう）
　筑波大学大学院修士課程体育研究科修了後、古河電工に入社、日本代表FWとして活躍。
　日本サッカー協会S級指導者講習を担当。19歳以下日本代表監督、日本サッカー協会技術委員会委員長を歴任。現在、同協会の専務理事。

オランダのサッカー選手育成プログラム（ジュニア／ユース編）
©Taishukan 2003　　　　　　　NDC 783　239p　24cm

初版第1刷────2003年10月10日
　第4刷────2007年9月1日

編著者─────オランダサッカー協会
監修者─────田嶋幸三
発行者─────鈴木一行
発行所─────株式会社　大修館書店
　　　　　〒101-8466　東京都千代田区神田錦町3-24
　　　　　電話03-3295-6231（販売部）　03-3294-2358（編集部）
　　　　　振替00190-7-40504
　　　　　［出版情報］http://www.taishukan.co.jp

装丁・本文デザイン・DTP────齊藤和義
印刷所────三松堂印刷
製本所────司製本

ISBN978-4-469-26518-7　　Printed in Japan
Ⓡ本書の全部または一部を無断で複写複製（コピー）することは、著作権法上での例外を除き禁じられています。